大数据信息技术与人工智能研究

沈 阳 唐晓晗 李 慧 著

中国商业出版社

图书在版编目（CIP）数据

大数据信息技术与人工智能研究 / 沈阳，唐晓晗，李慧著. -- 北京 : 中国商业出版社，2023. 12
ISBN 978-7-5208-2829-1

Ⅰ. ①大… Ⅱ. ①沈… ②唐… ③李… Ⅲ. ①信息技术—研究②人工智能—研究 Ⅳ. ① G202 ② TP18

中国国家版本馆 CIP 数据核字（2023）第 246798 号

责任编辑：许启民

策划编辑：武维胜

中国商业出版社出版发行

（www.zgsycb.com　100053　北京广安门内报国寺 1 号）

总编室：010-63180647　编辑室：010-83128926

发行部：010-83120835/8286

新华书店经销

天津和萱印刷有限公司印刷

*

710 毫米 ×1000 毫米　16 开　13.75 印张　224 千字

2023 年 12 月第 1 版　2023 年 12 月第 1 次印刷

定价：88.00 元

****

（如有印装质量问题可更换）

前　言

随着信息技术的快速发展和广泛应用，大数据和人工智能技术的结合已经成为计算机网络技术的重要方向。计算机网络技术迎来了新的发展格局。不同行业领域在发展中产生大量的数据信息，进而对数据存储提出了新的要求。进入新时代以后，数据信息在世界范围内呈现井喷式增长。数据量的持续增加，对数据处理的功能和效率也提出了新的要求。数据的种类划分也变得更加烦琐复杂，只有不断更新数据处理方式，才能有效处理各种各样的数据信息。就企业而言，必须重视内部数据的管理和维护，否则会出现严重的数据孤岛问题，导致企业的生产和管理陷于被动状态。

现如今，在新的社会环境和行业背景中，各大企业逐渐意识到研究人工智能对于信息技术研发的重要性。而人工智能涉及诸多学科领域，是计算机、逻辑学等相关学科交互交叉的科研成果。目前在社会各个行业领域基本实现了人工智能的推广和应用，但在某些方面仍旧暴露了一些问题，亟须探究和解决。人工智能的兴起和发展对各个学科有着较强的依赖性，与社会人类活动的组织和开展规律也存在必然的关联。人工智能的运用离不开大数据技术的支持和辅助。我们需要将先进的大数据技术引入人工智能中，通过数据的收集、整理与利用来完成知识转化，持续提高人工智能的科技水平，为人工智能的长效稳定发展奠定基础。人工智能强调大数据技术的引入和应用，这种做法有助于加快人工智能的发展进程，是不断提高人工智能智慧化水平的有效手段。因此，针对大数据技术与人工智能相结合的研究与探索有着重要的研究价值和现实意义。

鉴于此，我们围绕“大数据信息技术与人工智能”这一主题，由浅入深地阐述了大数据分析、大数据应用与服务需求、大数据应用与服务技术、大数据应用与数字服务安全保障，系统论述了大数据治理的概念与应用、数据质量与数据管理、数据库设计与治理、架构设计与治理、数据仓库设计与治理，深入探究了人工智能及其应用、知识表示与机器推理、机器学习与知识发现、面向问题分析与决策专家系统（POADES）知识库的构建与管理，以期为读者理解与践行大数据信息技术与人工智能提供有价值的参考和借鉴。本书内容翔实、条理清晰、逻辑合理，兼具理论性与实践性，适于从事大数据信息技术与人工智能相关行业的专业人士参阅。

本书由沈阳（广州工程技术职业学院）、唐晓晗（河南省政务大数据中心）、李慧（河北资源环境职业技术学院）共同撰写，同时感谢曹阳（天津航海仪器研究所）、周彦伟（郑州交通技师学院）、彭科举（国防科技大学）、郑少雄（广东生态工程职业学院）、王博（陆军步兵学院石家庄校区）、孙姬云（浙江省博物馆）为本书撰写提供的帮助。

目　录

第一章　大数据分析综述

第一节　认识大数据

如果我们把数据比作地球上的水，那么个人的数据（电脑里的各种文档、电影等）就好像一颗小水珠，最多能在累的时候解解渴。一些企业的数据略有不同，根据规模的大小，有些是水坑，有些是池塘，已经可以养些小鱼小虾了；另一些企业的数据（如 Facebook）已经算得上一个大湖泊了，可以实现大型的捕捞、规模化的养殖。

又比如，当我们初次学习做饭时，各种攻略上常常以“少许”“适当”“足量”等词粗略地进行描述，实际操作起来很难。有了大数据以后，主材、配料的种类、比例，油盐酱醋的多少都可以进行精准的记录，甚至哪里产的猪肉，配上哪里的青椒、豆瓣做出来的回锅肉最好吃，都可以形成数据被记录下来。这些以前不被重视、不被采集的数据，可以说就是我们大数据领域隐藏的“水滴”“池塘”“湖泊”。已有的大量数据，以及尚未被发现、记录的数据，共同构成了大数据时代的发展基础。

水滴、池塘、湖泊发现得多了，就能够汇成海洋。大数据海洋里面的水（数据）多到数不清，里面的资源（大数据所产生的价值）也丰富到无以复加。原来我们只能在湖泊里面养“青草鲢鳙”四大家鱼，而有了数据海洋，想吃生蚝、鳕鱼、金枪鱼等也可以轻松搞定。简而言之，大数据时代就是把大量数据信息汇集到一起，然后从中发现价值，服务于生活与生产。

一、大数据的定义

大数据是指大数据集，这些数据集经过计算分析以揭示与数据某个方面相关的模式和趋势。对于大数据的定义，我们可以分别从广义和狭义两方面理解。广义的定义，有点儿哲学的味道。大数据，是指物理世界到数字世界的映射和提炼，通过发现其中的数据特征，从而做出提高效率的决策行为。狭义的定义，是站在技术工程师的角度来说的。大数据，是通过获取、存储、分析，从大容量数据中挖掘价值的一种全新的技术架构。

获取数据、存储数据、分析数据这一系列的行为，都不算新奇。例如，每月的月初考勤管理员会获取每个员工上个月的考勤信息，录入 Excel 表格并存在电脑里，统计分析员工的迟到、缺勤情况，然后进行处罚。但是，同样的行为，放在大数据身上就行不通了。当数据量变得巨大到传统个人电脑、传统常规软件无力应对时，这种级别的数据就称作“大数据”。

二、大数据的发展史

大数据的发展历史可以从两个方面来理解：大数据技术栈的产生史和大数据应用的发展史。

（一）大数据技术栈的产生史

大数据技术栈是指用于处理大规模数据的技术组合，包含数据采集、存储、处理、分析和可视化等多方面的技术，例如 Hadoop、Spark、NoSQL 数据库等。

1. 起源于 Google

大家都知道最早的搜索引擎 Google，是为互联网用户提供信息检索功能。那么搜索引擎具有哪些功能？一是数据采集，也就是网页的爬取；二是数据搜索，也就是索引的构建。数据采集离不开存储，索引的构建也需要大量计算，所以存储容器和计算能力贯穿搜索引擎的整个更迭过程。

在 2004 年前后，Google 发表了三篇重要的论文，俗称“三驾马车”：《分布式文件系统 GFS》《大数据分布式计算机框架 MapReduce》《NoSQL 的数据库系统 BigTable》。

在互联网早期，互联网产品用户规模都不是很大，很少有人会关注分布式解决方案，都是在单体机器上寻找解决方案，也就是在硬件上下功夫。而 Google 在当时的互联网界，不管是用户规模还是所产生的数据量都是顶级的。所以，Google 较早以分布式和集群等方式解决存储问题，同时也采用横向拓展的思路研发系统。

2. Hadoop 的产生

最早关注 Google 大数据论文的是 Lucene 项目的创始人 Doug Cutting，他看到 Google 发表的论文后颇为激动，于是很快就依据论文的原理实现了类似 GFS 和 MapReduce 的功能框架。

2006 年，DC 开发的类似 MapReduce 功能的大数据技术被独立出来，单独开发运维。这个也就是不久后被命名为 Hadoop 的产品。该体系包含大家熟知的分布式文件系统 HDFS 以及大数据计算引擎 MapReduce。

3. Yahoo 优化改编

Hadoop 发布之后，搜索引擎巨头 Yahoo 很快就使用了。2007 年，百度也开始使用 Hadoop 进行大数据存储与计算。2008 年，Hadoop 正式成为 Apache 的顶级项目，自此，Hadoop 被更多的人所熟知。

当然，任何系统都不可能是完美的，也不可能是通用的。Yahoo 使用 MapReduce 进行大数据计算时，觉得开发太烦琐，于是他们便开发了一个新的系统——Pig。这是一个基于 Hadoop 类结构化查询语言（SQL）语句的脚本语言，经过编译后，直接生成 MapReduce 程序，在 Hadoop 系统上运行。所以，Yahoo 也是在 Hadoop 的基础上进行了编程上的优化使用。

4. Facebook 的数据分析 Hive

Yahoo 的 Pig 是一种类似于 SQL 语句的脚本语言，相比直接编写 MapReduce 简单许多，但使用者仍要学习这种新的脚本语言。又一家巨头公司 Facebook，为了数据分析也开发了一种新的分析工具——Hive，它能直接使用 SQL 语句进行大数据计算，这样，只要是具有数据库关系型语言的开发人员就能直接使用大数据平台，极大地降低了使用门槛，又将大数据技术推进了一步。

至此，大数据主要的技术栈基本形成，包括 HDFS、MapReduce、Pig、Hive。

（二）大数据应用的发展史

从最早 Google 公司的搜索引擎业务到目前最火的 AI（ChatGPT）技术，大数据应用越来越广泛。

1. Google 搜索引擎时代

在 Google 之前，Yahoo 在搜索引擎领域一直领先。从 Google 发布三篇大数据论文开始，Google 扭转了局面：通过 HDFS 对海量数据的存储，运用 MapReduce 技术高效地计算网页内容，提高用户的检索能力。正是这些大数据技术的发展，让 Google 傲立搜索引擎之巅。

2. 数据仓库时代

稍具规模的公司都会有数据专员这种角色，不管是为老板提供数据，还是为产品人员提供数据支持。原来的工作方式，以传统的关系型数据库为主，用一些 SQL 语句做报表数据。

大数据提供了保存海量数据的能力，也构成了数据仓库。数据专员可以利用大数据的技术，在海量数据上进行分析，效率也大大提高。简单来说，数据人员利用 Hive 可以在 Hadoop 上进行 SQL 操作，实现数据统计与分析。

3. 大数据挖掘时代

“买尿不湿的人通常也会买啤酒”这一故事也许最能体现数据挖掘的作用。它可以帮助用户发现自己都不知道的需求，帮助电商平台推荐最适合用户的产品，帮助社交平台根据用户画像更好地挖掘出最优关联性社交关系。

4. 机器学习时代

有了大数据技术，人们就可以把历史数据收集起来，探究其中的规律，进而预测正在发生的事情，这就是机器学习。以 AlphaGo 战胜世界冠军为起点，机器学习迎来了一波高潮，智能手机的语音助手等语音聊天也将机器学习推广到了寻常百姓家。

5. AI（人工智能）时代

AI（人工智能）时代是指人工智能技术在社会和经济各个领域得到广泛应用的时代。在这个时代，人工智能技术不仅能够辅助人类完成一些烦琐的工作，还能帮助人类实现更高效的生产和管理方式，同时也对人类社会的生活方式和发展模式产生了深远的影响。AI 技术已经应用于医疗、金融、教育、制造等各个领域，并将在未来继续拓展新的应用场景。

三、大数据的特点

大数据的重要特征便是规模上的“大”，但“大”远不是全部，由于在人类发展的不同阶段，人们对数据量的主观感受是不同的，因此不能单纯根据数据的规模来定义大数据。

与传统的大量数据相比，大数据的基本特征可以概括为4V：Volume、Variety、Val-ue、Velocity。

Volume：数据量大，可以是TB级别或PB级别。

Variety：类型繁多，无处不在的传感器产生了音频、视频、图片、地理位置信息等多类型数据，这对数据的处理能力提出了更高的要求。

Value：价值密度低，随着物联网的广泛应用，信息感知无处不在，量大但价值密度低是一大难题，如何通过强大的机器算法从海量数据中提取需要的数据，是大数据时代亟待解决的难题。

Velocity：速度快、时效高，这是大数据区别于传统数据挖掘最显著的特征。既有的技术架构和路线已经无法高效处理如此海量的数据，而对于相关组织来说，如果投入巨大采集的信息却无法通过及时处理反馈有效信息，那将得不偿失。大数据时代对人类的数据驾驭能力提出了新的挑战，也为人们获得更为深刻、全面的洞察能力提供了前所未有的空间与潜力。

第二节　认识大数据分析

沃尔玛每小时处理超过100万次的客户交易；百度的存储、访问和分析30PB以上用户生成的数据，每天都会创建超过230万条软文；全球有超过50亿人在用手机打电话、发短信、发推文、浏览网页；抖音用户每分钟上传48小时的新视频；现代汽车有近100个传感器，可监控燃油水平、轮胎压力等，每辆汽车都会生成大量传感器数据。

随着互联网的发展，整个世界已经联机，越来越多的数据被创造和记录。随着智能对象上线，数据增长率迅速提高。数据的主要来源是社交媒体站点、传感器网络、数字图像／视频、手机、Web日志、病历、档案、电子商务、复杂的科学研究等，所有这些信息总计约500亿字节的数据。

直到今天，我们还可以将数据存储到服务器中，因为数据量非常有限，并且处理这些数据的时间在接受范围内。但是在当今的技术世界中，地球上的数据量呈指数级增长，人们很多时候都依赖数据。同样地，数据的增长速度很快，就不可能将数据存储到任何服务器中。因此，大数据分析就显得十分必要。

一、大数据分析概述

通常大数据分析涉及的数据集规模非常大，很难使用现有的数据库管理工具或传统的数据处理应用程序进行存储和处理。由于数据量过于庞大，须使用分布式系统和并行计算等先进技术进行处理和分析，以发现数据的潜在关联和模式。因此，大数据分析是一个复杂而全面的过程，须综合运用多种技术和工具来解决数据处理和数据分析的挑战。

大数据趋势下数据可以分为以下三种类型。

结构化数据：结构化数据是指可以通过固定格式存储和处理的数据，通常具有清晰的字段和行结构，例如，关系数据库管理系统（RDBMS）中存储的数据。由于结构化数据具有固定的架构，因此很容易处理。SQL 通常用于管理此类数据。

半结构化数据：半结构化数据是一种不具有数据模型的正式结构（关系 DBMS 中的表定义）的数据类型，但是它具有一些组织属性（如标签和其他标记）来分隔语义元素，这使它更容易分析。XML 文件和 JSON 文档是半结构化数据的示例。

非结构化数据：非结构化数据是指缺乏固定格式或无法以传统结构化数据库中的行和列进行存储和处理的数据类型，如文本文件、图像、音频和视频等。一般而言，非结构化数据的增长速度比其他数据快，目前约80%的数据都是非结构化的。

二、大数据分析的相关概念

（一）数据可视化（Data Visualizations）

数据可视化是利用计算机图形学和图像处理技术，将数据转换成图形或图像在屏幕上显示出来，并进行交互处理的理论、方法和技术。数据可视化的实质是借助图形化手段，清晰有效地传达与沟通信息，使通过数据表达的内容更容易被理解：不管是对数据分析专家还是普通用户，数据可视化是数据分析工具最基本的要求。可视化可以直观地展示数据，让数据自己说话，让使用者听到结果。

可视化分析可以对以多维形式组织起来的数据进行钻取、联动、链接等各种分析操作，以便剖析数据，使分析者、决策者能从多个角度、多个侧面观察数据库中的数据，从而深入了解包含在数据中的信息和内涵。

1. 钻取

钻取包括上卷与下钻。上卷是通过在维级别中合并或聚合上升，或通过消除某个、某些维来观察更概括的数据。下钻是通过在维级别中下降或通过引入某个、某些维来更细致地观察数据。切换是用于实现跨层级的数据钻取。

2. 联动

联动是指将多个可视化图表之间的操作和数据连接起来，实现交互数据分析和可视化展示。例如，通过选择某个区域或某个数据点，在一个图表中的操作会自动联动到其他相关的图表中，从而实现多个视图之间的数据同步和交互式分析。

3. 链接

图表链接用于触发打开新的场景或链接，用于实现图表超链接功能，目标链接可在弹出窗口、新页面或当前页面打开。链接功能不仅可以实现页面跳转，还可以通过传递参数值来实现跨页面的数据筛选。

（二）数据分析算法（Data Analysis Algorithms）

如果说可视化是给人看的，那么数据挖掘就是给机器看的。集群、分割、孤立点分析还有其他的算法让我们深入数据内部挖掘价值。这些算法不仅要处理大数据的量，还要处理大数据的速度。常用的算法如下。

1. 聚类分析

目标是通过对无标记训练样本的学习，揭示数据内在的规律及性质。

K-Means。K-Means 聚类算法适用于对球形簇分布的数据聚类分析，其可应用于客户细分、市场细分等分析场景。该算法对空间需求及时间需求均是适度的，另外，算法收敛速度很快。算法难以发现非球形簇，且对噪声及孤立点较为敏感。

模糊 C 均值。模糊聚类分析作为无监督机器学习的主要技术之一，是用模糊理论对重要数据分析和建模的方法建立了样本类属的不确定性描述。在众多模糊聚类算法中，模糊 C 均值聚类算法的应用最广泛且较为成功。模糊 C 均值聚类算法通过优化目标函数得到每个样本点对所有类中心的隶属度，从而决定样本点的类属，以达到自动对样本数据进行分群的目的。

EM 聚类。EM（期望最大化）算法是在概率模型中寻找参数最大似然估计的算法，最大期望算法经过两个步骤交替进行计算，第一步是计算期望（E），利用对隐藏变量的现有估计值，计算其最大似然估计值；第二步是最大化（M），这个过程不断交替进行。与其他聚类算法相比，EM 算法可以给出每个样本被分配到每一个类的概率，能够处理异构数据，以及具有复杂结构的记录，适用于客户细分、客群分析等业务场景。EM 算法比 K-Means 算法计算复杂，收敛也较慢，不适用于大规模数据集和高维数据。

Hierarchy 聚类。层次聚类方法对给定的数据集进行层次的分解，直到某种条件满足为止。具体又可分为两种。①凝聚的层次聚类：一种自下而上的策略，首先将每个对象当作一个簇，其次合并这些原子簇为越来越大的簇，直到某个终结条件被满足。②分裂的层次聚类：采用自上而下的策略，首先将所有对象置于一个簇中，其次逐渐细分为越来越小的簇，直到达到某个终结条件。

KoHoneo 聚类。KoHoneo 网络是一种竞争型神经网络，可用于将数据集聚类到有明显区别的分组中，使组内各样本间趋于相似，而不同组中的样本有所差异，其在训练过程中，每个神经元会与其他单元进行竞争以“赢得”每条样本。

视觉聚类（Visual Cluster）。在视觉聚类算法中，每一样本数据点视作空间中的一个光点，于是数据集便构成空间的一幅图像。当尺度参数充分小时，每一数据点是一个类，当尺度逐渐变大时，小的数据类逐渐融合形成大的数据类，直到尺度参数充分大时，形成一个类。

Canopy 聚类。这是一种将对象分组到类的简单、快速的方法。Cano-py

算法开始首先指定两个距离阈值 T1、T2（T1>T2），随机选择一个数据点，创建一个包含这个点的 Canopy，对于每个点，如果它到第一个点的距离小于 T1，就把这个点加入这个数据点的 Canopy 中，如果这个距离小于 T2，就把此点从候选中心向量集合中移除。重复以上步骤直到候选的中心向量为空，最后形成一个 Canopy 集合。

幂迭代聚类（Power Iteration Clustering，PIC）。这是一种可尺度化的有效聚类算法。幂迭代算法是将数据点嵌入由相似矩阵推导出来的低维子空间中，然后通过 K-Means 算法得出聚类结果。幂迭代算法利用数据归一化的逐对相似度矩阵，采用截断的迭代法，寻找数据集的一个超低维嵌入，低维空间的嵌入是由拉普拉斯矩阵迭代生成的伪特征向量，这种嵌入恰好是有效的聚类指标，使它在真实的数据集上优于谱聚类算法，而不需要求解矩阵的特征值。

两步聚类。这种算法可以同时分析连续属性和离散（分类）属性，算法中采用的度量距离包括欧氏距离及对数似然距离，其特点是可以基于 BIC 信息准则自动确定最优聚类数。

2. 分类分析

已知研究对象分为若干类，按照某种指定的属性特征将新数据归类。

逻辑回归分类。逻辑回归（Logistic Reg）算法可用于解决二元及多元分类问题，是分类算法中的经典算法。对于二分类问题，算法输出一个二元 Logistic 回归模型。对于 K 分类问题，算法会输出一个多维 Logistic 回归模型，包含 K—1 个二分类模型。

朴素贝叶斯（Naive Bayes）。朴素贝叶斯算法在机器学习中属于简单概率分类器。朴素贝叶斯是一种多分类算法，前提假设为任意特征之间相互独立。首先计算给定标签下每一个特征的条件概率分布，其次应用贝叶斯理论计算给定观测值下标签的条件概率分布并用于预测。

XGBoost 分类。XGBoost 分类是集成学习算法 Boosting 族中的一员，其全名为极端梯度提升，其对 GBDT（Gradient Boosting Decision Tree）分类算法做了较大改进，分类效果显著。该算法的核心是大规模并行 Boosted Tree。XGBoost 是以 CART 树中的回归树作为基分类器，但其并不是简单、重复地将几个 CART 树进行组合，而是一种加法模型，将模型上次预测（由第 t—1 棵树组合成的模型）产生的误差作为参考进行下一棵树（第 t 棵树）的建立。

贝叶斯网络分类。贝叶斯网络（Bayes Net）是一种概率网络，它是基于概率推理的图形化网络，是在朴素贝叶斯的基础上取消关于各属性中关于类标号条件独立的苛刻条件，通过各类的先验概率计算待分类样本的后验概率，得到测试样本属于各类别的概率。贝叶斯网络是为了解决不定性和不完整性而提出的，它对于解决复杂设备不确定性和关联性引起的故障有很大的优势，在多领域中获得广泛应用。

神经网络分类。BP 神经网络算法（MLP）由输入层、隐藏层和输出层构成，学习过程由信号的正向传播和误差的反向传播两个过程组成，通过多次调整权值，直至网络输出的误差减小到可以接受的程度，或进行事先设定的学习次数。学习得到因变量与自变量之间的一个非线性关系。

随机森林分类。随机森林（Random Forest）算法广泛应用于分类问题的解决。其是决策树的组合，将许多决策树联合到一起，以降低过拟合的风险。与决策树类似，随机森林可以处理名词型特征，不需要进行特征缩放处理（如归一化），能够处理特征间交互的非线性关系。随机森林支持连续数据或离散数据进行二分类或多分类。

SVM 分类。SVM 分类算法以极大化类间间隔为目标，并以之作为最佳分类超平面，其中定义的类间间隔为两类样本到分类超平面的最小距离，通过引入松弛变量，使支持向量机能够解决类间重叠问题，并提高泛化能力。该算法在开源算法中仅支持二分类，平台通过将多分类问题分解为多个二分类问题进行求解，从而实现对多分类的支持。

CART 分类。分类回归树（CART）属于一种决策树。分类回归树是一棵二杈树。对于分类问题，目标变量必须是字符型，可以通过剪枝避免模型对数据过拟合，同时可以控制剪枝程度，训练完成可得到一棵多杈树。

ID3 分类。ID3 分类算法是一种流行的机器学习分类算法，算法的核心是信息熵。ID3 算法通过计算每个属性的信息增益，认为信息增益高的属性是好属性，每次划分选择信息增益最高的属性作为划分标准，重复这个过程，直至生成一个好的分类训练样本的决策树。

C5.0+ 决策树分类。C5.0+ 算法是在 C4.5 算法的基础上改进而来的产生决策树的一种更新的算法，其计算速度比较快，占用的内存资源较少。C5.0算法的优点：面对数据遗漏和输入字段很多的问题时非常稳健，比一些其他类型的模型易于理解，模型退出的规则有非常直观的解释，提供强大技术以提高分类的精度。

梯度提升决策树分类。GBDT 是一种迭代的决策树算法，该算法由多棵决策树组成，所有树的结论累加起来作为最终答案。

L1/2 稀疏迭代分类。L1/2 稀疏迭代算法（L12）是基于极小化损失函数与关于系数解的 1/2 范数正则项的高效稀疏算法。在分类问题中，采用分类损失函数，并通过 L1/2 阈值迭代算法实现 L1/2 稀疏迭代分类。平台通过 Half 阈值迭代算法实现 L1/2 稀疏迭代分类问题的求解，使它相比于凸正则化方法精度更高。

RBF 神经网络分类。RBF 网络即径向基神经网络，是前馈型网络的一种，其基本思想是对于低维空间不一定线性可分的问题，把它映射到高维空间中，则可能是线性可分的，其在对问题进行转换的同时，也解决了 BP 网络的局部极小值问题。RBF 网络是一个三层的网络，包含输入层、隐层和输出层，其中隐层的转换函数是局部相应的高斯函数，而其他前向型网络的转换函数一般都是全局相应的函数，理论上讲对于任意连续函数可以无限逼近。

KNN 分类。KNN 算法亦称 K 近邻算法，是数据挖掘技术中最简单的分类算法之一。所谓 K 最近邻，就是 K 个最近的邻居的意思，也就是说每个样本都可用它最近的 K 个邻居来近似推断。该算法的核心思想是：如果一个样本在特征空间中的 K 个最相邻的样本中的大多数属于某个类别，则该样本也属于这个类别。

线性判别分类。线性判别分析算法（LDA）是根据研究对象的各种特征值判别其类型归属问题的一种多变量统计分析方法，其将输入数据投影到一个线性子空间中，以最大限度地将类别分开。

Adaboost 分类。Adaboost 分类是集成学习算法 Boosting 族中最著名的代表。其训练过程为：选取一个基分类器（例如逻辑回归分类器），按顺序进行 T 轮模型训练。初始时，首先给训练集的每个样本赋予相同权重 1/N（N 为训练样本数），其次进行第一轮带权训练得到分类器 H1，最后求出该分类器在训练集上的加权误差率，并基于此误差率求得 H1 分类器的权重及更新训练样本权值(分类错误的样本权重调大，分类正确的反之)。接下来的每轮训练以此类推，最终得到每轮的分类器及其权重。这 T 个基分类器及其权重组成了整个 Adaboost 分类模型。当预测新样本时，其分类预测值为这 T 个分类器的加权分类结果。需要注意的是，如果在迭代过程中，某一次的误差率大于定限值，将终止迭代。此时，得到的基分类器少于 T 个。

3. 回归分析

回归分析是指确定两种或两种以上变量间相互依赖的定量关系的一种统计分析方法，在解决实际问题时经常会把数据拆分为两个数据集：训练集数据和测试数据集。

线性回归（Linear Reg）。线性回归算法假设每个影响因素与目标之间存在线性关系，并通过特征选择、得到关键影响因素，建立线性回归模型来预测目标值。该算法利用数理统计中回归分析，通过凸优化的方法进行求解。在实际业务中应用十分广泛。

决策树（Decision Tree）回归。决策树回归算法通过构建决策树来进行回归预测。在创建回归树时，使用最小剩余方差来决定回归树的最优划分，该划分准则是期望划分之后的子树误差方差最小。创建模型树，每个叶子节点都是一个机器学习模型，如线性回归模型。

SVM 回归。支持向量机回归（Support Vector Machines，SVMs）是处理回归问题的算法。它通过定义 Epsilon 带，将回归问题转换为分类问题，以极大化类间间隔为目标，并以之作为最佳回归超平面。

梯度提升树（GBDT）回归。梯度提升树是一种迭代的决策树算法，该算法由多棵决策树组成。它基于集成学习中 Boosting 的思想，每次迭代都在减少残差的梯度方向上建立一棵决策树，迭代多少次就生成多少棵决策树。该算法的思想使其具有天然优势，可以发现多种有区分性的特征以及特征组合。

BP 神经网络回归。BP 神经网络算法（BP）由输入层、隐藏层和输出层构成，其学习过程由信号的正向传播和误差的反向传播两个过程组成，通过多次调整权值，直至网络输出的误差减小到可以接受的程度，或进行事先设定的学习次数。学习得到因变量与自变量之间的一个非线性关系。

保序回归。保序回归可以看作附加有序限制的最小二乘问题，拟合的结果为分段的线性函数。该算法可以返回一个保序回归模型，可以被用于预测已知或未知特征值的标签。目前只支持一维自变量。

曲线回归。曲线回归算法实现的是一元多项式曲线回归，研究一个因变量与一个自变量间多项式的回归分析方法。一元多项式回归的最大优点就是可以通过增加高次项对实测点进行逼近，直到满意为止。在一元多项式回归模型中，自变量的次数不宜设置太多，否则容易过拟合。

随机森林（Random Forest）回归。随机森林回归算法是决策树回归的组合算法，将许多回归决策树组合到一起，以降低过拟合的风险。随机森林可以处理名词型特征，不需要进行特征缩放处理。随机森林并行训练许多决策树模型，对每个决策树的预测结果进行合并可以降低预测的变化范围，进而改善测试集上的预测性能。

L1/2 稀疏迭代回归。L1/2 稀疏迭代回归算法（L12）是基于极小化损失函数（误差平方和函数）与关于系数解 L1/2 范数正则项的高效稀疏算法。L1/2 正则化与 L0 正则化相比更容易求解，而与 L1 正则化（Lasso）相比能产生更稀疏的解，说明 L1/2 正则化具有广泛且重要的应用价值，平台通过 Half 阈值迭代算法实现 L1/2 稀疏迭代回归问题的求解，算法具有高效、精确的优点。

4. 时序分析

变量随时间变化，按等时间间隔所取得的观测值序列，称为时间序列。时间序列分析法主要通过与当前预测时间点相近的历史时刻的数据来预测当时时刻的值。

ARIMA。ARIMA 模型将预测对象随时间推移而形成的数据序列视为一个随机序列，用一定的数学模型来近似描述这个序列。这个模型一旦被识别后就可以从时间序列的过去值及现在值来预测未来值。ARIMA（P，d，q）称为差分自回归移动平均模型，AR 为自回归，P 为自回归项，MA 为移动平均，q 为移动平均项数，d 为时间序列成为平稳时所做的差分次数。所谓 ARIMA 模型，是指将非平稳时间序列转化为平稳时间序列，然后将因变量仅对它的滞后值以及随机误差项的现值和滞后值进行回归所建立的模型。（注：此算法节点不支持连接模型利用节点，对于新数据只能重新进行预测。）

稀疏时间序列。稀疏时间序列是将稀疏性引入时间序列模型系数的求解中。本算法基于 AR 模型，通过 L1/2 稀疏化方法，能够获取到更好的稀疏解，稀疏时间序列在一定程度上解决了 ARMA 模型的定阶问题。(注：此算法节点不支持连接模型利用节点，对于新数据只能重新进行预测。)

指数平滑。指数平滑模型根据时间序列先前的观察值来预测未来，如根据销售历史记录来预测未来销售情况。该节点提供了自动、简单指数平滑、Holt 线性趋势、简单季节模型、Winter 加法多种模型可以选择，其中自动是指节点会自动求解平滑系数。(注：此算法节点不支持连接模型利用节点，对于新数据只能重新进行预测。)

移动平均。移动平均算法是根据时间序列，逐项推移，依次计算包含定项数的序时平均数，以此进行预测的方法，平台集成了一次移动平均法和多次移动平均法。(注：此算法节点不支持连接模型利用节点，对于新数据只能重新进行预测。)

向量自回归。向量自回归模型（以下简称 VAR 模型）是计量经济中常用的一种时间序列分析模型。该模型是用所有当期变量对所有变量的若干滞后变量进行回归。VAR 模型用来估计联合内生变量的动态关系，而不带有任何事先约束条件。VAR 模型是 AR 模型的推广，可同时回归分析多个内生变量，即同时构建多个时间序列回归方程。

回声状态网络。回声状态网络作为一种新型的递归神经网络，也由输入层、隐藏层（储备池）、输出层组成。其将隐藏层设计成一个具有很多神经元组成的稀疏网络，通过调整网络内部权值的特性达到记忆数据的功能，其内部的动态储备池（DR）包含了大量稀疏连接的神经元，蕴含系统的运行状态，并具有短期记忆功能。ESN 训练的过程，就是训练隐藏层到输出层的连接权值（Wout）的过程。(注：此算法节点不支持连接模型利用节点，对于新数据只能重新进行预测。)

灰度预测。灰色模型的建立机理是根据系统的普遍发展规律，建立一般性的灰色微分方程，然后通过对数据序列的拟合，求得微分方程系数，从而获得灰色模型方程。灰色建模直接将时间序列转化为微分方程，从而建立抽象系统的发展变化的动态模型，即 Grey Dynamic Model（GM），灰色理论微分方程模型成为 GM（M，N），即 M 阶 N 个变量的微分方程灰色模型。

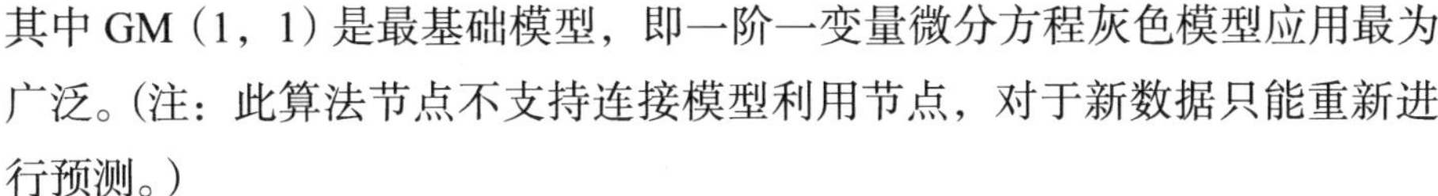

其中 GM（1，1）是最基础模型，即一阶一变量微分方程灰色模型应用最为广泛。(注：此算法节点不支持连接模型利用节点，对于新数据只能重新进行预测。)

5. 关联规则分析

关联规则反映一个事物与其他事物之间的相互依存性和关联性；如果两个事物或者多个事物之间存在一定的关联关系，那么其中一个事物就能够通过其他事物预测到。关联是某种事物发生时其他事物会发生的这样一种联系。

Apriori。Apriori 算法是一种挖掘关联规则的频繁项集算法，其核心思想是不断寻找候选集，然后剪枝去掉包含非频繁子集的候选集。该算法节点提供给了用户设置最小支持度、置信度等选项，生成满足特定要求的关联规则，生成输出关联规则的模型和网络图。

FPGrowth。FPGrowth 是挖掘关联规则的经典算法之一，FPGrowth 算法是基于数据构建一棵规则树，并基于规则树进行频繁项挖掘的算法，算法对数据库仅扫描 2 次，且不会产生大量的频繁项集，因此算法具备处理效率高、内存占用相对较小的优点。

6. 综合评价

综合评价的基本步骤：第一，明确评价目标、选择评价对象；第二，建立评价指标体系；第三，确定评价指标的权重；第四，选择合适的综合评价方法；第五，计算综合评价值，对评价对象进行排序和归档。

层次分析法（AHP）。层次分析法是将与决策相关的元素分解成目标、准则、方案等层次，进行定性和定量分析的决策方法。

模糊综合评价法。模糊综合评价法是一种基于模糊数学的综合评价方法。该方法将“优”“良”“差”等定性评价转化为定量评价值，进而用模糊算子自下而上逐层对各指标权重及评价隶属度做运算，最终得到最高层目标的评价等级或综合得分值。

语料库。语料库中存放的是在语言的实际使用中真实出现过的语言材料；语料库是以电子计算机为载体承载语言知识的基础资源；真实语料需要经过分析和处理，才能成为有用的资源。

（三）预测性分析能力（Predictive Analytic Capabilities）

数据挖掘可以帮助人们更好地理解数据，而预测性分析则基于可视化分析和数据挖掘的结果做出预测性的判断。

常用的预测方法有以下几种。

1. 经验预测法

经验预测法是最为传统的预测法。如果我们有了丰富的生活阅历和工作经验，那么我们对事物的判断就会更加准确，从而能够做出更加合理的决策。经验预测法在生活、工作中有大量的应用实例。人们最容易用自己过去的经验做出判断，所以人们几乎每时每刻都在做经验预测。单纯依靠少数人的预测往往风险很高，因为我们每个人的生活经历都是有限的，并且看问题的视角是单一的，所以对于重大决策，在没有其他更好的方法可以预测时，需要让更多的人一起利用经验来预测，这种方法被称为德尔菲法。

德尔菲法是通过召集专家开会，集体讨论得出一致预测意见的专家会议法，是一种专家预测方法。德尔菲法能发挥专家会议法的优点，能充分发挥各位专家的作用，集思广益，准确性高。同时，又能避免专家会议法的缺点：权威人士的意见影响他人的意见；有些专家碍于情面，不愿意发表与其他人不同的意见；出于自尊心而不愿意修改自己原来不全面的意见。德尔菲法的主要缺点是：有些专家缺少思想沟通交流，可能存在一定的主观片面性；易忽视少数人的意见，可能导致预测的结果偏离实际；存在组织者主观影响。

2. 类比预测法

事物有很多的相似性，事物发展的规律也有相似性。例如根据一个人对一件事情的反应，找到这个人的行为模式，从而预测其未来的行为模式，这就是类比预测法。然而类比法也有局限性，主要的局限在于类的可比性。因此，当使用类比法进行预测时，须确保所选取的类别具有足够的相似性和可比性，以获得更准确的预测结果。

3. 逻辑关系预测法

逻辑关系预测法从预测的角度来看是最简单的方法，但从算法探索的角度来看则是最难的方法。每个逻辑规律都有其成立的条件。例如，在广告

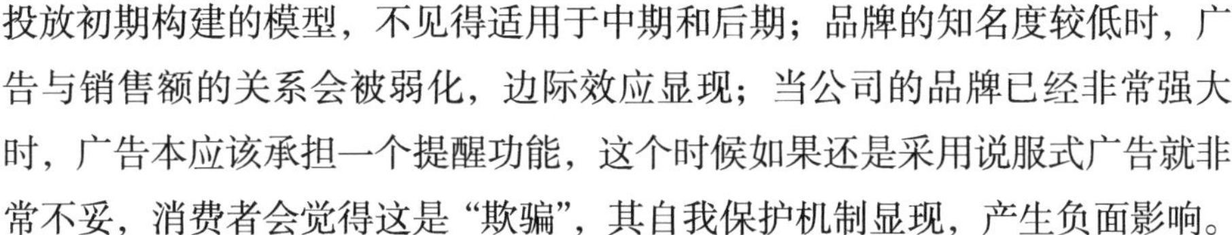

投放初期构建的模型，不见得适用于中期和后期；品牌的知名度较低时，广告与销售额的关系会被弱化，边际效应显现；当公司的品牌已经非常强大时，广告本应该承担一个提醒功能，这个时候如果还是采用说服式广告就非常不妥，消费者会觉得这是“欺骗”，其自我保护机制显现，产生负面影响。

4. 惯性时间预测法

惯性时间预测法是根据事物发展的惯性进行预测，其中最典型的就是趋势分析。炒股的人除了要看基本的股指点数外，还要看趋势线，并根据趋势线来判断拐点。

时间序列分析模型是最典型的惯性分析法，其本质就是探寻一个事物的数量化指标随时间变化的规律。如果事物完全按照时间顺序发展，则一定会按照规律继续发展下去，如果是向上的趋势，就会继续向上发展；如果是向下的趋势，就会继续向下发展；如果存在周期性，就会按照周期性的规律发展；如果具有循环往复的特征，就会按照循环往复的特征发展下去。

时间序列模型的局限：忽略了现在的变化影响因素，即如果事物过去都是向上发展的，则时间序列认为事物还会继续向上发展，但是因为某些因素导致了下滑，则这个因素不予考虑，会认为是误差或者受随机因素的影响。

5. 比例预测法

运用比例预测法，其实就是针对以往的数据，对其进行分类汇总整理后，对未来的数据按照一定的比例进行预测，其中，比例就是通过以往的某一指标与目标指标之间的关联数据总结确定的。

人的行为方式、兴趣爱好在短时间内不会发生较大的变化，预测其实就是在预测人的行为方式和思维，这也就是为什么可以使用比例预测法的原因，因为人的行为方式、兴趣爱好不会轻易改变。

比例预测法的重点就是在无特殊情况下的一种状态下的预测，例如，一家大型购物中心前 5 个月的会员销售占比为 50%，那么在第 6 个月的会员销售占比也会在 50% 左右。其前 5 个月的周一到周五的日均销售额为 100 万元，周六、周日的日均销售额为 200 万元。那么我们根据本月工作日和双休日的天数，可以预测出本月的销售额。

比例预测法也有其局限性，比例预测法成立的前提是需要有大量的数据源，但是当数据较少的情况下，比例预测法就没有效果，反而会误导我们的决策。

（四）语义引擎（Semantic Engines）

由于非结构化数据的多样性带来了数据分析的新的挑战，我们需要一系列工具去解析、提取、分析数据。语义引擎需要被设计成能够从“文档”中智能提取信息。

（五）数据质量和数据管理（Data Quality and Master Data Management）

数据质量是指数据的准确性、完整性、一致性和可靠性等特征。数据管理是指对数据进行收集、存储、处理和分析的一系列活动。通过标准化的流程和工具对数据进行处理可以保证一个预先定义好的高质量的分析结果。

要提升数据质量可以从以下几个方面入手。

一是事前定义数据的监控规则。监控规则：梳理对应指标、确定对象(多表、单表、字段)、通过影响程度确定资产等级、质量规则制定。

二是事中监控和控制数据生产过程。通过数据生产过程中进行控制，实现质量监控和工作流无缝对接；支持定时调度；通过强弱规则控制 ETL 流程；对脏数据进行清洗。

三是事后分析和问题跟踪。邮件短信报警并及时跟踪处理；稽核报告查询；数据质量报告的概览、历史趋势、异常查询、数据质量表覆盖率；异常评估、严重程度、影响范围、问题分类。

（六）数据存储（Data Storage）

大数据处理当中面临的第一道障碍就是关于大数据存储的问题，针对大数据存储主要有以下几种方法。

1. 顺序存储方法

该方法把逻辑上相邻的节点存储在物理位置上相邻的存储单元里，节点间的逻辑关系由存储单元的邻接关系来体现。由此得到的存储表示称为顺序存储结构（Sequential Storage Structure），通常借助程序语言的数组描述。该方法主要应用于线性的数据结构，非线性的数据结构也可通过某种线性化的方法实现顺序存储。

2. 链接存储方法

该方法不要求逻辑上相邻的节点在物理位置上亦相邻，节点间的逻辑关系由附加的指针字段表示。由此得到的存储表示称为链式存储结构（Linked Storage Structure），通常借助于程序语言的指针类型描述。

3. 索引存储方法

该方法通常在储存节点信息的同时，还建立附加的索引表，索引表由若干索引项组成。若每个节点在索引表中都有一个索引项，则该索引表称为稠密索引（Dense Index）。若一组节点在索引表中只对应一个索引项，则该索引表称为稀疏索引（Spare Index）。索引项的一般形式是：(关键字，地址)，其中关键字是能唯一标识一个节点的数据项。稠密索引中索引项的地址指示节点所在的存储位置，稀疏索引中索引项的地址指示一组节点的起始存储位置。

4. 散列存储方法

该方法的基本思想是：根据节点的关键字直接计算出该节点的存储地址。

上述四种基本存储方法，既可单独使用，也可组合起来对数据结构进行存储映像。同一逻辑结构采用不同的存储方法，可以得到不同的存储结构。选择何种存储结构来表示相应的逻辑结构，视具体要求而定，主要考虑运算方便及算法的时空要求。

数据仓库是为了便于多维分析和多角度展示数据按特定模式进行存储所建立起来的关系型数据库。在商业智能系统的设计中，数据仓库的构建是关键，是商业智能系统的基础，承担对业务系统数据整合的任务，为商业智能系统提供数据抽取、转换和加载（ETL），并按主题对数据进行查询和访问，为联机数据分析和数据挖掘提供数据平台。

三、大数据分析过程

大数据分析过程大致分为以下六个步骤。

（一）业务理解

最初的阶段集中在理解项目目标和从业务的角度理解需求，同时将业务知识转化为数据分析的定义和实现目标的初步计划。

（二）数据理解

从初始的数据收集开始，通过一些活动的处理，目的是熟悉数据，识别数据的质量问题，首次发现数据的内部属性，或是探索引起兴趣的子集去形成隐含信息的假设。

（三）数据准备

数据准备阶段包括从未处理数据中构造最终数据集的所有活动。这些数据是模型工具的输入值。这个阶段的任务能执行多次，没有任何规定的顺序。任务包括表、记录和属性的选择，以及为模型工具转换和清洗数据。

（四）分析建模

在这个阶段，可以选择和应用不同的模型技术，模型参数被调整到最佳的数值。有些技术可以解决一类相同的数据分析问题；有些技术在数据行程上有特殊要求，因此需要经常跳回到数据准备阶段。

（五）评估

在这个阶段，已经从数据分析的角度建立了一个高质量显示的模型。在最后部署模型之前，重要的步骤是彻底地评估模型，检查构造模型，确保模型可以完成业务目标。这个阶段的关键目的是确定是否有重要业务问题没有被充分考虑。在这个阶段结束后必须达成一个数据分析结果使用的决定。

（六）部署

通常，模型的创建不是项目的结束。模型的作用是从数据中找到知识，获得的知识需要以便于用户使用的方式重新组织和展现。根据需求，这个阶段可以生成简单的报告，或者是实现一个比较复杂的、可重复的数据分析过程。在很多案例中，这一部分是由客户而不是由数据分析人员承担部署的工作。

四、大数据分析技术

大数据分析通常包括数据采集、存取、分析、可视化等方面，都有一些相应的技术，如用于数据采集的ETL，用于数据存储的分布式系统（如HDFS）、云存储等，用于数据分析与挖掘的MapReduce、Spark等，用于可视化展示的热图、标签云、地图、相关矩阵等。

作为大数据的主要应用，大数据分析涉及的技术相当广泛，主要包括以下几类。

（一）数据采集

大数据采集是指利用多个数据库来接收发自客户端（Web、App、传感器形式等）的数据，并且用户可以通过这些数据库来进行简单的查询和处理工作。例如，电商会使用传统的关系型数据库MySQL和Oracle等来存储每一笔事务数据，除此之外，Redis和MongoDB这样的NoSQL数据库也常用于数据库的采集。阿里云DataHub是一款数据采集产品，可为用户提供实时数据的发布和订阅功能，写入的数据可直接进行流式数据处理，也可参与后续的离线作业计算，并且DataHub同主流插件和客户端保持高度兼容。

在大数据采集过程中，其主要特点和挑战是并发数高，因为同时可能会有成千上万的用户来进行访问和操作，如火车票售票网站和淘宝，它们并发的访问量在峰值时达到上百万，所以需要在采集端部署大量数据库才能支撑。并且，如何在这些数据库之间进行负载均衡和分片的确需要深入的思考和设计。例如ETL工具负责将分布的、异构数据源中的数据，如关系数据、平面数据文件等抽取到临时中间层后进行清洗、转换、集成，最后加载到数据仓库或数据集市中，成为联机分析处理、数据分析的基础。

（二）数据管理

对大数据进行分析的基础是对大数据进行有效的管理，使大数据“存得下，查得出”，并且为大数据的高效分析提供基本数据操作（如Join和聚集操作等），实现数据有效管理的关键是数据组织。面向大数据管理已经提出了一系列技术。随着大数据应用越来越广泛，应用场景的多样化和数据规模的不断增加，传统的关系数据库在很多情况下难以满足要求，学术界和产业界开发出了一系列新型数据库管理系统，如适用于处理大量数据的高访问负载以及日志系统的键值数据库（如 Tokyo Cabinet、Tyrant、Redis、Voldemort、Oracle BDB）、适用于分布式大数据管理的列存储数据（如 Cassandra、HBase、Riak）、适用于 Web 应用的文档型数据库（如 CouchDB、MongoDB、Se-quoiaDB）、适用于社交网络和知识管理等的图形数据库（如 Ne04J、InfoGrid、Infinite Graph），这些数据库统称为 NoSQL。面对大数据的挑战，学术界和工业界拓展了传统的关系数据库，即 NewSQL，这是对各种新的可拓展 / 高性能数据库的简称，这类数据库不仅具有 NoSQL 对海量数据的存储管理能力，还保持了传统数据库支持 ACID（原子性（Atomicity）、一致性（Consistency）、隔离性（Isolation）和持久性（Durability）和 SQL（包括 DDL、DQL、DML、DCL）的特性。典型的 NewSQL 包括 VoltDB、ScaleBase、db-Shards 等。例如，阿里云分析型数据库可以实现对数据的实时多维分析，百亿量级多维查询只需 100 毫秒。

（三）基础架构

从更底层来看，对大数据进行分析还需要高性能的计算架构和存储系统。例如，用于分布式计算的 MapReduce 计算框架、Spark 计算框架，用于大规模数据协同工作的分布式文件存储 HDFS 等。

（四）数据理解与提取

大数据的多样性体现在多个方面。在数据结构方面，大数据分析中处理的数据不仅有传统的结构化数据，还包括多模态的半结构和非结构化数据；在语义方面，大数据的语义也有着多样性，同一含义有着多样的表达，同样的表达在不同的语境下也有着不同的含义。要对具有多样性的大数据进行有效的分析，需要对数据进行深入的理解，并从结构多样、语义多样的数据中提取出可以直接进行分析的数据。这方面的技术包括自然语言处理、数据抽象等。自然语言处理是研究人与计算机交互的语言问题的一门学科。处理自然语言的关键是要让计算机“理解”自然语言，所以自然语言处理又叫作自然语言理解（Natural Language Understanding，NLU），也称为计算机语言学，它是人工智能（Artificial Intelligence，AI）的核心课程之一。信息抽取（Information Extraction，IE）是从非结构化数据中自动提取结构化信息的过程。

（五）统计分析

统计分析是指运用统计方法及分析对象有关的知识，从定量与定性的结合上进行研究活动。它是继统计设计、统计调查、统计整理之后的一项十分重要的工作，是在前几个阶段工作的基础上通过分析达到对研究对象更为深刻的认识。它也是在一定的选题下，针对分析方案的设计、资料的搜索和整理而展开的研究活动。系统、完善的资料是统计分析的必要条件。统计分析技术包括假设检验、显著性检验、差异分析、相关分析、T 检验方差分析、卡方分析、偏相关分析等。

（六）数据挖掘

数据挖掘指的是从大量数据中通过算法搜索隐藏于其中的信息的过程，包括分类（Classification）、估计（Estimation）、预测（Prediction）、相关性分组或关联规则（Association Rule）、聚类（Clustering）、描述和可视化（Description and Visualization）、异常点检测（outlier detection）、复杂数据类型挖掘（Text、Web、图形图像、视频、音频等）。与前面统计和分析过程不同的是，数据挖掘一般没有什么预先设定好的主题，主要是在现有数据上进行基于各种算法的计算，从而达到预测的效果，实现一些高级别数据分析的需求。例如，阿里云的数家产品拥有一系列机器学习工具，可基于海量数据实现对用户行为、行业走势、天气、交通的预测，产品还集成阿里巴巴核心算法库，包括特征工程、大规模机器学习、深入学习等。

（七）数据可视化

数据可视化是关于数据视觉表现形式的科学技术研究。对于大数据而言，由于其规模、高速和多样性，用户通过直接浏览来了解数据，因而，将数据进行可视化，将其表示为人能够直接读取的形式，就显得非常重要。目前，针对数据可视化已经提出了许多方法，这些方法根据可视化的原理可以划分为基于几何的技术、面向像素的技术、基于图标的技术、基于层次的技术、基于图像的技术和分布式技术等；根据数据类型可以分为文本可视化、网络可视化、时空数据可视化、多维数据可视化等。

数据可视化应用包括报表类工具（如 Excel）、BI 分析工具及专业的数据可视化工具等。阿里云 2016 年发布的 BI 报表产品，三分钟内即可完成海量数据的分析报告，产品支持多种语音数据源，提供近 20 种可视化效果。

五、大数据分析面临的挑战

作为一个新生领域，尽管大数据意味着大机遇，拥有巨大的应用价值，但同时也面临工程技术、管理政策、人才培养、资金投入等领域的挑战。

（一）数据来源错综复杂

虽然大数据中心存有不少数据，但适合解决领导急需问题的数据很少，而大数据应用是通过收集、存储、处理和分析大量数据来获得有价值的信息的过程，不像统计调查可以根据需要进行调查设计，因此缺乏适用的数据经常是大数据决策应用的常态。

丰富的数据源是大数据产业发展的前提。就已有的数据资源来说，我国的数据资源还存在标准化、准确性、完整性低和利用价值不高的情况，这极大地降低了数据的价值，因此需要更加全面的数据来提高分析预测的准确度。

随着移动互联、云计算等技术的飞速发展，无论何时何地，手机等各种网络入口以及无处不在的传感器等，都会对个人数据进行采集、存储、使用、分享，而这一切大都是在人们并不知晓的情况下发生的。这些数据，一方面给人们带来了诸多便利，另一方面由于数据的管理还存在漏洞，那些发布出去或存储起来的海量信息很容易被监视、窃取。

（二）对大数据认知的局限性

流行观念认为科学决策依赖的只是数据，数据越多决策越正确，大数据将成为获取信息的主渠道，如决策可建立在大数据的基础上，然而实际情况并非如此。决策信息来自诸多方面，不只是数字化信息，很多重要的信息难以数字化，决策者需要综合考虑，大数据产生于相对狭窄的业务领域，适

合具体业务的改进，并不适合宏观决策。

可以说，真正启动大数据在企业和社会的全面应用，面临的不仅仅是技术和工具问题，更重要的是要转变经营思维和组织架构。

（三）构建数据挖掘分析模型

大数据的大，不仅在于数据量的大，而且在于它的全面：空间维度上的多角度、多层次信息的交叉复现；时间维度上的与人或社会有机体的活动相关联的信息的持续呈现。而这恰好反映了构建数据挖掘分析模型是一项复杂且有挑战的任务，首先，由于数据量大，其数据本身可能包含噪声、不完整或不准确的信息；其次，需选择合适的算法和技术进行处理，以提高计算效率和准确性，并且需进行特征选择和变量转换，以便更好地反映数据的内在规律和特点；最后，还需结合具体领域的业务知识和经验，以确保挖掘出的信息具有实际应用价值。

另外，要以低成本和可扩展的方式处理大数据，这就需要对整个 IT 架构进行重构，开发先进的软件平台和算法。而我国数据处理技术基础薄弱，总体上以跟随为主，难以满足大数据大规模应用的需求。如果把大数据比作石油，那数据分析工具就是勘探、钻井、提炼、加工的技术。我国必须掌握大数据关键技术，才能将资源转化为价值。

（四）数据开放与隐私的权衡

数据应用的前提是数据开放，这已经成为共识。有专业人士指出，作为全球第一数据生产国，我国数据量也面临急剧增长的态势。我国数据量的增长依赖于数字经济的实现，作为“十四五”规划重点战略对象，数字经济的逐步落实将导致更为庞大及迅速的数据增长。中国信息通信研究院数据表明，2018 年我国新增数据量为 7.6ZB，预计 2025 年中国新增数据量将达到 48.6ZB，年均复合增长率高达 30%。数据量的急剧增长，越发凸显了数据存储及管理的重要性。我国一些部门和机构拥有大量数据，但即使自己不用也不愿提供给有关部门共享，导致信息不完整或重复投资。

开放与隐私如何平衡亦是一大难题。任何技术都是“双刃剑”，大数据也不例外。如何在推动数据全面开放、应用和共享的同时有效地保护公民、企业隐私，逐步加强隐私立法，将是大数据时代面临的一大挑战。

（五）大数据管理与决策

大数据的技术挑战显而易见，但其带来的决策挑战更为艰巨。利用大数据改进决策的难题是决策本身的不确定性。面对确定性问题时信息是完备的，IT 处理只是一种计算，信息技术很容易发挥其优势，但是信息技术不会处理不确定性问题，这是人脑擅长解决的问题，解决此类问题的信息和分析能力主要来自决策者的大脑。

大数据至关重要的方面，就是它会直接影响组织怎样以及由谁来做决策。在信息有限、获取成本高昂且没有被数字化的时代，组织内做重大决策的人都是典型的位高权重的人，抑或是花重金请来的拥有专业技能和显赫履历的外部智囊。但是，在当时商业世界中，高管的决策仍然更多地依赖个人经验和直觉，而不是基于数据。甚至数据专家利用大数据中心的资源也能够分析出一些结论，但这些结论业务部门是已知的，即使一些有价值的成果也会因与决策层当时的关注点不合拍而被冷落。

大数据本质上是“一场管理革命”。大数据时代的决策不能仅凭经验，而真正要“拿数据说话”。因此，大数据能够真正发挥作用，从深层次来看，还要优化我们的管理模式，需要管理方式和架构与大数据技术工具相适配。

此外，大数据应用领域仍窄小，应用费用过高，制约大数据应用。国内能利用大数据背后产业价值的行业主要集中在金融、电信、能源、证券、烟草等超大型、垄断型企业，其他行业谈大数据价值为时尚早。随着企业内部的资料量越来越大，日后大数据将成为 IT 支出中的主要因素，特别是数据储存所耗费的成本，很可能造成企业负担，甚至使企业望而却步。

（六）大数据人才缺口

如果说，以 Hadoop 为代表的大数据是一头小象，那么企业必须有能够驯服它的驯兽师。在很多企业热烈拥抱这类大数据技术时，精通大数据技术的相关人才也成为一个大缺口。

大数据建设的每个环节都需要依靠专业人员完成，因此，必须培养和造就一支懂指挥、懂技术、懂管理的大数据建设专业队伍。

从大数据中提取信息不是IT技术自己能完成的工作，计算机并没有信息抽象能力，这种能力只有专家才有。另外，同样的数据不同人从中看到的信息是不一样的，同样的信息决策分析的结论也不相同，信息提取与决策分析依赖于专家的智慧，这种认知决策的过程难以通过IT技术复制，难以形成稳定的效益。

对于现实而言，决策问题的不确定性是大数据决策应用效益不好的根本原因，技术与业务场景的不匹配也是造成大数据分析困难的一大因素。只有解决这些基础性的挑战问题，才能充分利用这个大机遇，让大数据为企业、为社会充分发挥最大价值。

第三节　大数据分析模型建立方法

模型建立是数据挖掘的核心，因此要确定具体的数据挖掘模型，并用此模型原型训练出模型的参数，得到具体的模型形式。模型建立的操作流程如图1-1所示。

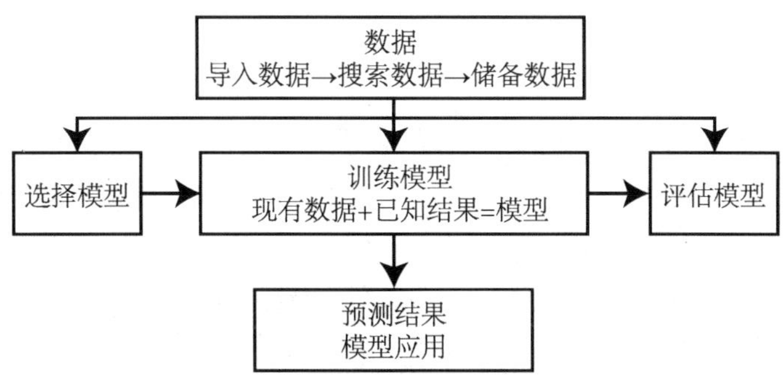

图1-1　模型建立的操作流程

常用的数据挖掘方法主要是基于客户画像体系与结果，选取相关性较大的特征变量，通过分类模型、聚类模型、回归模型、神经网络和关联规则等机器学习算法进行深度挖掘。

一、分类和聚类

分类算法是极其常用的数据挖掘方法之一，其核心思想是找出目标数据项的共同特征，并按照分类规则将数据项划分为不同的类别。

聚类算法则是把一组数据按照相似性和差异性分为若干类别，使同一类别数据间的相似性尽可能大，不同类别数据的相似性尽可能小。

分类和聚类的目的都是将数据项进行归类，但二者具有显著的区别。分类是有监督的学习，即这些类别是已知的，通过对已知分类的数据进行训练和学习，找到这些不同类的特征，再对未分类的数据进行分类。而聚类是无监督的学习，不需要对数据进行训练和学习。常见的分类算法有决策树分类算法、贝叶斯分类算法等；聚类算法则包括系统聚类、K–Means 均值聚类等。

二、回归分析

回归分析是确定两种或两种以上变量间相互依赖的定量关系的一种统计分析方法，其主要研究的问题包括数据序列的趋势特征、数据序列的预测以及数据间的相关关系等。按照模型自变量的多少，回归算法可以分为一元回归分析和多元回归分析；按照自变量与因变量间的关系，又可以分为线性回归分析和非线性回归分析。

三、关联分析

关联分析是在交易数据、关系数据或其他信息载体中，查找存在于项目集合或对象集合之间的关联性、相关性或因果结构，即描述数据库中不同数据项之间所存在关系的规则。例如，如果一项数据发生变化，另一项也随之发生变化，则这两个数据项之间可能存在某种关联。

关联分析是一个很有用的数据挖掘模型，能够帮助企业输出很多有用的产品组合推荐、优惠促销组合，能够找到潜在客户，真正地把数据挖掘落到实处。

市场营销大数据挖掘在精准营销领域的应用可分为两大类，包括离线应用和在线应用。其中，离线应用主要是基于客户画像进行数据挖掘，进行不同目的的针对性营销活动，包括潜在客户挖掘、流失客户挽留、制定精细化营销媒介等。而在线应用则是基于实时数据挖掘结果，进行精准化的广告推送和市场营销，包括 DMP、DSP 和程序化购买等应用。

第二章　大数据应用与服务需求

大数据应用与服务需求强调数字信息资源服务全程化实现，在大数据资源与技术利用基础上，实现面向用户需求的数据内容组织、交互和应用目标。从总体上看，数据层面的服务和信息内容组织需要进行大数据应用技术的拓展，通过智能化交互来满足数据资源需求，提供大数据网络环境下数据访问、操作、存储的工具。

第一节　用户数据层面的信息需求及其演化

大数据环境是一种非结构化的社会空间环境，大数据环境构成不仅决定了空间范围内的数字信息资源结构与分布，而且直接影响到用户需求形式和内容。作为数据资源组织与服务对象，信息用户始终处于中心位置。用户需求形态不仅决定了大数据资源的存在模式，而且决定了数据服务的组织机制。

一、大数据环境及其影响

英国联合信息系统委员会（Joint Information Systems Committee，JISC）IE 项目作为网络数字学习环境项目，其推进目标是为英国高等教育提供一个便利的、集成的信息服务环境。作为数字环境建设的早期项目，曼彻斯特大学信息管理研究中心从学生数字学习需求角度对 JISC 数字信息环境的构成及影响进行了系统性分析，明确了网络技术与交互环境对数字学习需求的影响。2005 年，英国胡弗汉顿大学和拉夫堡大学在 JISC 数字知识库计划实施中，进行了数字环境下的公共知识库需求和用户行为分析，通过调查英国国内选定的 5 个用户群，展示了用户需求结构，构建了用户的数字化学习需求模型，实现了面向用户的服务互动目标。这些实践证明，数据资源组织与服务在数字资源网络交互环境中，用户需求与环境交互决定了面向用户的数字信息服务开展。

大数据环境下，数字信息资源的开发和利用取决于数字智能技术和互联网技术的发展，智能化数据网络环境的形成被认为是信息化深入发展的一大标志。在数字资源组织和大数据服务支持上，数据传输技术、智能技术、可视化技术的进步为提升信息交流水平和大数据资源的利用率提供了保障，特别是数字技术的集成化以及多模态处理技术直接推动了大数据资源利用。大数据环境中，网络化数字信息正以新的方式渗透到社会的各个方面，改变着用户需求时空结构。在环境、资源与用户的交互作用下，数据资源与各种设施的有机结合为数字信息资源服务创造了新的条件。数据资源需求在大数据技术推动下，表现为用户数据需求的海量化，以及信息获取渠道、数据利用形态和数据传播的虚拟化。值得指出的是，Web 技术组合应用推动了互联网应用的发展。Web 服务在被广泛使用的同时，也改变着网络环境，在互联网应用拓展中，由资源导向转变为用户导向。从数据应用需求上看，用户由被动地接收互联网信息向主动创造互联网信息发展。在以用户为中心的互联网数字资源组织中，用户已从单一形式的信息消费者变成信息生产和知识传播者，从而形成了一种新的数字服务机制。

大数据环境下，用户利用虚拟网络，可以跨领域、跨时空实现协同，通过远程数据支持、进行科学研究、数据处理和传输，以扩大数据获取和知识交流空间，实现基于大数据网络的数字共享。大数据网络正是在数字资源共享和协同工作环境中建立的，由此创造新一代网络底层数据环境。作为下一代分布式系统和新的数据计算网络模式，数据网络可以在全局范围内实现对所有可用资源的动态共享，包括数据、计算资源、程序、操作系统和网络传输设施。通过资源共享，网络为用户提供虚拟化的超级计算服务，通过调用互联资源进行协同计算。对此，美国、日本、欧盟等纷纷启动大型网络计划，通过超级计算和高速宽带连接实现面向用户的开放服务。其中，在网络—网格技术发展中，数字化资源组织与服务的开展，有利于构造统一标准的平台环境，促进数据集成和资源共享。从作用上看，数字信息环境在影响数字信息的传播和使用的同时，也决定了数字信息价值和用户的数据资源需求状态。

大数据环境在社会环境和技术环境的交互作用下形成。在社会发展和数字信息技术条件下，各方面因素作用于社会的信息组织形式与交互方式，从而构建了新的社会发展基础结构。在环境构成上，大数据环境包含了社会发展和技术进步引发的数字资源环境要素、大数据应用环境要素、数字智能环境要素和物理网络环境要素。同时，在环境形成与演化中，各方面要素作用下的规则和资源作为大数据信息环境两个基本结构因素而存在。其中，规则用于规范数字信息利用方式，数字技术和数据资源则是构成大数据环境的基础。

基于大数据的信息服务组织是在一定环境下进行的，环境的特点及其变化必然受社会组织结构制约。从宏观组织和微观管理上看，环境的变化和机制变革，以及社会、技术和资源环境的变化，不仅决定数字信息服务的组织与业务开展，而且影响着整个行业的发展。

社会信息环境的变革以及大数据环境的形成对数字信息服务的影响是多方面的，它不仅作用于数据的存在形式、资源分布、开发与利用，而且作用于以信息为对象的数字信息服务组织机制。大数据环境是人类社会环境的一个重要组成部分，随着社会数字智能化趋势的不断增强，数据环境在社会系统中的地位和作用日益显著。

在更广的范围内，信息与社会具有不可分割性，一定的社会条件和环境必然对应着基本的社会信息运动方式和体制。大数据环境作为一种基本的社会环境，是社会特征在数据产生、传递、控制与利用方面的集中体现，是信息资源数字化的必然产物，与社会信息化深层发展相适应。在不同的社会发展阶段，数字信息环境的内容和表现形式也不一样。人类社会的每一次飞跃，如农业革命、工业革命、信息革命都相应伴随着信息环境的变化。随着社会的信息化发展，大数据时代信息环境的主要特征是信息组织的大数据化、信息交互与利用的智能化、多模态数字资源融合和数字服务面向用户的动态嵌入。

二、基于信息流的数据资源需求驱动

（一）用户信息需求的客观性

在信息层面，用户信息的交互和利用，是用户社会工作和社会交互活动中的信息保障目标。在信息资源的社会化组织中，面向需求的服务保障始终处于核心位置。数字智能环境下信息交互机制的变化，直接关系到用户信息需求的存在形式和客观状态，影响基于认知的信息交互行为以及面向用户的信息服务组织结构。

用户的信息需求的存在具有客观性，由相应的社会需求所决定。对此，社会心理学主体需求理论认为其基本需求包括生存需求、交往需求和成长需求，涉及社会生活、职业工作和社会交往。用户作为社会活动主体，信息需求由社会活动目标、任务和用户的社会交往关系所决定，包括科学研究、生产经营、社会服务和社会交互等在内的社会活动。由此可见，用户信息需求伴随着主体活动而产生，信息作为社会运行发展中的关键要素，具有不可缺失性。现代社会运行中，用户信息需求的充分发掘和面向需求的全面信息保障直接关系到社会价值的全面实现和科技、经济与社会的发展。

从大数据的存在形态与作用机制上看，凡具有客观需求与数据交互条件的社会成员皆属于用户的范畴。

1. 信息的存在形式和来源

就信息的存在形式和来源而论，用户信息需求包括以下两个方面：其一是自然信息需求；其二是社会信息需求。自然信息是自然物质存在、交互作用和运动的客观反映，社会信息则是指科学研究、生产经营和各种社会活动中所形成的信息。数字智能环境下，通过数字化手段获取的自然信息（空间地理信息、智能交互数据、数字医疗中的图像）可以经智能处理转化为嵌入用户活动环节的数据单元。在用户的大数据利用范围不断延伸的背景下，数据信息需求除由其目标活动所决定外，还受社会环境因素的影响，在总体上与信息的数字化与转化形式存在密切关联。

2. 大数据的作用机制

用户信息需求在客观上由社会交互机制所决定，组织运行中的信息需求源于组织任务目标的实现和组织的社会关联活动。处于一定组织结构中的人员，其职责、任务和环境影响着基本的信息关系和信息需求。

从总体上看，组织运行中的信息机制具有共同特征。无论是科学研究机构，还是企业和社会服务部门，其存在和发展都离不开社会环境。这说明科技、经济、文化和社会发展决定了组织运行的外部条件。在社会环境作用下，组织不仅需要从外界输入物质、能源和其他资源，而且需要有信息的输入；组织通过运行，实现输入资源的增值，从而向外输出物质产品、知识产品和服务。与此同时，还输出组织活动信息。组织在增值循环中通过与环境的作用，实现价值提升，其中信息交互则是提高核心能力、促进资源增值的重要保障。

科学研究机构、高等学校、生产企业、服务行业和政府部门等不同组织，由于输入、输出的不同，存在物质产品、知识产品和服务产品等方面的差异。然而从组织运行的创新机制上看，却是共同的。恩格斯在论述社会发展时指出生产以及随之而来的产品交换是一切社会制度的基础。恩格斯所说的生产，在现代社会中不仅包括物质产品的生产，也包括知识产品（科技成果、文化产品等）的生产。按通常说法，我们按输入、输出特性将其区别为不同行业的和不同性质的组织。

社会运行中物质、能源和信息的利用是以其流通为前提的。在物质、能源和信息的社会流动中：一方面，信息流起着联系、导向和调控作用，通过信息流，物质、能源得以充分开发利用，科技成果和其他知识成果得以转化和应用；另一方面，伴随着物质、能源和信息交换而形成的资金货币流反映了社会各部分及成员的分配关系和经济关系，物质流和信息流正是在社会经济与分配体制的综合作用下形成的，即通过资金货币流，在社会、市场和环境的综合作用下实现物质、能源和信息的交流与利用。

网络化中的信息流是指各种社会活动和交往中的信息定向传递与流动，就流向而言，它是一种从信息发送者到使用者的信息流通。由于信息不断产生，在社会上不断流动和利用，所以我们将其视为一种有源头的“流”。通过研究社会运行不难发现，社会的物质、能源分配和消费无一不体现在信息流之中；社会信息流还是人类知识传播和利用的客观反映。如对于企业而言，信息流伴随着企业生产、研发和其他活动而产生，可以认为，一切组织活动都是通过信息流而组织的，我们可以由此出发讨论其中的基本关系。

组织活动中的信息需求体现在管理、生产、研究、经营和服务等各方面人员的需求上，是组织流程中各环节信息需求的集合。它既具有组织运行上的整体化特征，又具有面向部门和业务环节的结构性特征。就需求而论，组织整体信息需求由部门和业务环节需求决定。就需求主体而论，信息需求包括组织管理人员、研究人员、生产人员和服务人员的需求；就需求客体而论，组织需要包括政策法规信息、市场信息、科技信息、经济和管理信息在内的各方面信息。在社会整体需求持续平衡状态下，它可以归纳为组织中各类人员的不同职业活动所引发的管理、科技和经济等方面的信息内容需求，以及对分工明确的政府信息服务、科技信息服务、商务信息服务等机构的信息服务需求。

动态环境下，随着科学技术的发展和经济结构的变化，组织处于不断变化之中，组织内部的职能分工和人员分工随之发生变化。如企业生产与技术活动的一体化，管理决策与业务经营的融合，部门式的职能管理向流程管理的转变，都不可避免地改变着组织的信息需求结构。这说明包括企业在内的各类组织都存在着适应环境的创新发展问题，由此引发了基于核心创新能力的知识信息需求。

（二）基于信息流的数据资源需求机制

在信息环境的数字化演化和大数据环境中，组织运行中的信息流形态已发生根本性变化，其基点是信息流的大数据化和互联网 + 背景下的智慧物流模式的形成。这一客观现实和大数据环境的作用决定了基于信息流的数据资源需求机制。

事实上，随着信息技术从信息系统进入数据技术时代，数据资源已成为经济社会发展的重要基础性资源和生产要素，成为加快产业转型、加速经济与社会发展、全面提高信息化效率的基础性资源。这意味着数据要素已成为重要的战略要素，大数据已然是一种社会不可缺失的资源。

大数据资源从资源的形成到产生价值的过程是相互关联的。从数据生命周期出发，大数据资源的价值链包括数据生成、数据获取、数据存储和数据分析。

对纵向或分布式数据源（传感器、视频、点击流和其他数字源）汇集后产生的海量、多样性数据，进行集成式数据集构建。通常，这些数据集和各领域的资源价值联系在一起。同时，在收集、处理和分析这些数据集时存在巨大的技术挑战，需要利用数字通信和智能处理技术进行实时处置。

数据获取可分为数据采集、数据传输和数据预处理三个环节。首先，由于数据来自不同的数据源，如包含格式文本、图像和视频的网站数据，数据采集旨在从特定数据生产环境中获得原始数据；其次，数据采集完成后，需要通过高速数据传输通道将数据传输到合适的存储系统，提供不同类型的应用；最后，数据集中可能存在一些无意义的数据，例如，从传感器中获得的数据集通常存在冗余，所以需要解决数据冗余问题。由此可见，对数据进行预处理，可用于实现数据的高效存储和挖掘。

数据存储解决的是大规模数据的持久存储和管理。数据存储系统可以分为硬件基础设施和数据管理软件两部分。硬件基础设施由共享的信息通信技术资源池组成，资源池根据不同应用的即时需求，以弹性方式组织而成。硬件基础设施应能够向上和向外扩展，并能进行动态重配置以适应不同类型的应用环境。数据管理软件则部署在硬件基础设施之上用于维护大规模数据集。此外，为了便于存储数据的交互传输，存储系统同时提供功能接口、快速查询和其他编程模型。

数据分析用于对数据进行检测、变换和建模，并从中发现进一步的应用价值。分析过程中，可利用相关数据分析方法获得预期的结果。尽管不同的领域具有不同的需求和数据特性，但它们可以使用一些相似的底层技术。当前的数据分析技术可以分为结构化数据分析、文本数据分析、多媒体数据分析、Web 数据分析、网络数据分析和移动数据分析等。

大数据资源的涌现使人们处理问题时可获得前所未有的大规模信息资源，但同时也不得不面对更加复杂的数据资源形态。与此同时，大数据内在特性和存在形态决定了基本的应用需求及基于应用的大数据信息资源服务需求结构。

第二节　大数据应用与信息资源需求结构

数据层面的资源组织不仅包含了各种数值型数据、对象状态数据和性能数据的有序化管理，而且包括各种载体信息内容的数字化表征、结构描述和基于内容的全方位数据获取、组织、存储、调用与管理。其中，大数据应用在于从数据内容组织出发，通过无障碍数据同步处理、转化和传输，实现基于数据形态的信息资源组织和服务目标。基于此，大数据应用与数字信息资源需求结构之间具有不可分割的内在联系，从整体上体现为基于大数据应用的数字信息资源需求的关联结构。

一、大数据应用需求及其对象特征

从社会化运行和发展上看，信息用户包括具有信息需求和利用条件的组织、机构和所有社会成员。按信息需求形式和内容，涵盖社会职业和社会活动的各个方面。新一代互联网发展中，用户信息交互的大数据化已成为一种必然趋势，在信息需求上改变着用户的数据利用关系和形态，由此决定了大数据应用导向的数字化信息需求对象结构。

随着资源环境、技术环境和用户环境的变化，数字信息资源已呈现明显的大数据特征。为推进海量数字资源的社会化利用，基于大数据网络的数据云服务环境的形成，进一步影响到数字信息需求结构。关于信息需求的数据化问题，Grey 提出了科学研究的第四范式概念，即基于数据密集型计算的科学研究创新范式。该理论的提出，在全球得到了广泛关注。欧盟委员会科学数据高级专家组也发布了类似的《驾驭趋势：欧洲如何从科学数据的迅速涨潮中获益》报告。早在 2010 年，美国总统科技顾问委员会在提交给美国总统和国会的报告中就同时强调重视科学数据的作用，并提出了“数据密集的科学与工程”范式。此后，大数据需求在各领域得到进一步体现。

与经验科学、理论科学、计算科学范式不同，第四范式强调数据在科学研究中的基础性作用，不仅强调利用实时、海量数据解决问题，而且将数据视为科学研究的基础工具。由此出发，规范了立足于科学数据思考科学问题、设计研究方案和取得创新成果的行为方式。

与此同时，在社会活动的各领域，受益于信息技术的发展，大数据资源的采集、存储与处理能力大大提高。互联网、移动通信、数字实验技术的普及应用，大大提升了大数据的采集与传输能力。大容量数据存储技术与设施、长期保存技术、分布式计算技术、海量数据处理技术的发展，使得海量数字信息资源的实时存储与处理成为现实。由此可见，各领域进步带来技术能力提升的同时，还带来了经济成本的大幅降低，由此使得大规模数据采集、存储与处理具有广泛应用的可能性。

在技术与经济高速发展的前提下，科学的大数据管理已成为信息资源建设的重要部分。大数据作用下的云环境信息资源内涵不断拓展，除文本资源外，网络信息、实物资源的数字化、计算机程序以及各种用于科学研究的基础数据，都成为大数据资源的重要组成部分。在媒介类型上，除了文字资料外，视频、音频、图像等多媒体资源也都成为重要组成形态。

与大数据资源分布、结构和存在形态相适应，大数据应用及对象特征体现在用户信息需求的各个方面，从而形成了基于大数据应用的信息需求结构特征。从总体上看，其特征反映在全方位信息需求、主体信息需求与大数据资源的适应性、信息需求的层次化和延伸信息的交叉需求上。

对用户需求调查表明，用户希望通过网络实现服务共享的同时，需要进行面向应用的交互，从而满足具有个性特征的需求。服务中，用户往往希望知道能得到什么数据，能利用哪些可以得到的信息，同时希望通过简单操作便可获得全面的信息保障。用户不希望被信息的海洋所淹没，也不希望受单一定制服务的限制。从整体上看，安全环境下的大数据需求有着以下属性。

一是全方位的信息需求。就信息资源网络化组织与服务而言，诸多形式和内容的服务都可以自成体系，在网络、资源和技术的支持下，网络化数字信息服务已不再限于数据内容的表层组织、存储和服务。包括数据开放存取、云服务和智能交互在内的各种专门服务，为网络信息的社会化共享和信息化环境下的知识与数据深度利用提供了保障。从数字信息网络构建、资源组织和技术实现上看，用户的全方位需求决定了网络化数字信息服务的社会化发展。这一环境变化与用户活动的互动，也是全方位信息需求的特征体现。从数字信息需求内容和形式上看，用户的网络化数字信息需求不仅包括了文本载体的信息和音视频形式的信息，而且包括来源广泛的网络数据；从信息组织上看，包括基于网络的共享数据库信息、跨系统信息以及网络开放存取信息和网络社区交互信息等。网络安全环境下用户的全方位信息需求决定了网络信息服务的多元组织和跨系统融合服务的发展。

二是主体信息需求与大数据资源的适应性。用户的信息需求与网络信息量的增长存在着动态对应关系，这种关系在网络环境下仍然客观存在，反映在大数据组织与服务中，网络大数据几何级数的增长并不会导致大数据利用上的冗余，反而会激发大数据的相应增长。由于用户的自然处理数据能力有限，在大数据利用上必然求助于大数据技术和智能计算的利用。这说明，全球网络环境下，网络信息增长与用户需求信息增长具有相关关系，这是由于网络信息组织和用户的信息利用处于同一技术层面和发展层面上，当新的数字技术出现时，必然会同步应用于信息资源组织、信息服务等各个方面。用户需求与网络信息资源的适应性，提出了科学规划和协同发展问题。如果在某一时期，资源组织技术相对于内容服务滞后时，有可能导致用户信息处理能力有限而造成利用效率下降。面对这一情况，拟通过提升信息组织技术的应用水平来实现两者之间的动态平衡。

三是信息需求的层次化特征。数字网络环境下"互联网+"的发展，不仅拓宽了用户信息需求的范围，而且深化了数字信息服务的内容，使用户从浅层次的信息需求向深层次的数据、知识和智能需求转变。信息需求的层次化在科学研究活动中是十分典型的。特别是社会进步和经济发展对科学研究产生巨大的需求，促进了科学技术的高速发展。信息技术在新方向、新领域的不断发展，以及知识创新日益加快，迫切需要在面向知识创新的信息服务中，不断提高科学信息的利用效率，反映在需求上便是从信息向知识的深化。在数字服务的利用上，更是数字化科学研究的全程保障。全球化环境下，日新月异的科学技术对经济发展和社会进步的影响越来越大，知识创新成为物质生产中最重要的因素，以知识创新为基础的经济体系正在建立。在这一背景下，知识的急剧增长、迅速传播、综合集成以及知识的加速应用已成为科学研究的必然趋势，这也是未来社会最显著的特征。鉴于创新研究在创新未来中的重要推动作用，需要以创新需求为导向进行数据内容层面的不断深化。同时，科技创新研究的前瞻性是科技领先的重要条件，这就需要我们根据科学研究的主流着眼长远，进行超前分析和科学大数据的跨系统挖掘，实现深层服务面向科学研究过程的嵌入和数字化交互。

当前，学科整合和整体性认识的趋势越来越明显，单学科研究正向多学科研究、跨学科研究和整体性研究发展。根据学科的交叉性、综合性和整体性，进行多学科、跨学科的大数据交互共享，对交叉学科信息加以整合和整体性融合，以便突破学科边界线，进行科学信息的集成，促进用户对多学科交叉信息的获取，在跨学科数字信息的融合中进行知识创新保障服务。

另外，由于任何一项技术的发展都不是孤立的，而是与许多技术密切相关，这就提出了跨行业信息服务协同组织的问题。因此，信息需求不仅限于有关对象的信息，还必须从相关联数据入手，按信息的渗透性，开展跨数据交互，以推进服务发展。

二、基于大数据应用的信息需求结构

大数据环境下，一切社会成员不仅需要利用网络化的数字资源，而且需要向社会或他人发送自己的关联信息，从而形成了固有的信息需求结构。其中，大数据网络环境决定了大数据应用与信息需求对象及需求内容结构。大数据应用环境下的用户信息需求总体上包括信息获取需求、信息存储需求、信息传输需求、信息交互需求、信息嵌入需求和信息利用需求，其需求客体在大数据传输和数据内容组织中具有多元性和多载体特征，由此形成了基本的对象结构关系。显然，用户所需信息载体形式多样、数据结构各异，但在数字化资源汇集和基于大数据技术的组织中却具有一致性。在大数据应用与信息组织的融合背景下，用户信息需求包括大数据环境下的信息客体对象需求，信息资源系统与大数据工具需求，以及大数据网络与应用服务需求。

大数据环境下用户的信息客体需求是一种最终需求，不仅包括信息的获取、发布、存储，而且包括基于信息客体对象的交流和交互利用。为了实现最终需求目标，用户对信息资源系统与大数据工具，以及大数据应用与服务需求随之产生，通过系统、工具、网络和服务进行所需信息的获取、交互和基于价值实现的资源利用。由此可见，用户的信息资源系统、大数据工具以及网络和服务需求作为一种中间需求而存在，需求目标在于通过网络、工具与服务实现面向信息客体的最终需求目标。值得指出的是，随着大数据应用机制的变革和“互联网 +”背景下数据嵌入与交互利用的深层次发展，这三方面需求已融为一体，从而构成了大数据环境下的整体化信息需求结构。

用户数据应用与信息需求客体包括来源广泛的结构化和非结构化数据，其内容涉及对象状态数值型数据、时空结构数据、内容数字化描述数据、代码数据和文本、音频、视频等数据需求。在大数据资源利用中，不同形式和内容的需求源于用户总体需求，伴随着数字技术的应用拓展而存在。信息资源系统与大数据工具等方面的需求不仅包括各种类型的分布于网络的数字资源库，而且包括大数据平台和网络提供的数据查询工具、搜索工具、数据分析工具、数据交互工具以及云服务和互联网 + 工具等；通过工具的利用，用户目标需求得到了实现。

大数据网络与应用服务需求作为一种基础性需求，由主体需求引动，体现在对互联网物理环境的依托和基于网络的各种服务应用上。通过基于大数据平台、云计算和分布服务的应用，用户实现信息客体对象需求目标。需要指出的是，信息资源系统与大数据工具，同大数据物理网络与应用服务相关联，其工具提供用于满足用户自主使用工具的需求，网络服务的应用则在于通过与服务方的交互满足工具使用和信息客体需求目标。

从总体上看，用户的大数据应用与信息需求堪称一个有机结合的系统，它具有一定的内在结构和外部联系。在需求引动的用户信息活动环节上，数字信息获取、内容发布和学习交流是其中的基本环节。因此，大数据应用与服务需求仍然可以按获取、发布与系统交流需求框架进行展示。

获取信息需求。大数据网络环境下用户获取信息的需求包括用户获取各种数字信息线索的检索需求和获取原始数据的直接要求。从需求客体对象上看，它既包括各种形式的数字文本、图像、数据、事实状态等数字信息资源，也包括对存储、揭示与组织这些信息的网络工具和系统工具的需求。对于汇集这些信息的大数据资源，其自然分布、协同开发和网络组织形式决定了信息需求的对象。

发布信息需求。发布信息的需求是指用户向其他个体或外界发布、传递相关信息的需求，包括通过数字网络等对外发表研究成果、发布业务信息、公布有关数据等。大数据环境下，信息发布在一定的社会规范和法律约束下进行，具有与业务活动密切联系的特征，其中大部分活动被视为业务活动的组成部分，如企业产品发布、科研部门的成果公布、各种数据分享发布等。

信息交流需求。与信息发布需求不同，用户的信息交流需求是一种双向的信息沟通需求，即用户与他人或外界进行相互之间信息沟通与交流的需求。数字智能背景下，信息交流的深层次发展使之向深层交互演化。在大数据智能网络环境下，这种交流模式已发生了新的变化。属于非正式交流过程的用户之间的“个人接触”和“直接对话”，已纳入社会化的交互联网之中，

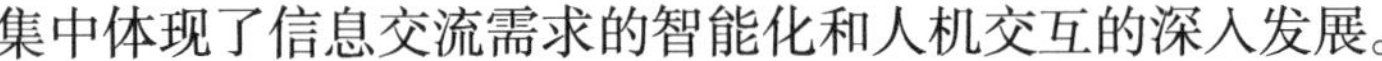

集中体现了信息交流需求的智能化和人机交互的深入发展。

从信息需求内外部因素上看，大数据应用与信息需求受以下几个方面因素的影响。

一是知识结构与信息素质。用户需求和利用的信息只有与用户知识结构相匹配才可能为用户吸收。对于难以理解的信息，则需要借助于大数据与信息网络服务或其他方式将其转化为可以吸收的信息利用形态，由此产生了信息支持需求。在知识结构的基础上，用户的信息素质也影响着信息认知和对信息的需求表达。

二是思维方式与外界交往。人有三种思维：逻辑思维、形象思维、灵感思维。目前，在思维科学研究中，对逻辑思维的研究已十分清晰，对形象思维和灵感思维的研究正不断深化。由于用户的思维方式决定了其信息需求，用户的外界交往渠道和联系又直接关系到他们的思维活动，所以有必要从数据智能角度出发，进行用户思维与交互机制的深层次揭示。

三是用户心理与行为。在社会信息化环境和用户职业活动的相互作用下，用户的个体特征决定他们的心理状态，影响到用户行为。个体特征在数据获取和信息活动中的体现构成了用户的数字信息心理与行为特征，其心理与行为决定信息需求的引发过程、认知状态和外部表达。

四是数字信息源因素。用户最终需求的是获得某种信息，所以大数据服务和信息资源机构有无适合需求的信息储备、数字载体处理方式、信息的有效组织水准以及信息的可获得性等，都会影响到用户需求。在大数据网络环境下，丰富的、高质量的数据对用户而言尤为重要。

五是数字信息工具和系统因素。按穆尔斯定律，如果利用一个信息检索系统取得信息比不取得信息更加麻烦的话，这个系统就不会得到应用。网络上海量数据的存取不借助大数据工具是难以完成的。因此，有无适合于用户所需的信息工具或数据系统，以及工具与系统的质量、利用的方便性与经济性等都是影响用户信息需求的重要因素。

六是信息服务的因素。用户获取和交互信息是一个有序化的过程，信息机构对用户的信息服务应与此相适应。事实上，数字信息服务的优劣不仅表现在最终的结果上，也反映在整个信息服务过程中，包括信息服务的成本效益、信息服务的易用性、速度效率、适应变化的灵活性和提供信息的准确性等。

第三节　数字信息需求状态与需求转化

用户的数字信息需求既具有客观上的现实性，其客观需求由用户所处的环境、社会活动和所具有的交互关系决定，同时也具有用户主观上的认知性和基于体验的状态表达。在信息服务组织中，依据客观需求进行系统构架，旨在实现基于用户认知的信息交互和行为协同，这也是不可回避的现实问题。同时，鉴于需求认知的限制，存在着潜在需求的显化问题。用户信息需求状态分析，在于明确其中的状态转换关系，为用户服务体验和认知需求的完善提供支持。

一、大数据环境下用户的信息需求状态

大数据环境下信息需求既有社会因素、自然因素和用户因素作用下的客观性，又存在用户对客观需求的认知和基于体验表达的主观性。随着社会信息环境和信息形态的变化，用户客观需求的认知和表达状态随之发生变化，且受信息活动时空结构的限制。然而，从用户信息需求客观状态、认知状态和表达状态的关系看，其状态结构却具有一致性。对此，科亨（Kochen）将其描述为三层状态结构关系，认为客观信息需求是一定社会环境和技术条件下用户目标活动所决定的需求，与主观认识和需求表达无关。在信息服务组织中，最理想的状态是使服务与客观信息需求完全耦合，且保持时空上的一致性。在现实服务中，这种理想的状态难以达到，而只可能通过相应的方法去展示处于客观状态的用户需求状态。相对而言，一方面，用户的认知信息需求是指用户认识到的客观信息需求，是客观信息需求的自我认知状态，其认识可能与客观需求完全吻合，也可能偏离客观现实产生错误的认知或未能认识到客观需求的存在；另一方面，用户在信息需求的表达中，其理想状态是认知需求的完整表达，然而也存在表达有误和表达不清的问题。因此，从用户认知需求和表达需求出发组织服务同样存在固有的局限性。

在更广的范围内，一定社会条件下具有一定知识结构和素养的用户，在从事某一社会活动中有着一定的客观需求结构。这是一种完全由外在条件决定，而不以用户主观认识为转移的需求状态。但是，在现实环境下，用户

对客观信息的需求并不一定会有全面而准确的认识，由于主观因素和意识作用，用户认识到的可能仅仅是其中的一部分，或者全然没有认识到，甚至有可能对客观信息需求产生错误的认识。无论何种认识，都可以概括为信息需求的不同主观认识状态。通过用户活动，用户认识的信息需求将得以表达，这便是信息需求的表达状态，即显性信息需求状态。显然，这一状态与用户的实际体验和表达有关。

如果将用户信息需求的认知状态看成用户主观信息需求的话，那么可以进一步明确用户信息需求的内在机理：客观信息需求与主观信息需求完全吻合，即用户的客观信息需求被主体充分意识，可准确无误地认识其信息需求状态；主观信息需求包括客观信息需求的一部分，即用户虽然准确地意识到部分信息需求，但未能对客观信息需求产生全面认识，用户这部分信息需求如果得以正确地表达就成为显性的信息需求；主观信息需求超出了客观信息需求的内容，即用户意识到的信息需求不尽是客观上真正需求的信息，其中有一部分是由错觉导致的主观需求；客观信息需求的主体部分未被用户认识，即用户未对客观信息需求产生实质反应，其信息需求以隐性的形式出现。

无论用户的主观信息需求状态与客观信息需求状态的关系如何，我们都可以把用户信息需求归纳为用户表达出来的信息需求（显性的信息需求）和用户未能表达出来的信息需求（隐性的信息需求）。由于信息需求存在客观性、认知性和表达性，其中认知上和表达上的需求可视为主观信息需求，用户客观上的信息需求状态和主观状态之间存在着必然的联系，其内在机理表现为以下四个方面。

一是客观信息需求与主观信息需求完全吻合，即用户的客观信息需求被主体充分意识，可准确无误地认识其信息需求状态。

二是主观信息需求包括客观信息需求的一部分，即用户虽然准确地意识到部分信息需求，但未能对客观信息需求产生全面认识。

三是主观信息需求与客观信息需求存在差异，即用户意识到的信息需求不尽是客观上真正需求的信息，其中有一部分是由错觉导致的主观需求。

四是客观信息需求的主体部分未被用户认识，即用户未对客观信息需求产生实质性反应，其信息需求以潜在的形式出现。

以上前两个方面是正常的，其中第一个方面种是理想化的；第三个方面是用户力求从主观上克服的；第四个方面必须由外界刺激，在与用户交互中使信息需求由潜在形式转变为正式形式。

用户信息需求机理表明，用户的心理状态、认识状态和素质是影响用户信息需求的主观因素。除主观因素外，信息需求的认识和表达状态还受各种客观因素的影响，这些客观因素可以概括为社会因素作用于用户信息认知的各个方面，主要包括用户的社会职业与地位、所处的社会环境、各种社会关系、接收信息的条件、社会化状况等。概括各种因素，我们不难发现用户的信息需求具有如下几个特点。

第一，信息需求归根结底是一种客观需求，由用户（主体）、社会和自然因素所决定，但需求的主体（用户）存在对客观信息需求的主观认识、体验和表达问题。

第二，信息需求是在用户主体的生活、职业工作和社会化活动基础上产生的，具有与这些方面相联系的特征。

第三，信息需求是一种与用户的思维方式和行为存在着内在联系的需求，其需求的满足必然使用户开展思维活动并由此产生各种行为。

第四，信息需求虽然具有一定的复杂性和随机性，然而却具有有序的层次结构，所以可以从用户客观需求的形成机制出发进行认知和表达层面的研究，以明确面向用户的服务目标。

二、隐性需求与显性需求状态转化

事实上，用户的信息需求状态并不是固定不变的，在一定条件下隐性和显性需求之间是可以相互转化的，其转化条件由社会环境、外界刺激和用户自身知识结构改变等因素决定。

社会化是用户隐性需求显化的过程，主要通过用户学习、思考和实践等形式使个体认知发生变化，从而激发隐性需求的显化认知；外化是对隐性需求的明确表达，旨在将其转化成信息服务提供方易于理解的形式，利于与服务提供者或者系统进行交互，同时推动隐性需求向显性需求转化；综合化是一种显性需求整合的过程，通过一定方式和方法将分散的、不系统的和表达不准确、不规范的显性需求重组或提炼为新的、更加明确与系统化的显性需求；内化意味着显性需求转化为隐性需求，当用户接收信息后，通过吸收和利用使自己的知识结构发生改变，但由于信息的不确定性影响，从而会产生新的更高层次的隐性需求。

通过分析信息需求状态及其转化可以得知：用户信息需求状态的转化可以视为信息需求认知状态的变化。这一认知上的改变通常是模糊的，且不容易清晰表达，所以通过信息的相关性或适合性判断，可进一步明确其需求。同时，系统化的表达在于使用户信息需求认知状态得以优化。因此，对信息需求的认知是客观信息需求的隐性状态向显性状态转化的需要，任何表达出来的显性需求往往由这一阶段引发。在大数据网络环境下，信息需求的构成依然包含着显性信息需求和隐性信息需求，两者的关系并没有变化。由于隐性信息需求在数字智能环境下呈现出不同于以往的交互与机器智能作用特征，从某种意义说，这更有利于我们改变其潜在信息的认知结构，有助于消除各方面的障碍，促使其向显性需求转化。

大数据环境下，挖掘用户隐性信息需求并促使其向显性需求转化是大数据应用与服务关注的重要问题，也是研究信息需求状态转化的主体内容。促进用户信息需求状态转化的因素包括社会层面、文化层面、技术层面的诸多因素。这里，我们从信息服务参与主体和客体的角度分析用户信息需求状态转化的引动，主要包括信息资源、用户和服务三个层面。

从信息资源的层面上提高用户需求状态转化效率，在于加强信息资源建设，以相对丰富的大数据资源来满足用户的信息需求，通过改善大数据资源环境促使用户隐性需求的全面转化。大数据资源建设是一项系统工程，需要有全局上的安排，通过与信息资源拥有者的合作，形成数字资源建设群体。在建设过程中，要统一标准规范，避免出现互不兼容的情况。同时，整合大数据资源，推进资源的深层融合。对于网络数字资源，要建立合适的指引库，即对有价值的网络资源进行分类指引，以便用户能明确所需的数字信息内容。另外，建立有效的大数据平台，使深层次的数据内容元素和信息单元以可识别和理解的方式定义、描述、指向、链接、传递和组织。在实现过程中，由于突破了网络系统间的功能分离障碍，有利于将原有的一些似乎不相关的网络数据和服务结合起来，进行重新组合和再利用，从而创造了有利于数据资源需求认知表达的环境，为隐性需求的显化提供了便利。

信息需求的表达是以一定的认知积累为前提的，用户的需求表达能力也受其认知结构和水平的限制。这意味着并不是所有的用户都能明确自己的需求，更不是所有的用户都能正确表达自己的具体需求。信息用户本身的知识结构及信息素养，都是隐性信息需求能否正确显化表达的重要原因。作为大数据应用和资源的使用者，用户还应充分了解所从事领域的发展前景，以便准确表达前瞻性需求。同时通过不断提高信息素养和使用大数据服务的能力，将隐性需求转化为显性需求，继而转化为信息交互行为。因此，信息用户应充分适应数据环境，促进其隐性信息需求的转化。用户利用数字信息作为信息活动的关键环节，在认识需求、获取信息的基础上进行，其利用水平和效果不仅取决于信息的价值，而且由用户的主、客观条件和工作状况决定。因此，有必要在信息需求转化中嵌入用户场景，为需求的认知表达提供支持。

处于服务层面的是各类信息服务机构，信息服务机构可利用各种条件实现其存在的社会价值，促进数据资源的传播和数字信息的社会化利用。从总体上看，服务提供者在于满足社会的全方位信息需求，促使用户的隐性信息需求的显性转化。具体来说，可以采用以下策略：开展用户交互，同时提高用户利用数字资源的意识和能力；用户利用数字资源过程中的需求感知和认知表达直接关系到用户的资源获取和吸收；用户使用数字技术的能力对激发用户的信息需求也十分关键。用户使用数字技术的能力越强，信息需求由潜在形式转化为现实形式的效率就越高。因此，提高用户的信息意识和数字技术利用能力不仅是信息需求得到满足的需要，而且是数字信息服务在大数据环境下面临的挑战。大数据技术环境下，数字资源结构、内容和组织形式都发生了变化，相关技术的拓展应用处于重要的位置，所以必须对用户的特定需求提供服务，以满足其多样化需求。

第四节　基于需求认知表达的用户信息行为

科学地分析用户信息行为，揭示其中的基本规律，是实现用户科学管理和开展面向用户服务的基础性工作。用户信息行为泛指用户在一定的信息

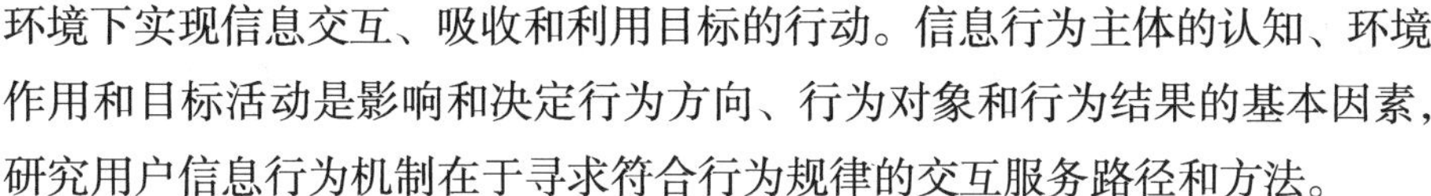

环境下实现信息交互、吸收和利用目标的行动。信息行为主体的认知、环境作用和目标活动是影响和决定行为方向、行为对象和行为结果的基本因素，研究用户信息行为机制在于寻求符合行为规律的交互服务路径和方法。

一、用户的信息行为特征与行为引动

用户的信息行为受用户自身需求目标和外在的信息环境影响，是一种与需求体验相联系的目标信息活动。处在一定环境下的用户，在社会、自然和个体因素作用下必然产生某种信息需求，信息需求的内容和形式作用于用户主体的认知，必然产生为实现某一目标的认知行为，即一定环境下的用户信息行为。用户信息行为产生的速度、强度和其他质量指标不仅受外部条件的约束，而且直接由用户心理活动和信息素质决定。

就本质而言，用户信息行为具有以下几个方面特征。

(1) 信息行为是人类智力活动的产物，所以可以从认识论的角度加以研究。

(2) 信息行为由信息心理活动决定，所以可以利用心理学理论方法研究信息心理—行为规律。

(3) 信息行为始终伴随着用户主体而发生，研究信息行为应与研究主体工作行为相结合。

(4) 信息行为是一种目的性很强的主动行为，所以对信息行为可以从总体上控制和优化。

任何用户都有着一定的信息意识。所不同的是，用户信息意识彼此之间具有差别，即使是同一用户在不同时期也具有不同的意识状态。当外界(用户任务、环境等)刺激用户时，用户便会产生信息需求。由于刺激强度、用户信息意识和知识结构等方面的差别，信息需求必然处于不同的认知状态，其中部分需求可能是潜在的。对于认识到的需求，用户将做出反应，产生满足需求的信息行为；对于潜在需求，用户也将在外界作用下加以转化，表现出行为倾向。

事实上，用户的一切信息行为都处于适应信息环境的自我控制之中，他们力图使信息行为最优化。这种心理—行为方式属于自适应控制的范畴。

用户信息行为由主体需求、认知、意向、素质和信息环境作用下的目标实现所决定。其行为既有信息用户所共有的特征，也具有个性特征。在行为研究中，用户动机和客观环境作用下的信息行为引动和过程分析，是首先要面对的问题。

用户信息行为由用户主体活动目标和目标引发下的信息需求决定，由主体内在因素驱动，在外部环境作用下产生。

按用户信息行为的内、外作用机制，可以从用户的客观因素和主观因素两个方面出发进行分析，其主、客观因素关联体现了内、外在因素的综合作用。其中，客观因素包括用户的任务目标、需求结构、资源环境、交互关系等，主观因素包括用户动机、用户体验和用户素养等。

以任务目标、需求环境和交互关系为背景，以用户主观动机、体验、素养为主导的信息行为引动，存在着内在的逻辑关系。例如，用户知识共享行为就存在着两个相互关联的行为：首先，知识拥有者通过知识交流行为，实现知识传递和提供共享的目标；其次，知识接受者通过知识获取行为，按需进行知识接受和利用。由此可见，知识共享中的行为主体是具有交互共享关系的知识交流各方，在共享平台中实现知识提供和获取的目标活动过程。

在交互环境下，用户虽然具有不同的行为动机，但行为引发机制却具有共性。在行为驱动中，揭示共享的内在机制则是实现信息共享的关键。在信息行为引动的理论描述中，理性行为理论从原理上阐述了其中的内在机制和关联关系。理性行为理论（Theory of Reasoned Action，TRA）认为主体的行为由主体的理性化意向和思维决定，动机被看作行为的前因。在理性行为理论模型中，用户表现出的特定行为受个人的意愿支配，其主体意向体现了某一行为的意向程度，而态度则是主体对行为可能产生的结果以及结果对主体的重要性而产生的对某一行为正面或负面的情绪反应，间接决定了主体的行为方向。在用户对他人行为态度表达以及交互行为中，主观规范具有约束行为的自觉性，反映了用户对自己行为后果的把握以及对他人行为的应对，从而使信息交互维持在相互信任的规范原则之上。

理性行为理论在描述用户信息行为引发和行为路径、特征与结果中，展示了其中的基本逻辑关系和客观因素与认知因素作用下的行为倾向。然而，在用户信息行为的深层次分析中，应体现用户主体对其信息行为的态度和自我控制机制。对此，笔者拟从环境作用下的用户认知出发进行行为理念、规范理念和控制理念对行为态度、主观规范和行为控制的关联研究，以进一步展示行为目标和行为作用，从中优化信息行为调节过程。

在计划行为理论模型中，其定义的核心要素关联构成了行为目标意向作用下的行为结果关系，其中控制理念的形成和控制作用体现为信息行为的调节。

模型中的行为意图表现为主体采取某种行为的倾向，这是在行为发生前期的意向；行为态度被认为是影响行为意图的主观因素，表现为对待行为的积极和消极态度；主观规范是行为主体受到他人的行为影响以及因所处环境影响而产生的行为动机约束，可以理解为客观因子对主体行为的作用。行为控制体现用户主体对行为的调节和掌握的程度，在交互数据共享中，如果具有信息共享关系的用户对自己的共享行为具有合理的引动与控制能力，就可以有效地安排信息共享活动，实现信息行为预期目标。

二、信息行为的主、客观影响因素分析

事实上，用户信息行为的引发也是用户的动机、体验、素养以及条件限制影响因素的共同作用结果。其中：主观因素可归为用户动机、用户体验、用户素养等，由此决定了行为意向和行为能力；客观因素包括信息目标、需求结构、资源环境和交互关系等，决定了行为的实际发生和支持条件。根据行为理论，可以得出信息共享行为影响概念模型。

用户的主观行为引动可以理解为用户贡献数据或交流知识的动机，客观驱动因素是促使共享行为发生的情景因素，决定了客观的现实态度。行为动机结构被视为用户引发信息和交互获取行为的基本条件，在行为过程中用户对客观条件的认识最终体现行为态度。这几个方面因素缺一不可，没有共享动机就不可能促成共享行为，而没有客观态度则无法实现行为目标，同时对于信息共享行为的引发也不会产生作用。由此可知，信息共享动机是促成信息资源共享行为的首要因素，而行为过程则是用户内部和外部环境的共同作用的结果。另外，信息共享行为的发生，不仅受到动机的驱动，也受行为主体能力的限制，如信息贡献者的表达能力必然影响到共享行为环节。

在信息行为能力引动分析框架中，对于动机激发用户的行为意愿，其中的主观因素由主体特有的性格、气质决定，客观因素则反映了主体所面对

的环境和刺激因素，包括用户主体在一定时期内的一些不可控因素以及抑制或驱动行为的外在因素。在各方面因素作用下，用户的行为能力调节是重要的。例如，知识共享行为能力是指用户在交互共享知识时所需要的基本能力组合，表现为知识贡献者的共享能力和知识获取者的行为能力。为了提升知识共享水平，必须从改善能力结构出发，进行知识共享行为的优化。在分析中，我们可以进行基本环节的解析，将知识贡献能力视为贡献者对知识的提取、描述、交流等行为能力，将知识共享行为能力视为对共享工具的使用能力、挖掘工具的使用能力以及对知识的理解、学习和吸收能力。由此可见，用户的行为能力发挥决定了行为过程的优化和行为结果。

按以上的分析框架，可以提出相关的假设，通过实际数据获取进行行为的影响因素分析和行为过程描述。

大数据环境下，由于网络信息过载，使得用户难以做出正确合理的选择，感觉无所适从。在这种情况下，情感、情境等因素常常会超过信息价值本身或用户原来的预期，而成为影响用户行为的重要因素，这便是信息行为的非理性特征反映。除了这种非理性之外，在数据超载的情况下，用户往往还会出现延迟选择，从而引起用户行为能力的弱化。

网络用户信息行为的首因效应，即用户较容易根据最先触及的信息来源来接收信息，因为最先呈现在用户面前的信息不受前摄抑制的干扰。这时，如果信息按与用户需求的相关度来排列，首因效应可能会有利于信息需求的满足；反之，则会影响信息选择的准确性。近因效应与此相反，最后接收的信息往往会改变原有的印象，而留下最后的认知印象，从而不利于用户的行为选择。因此，在用户交互中应予以克服。

大数据网络应用正是互联网向互动发展的体现。在“互联网 +”应用中，用户不仅可以通过人—机互动，而且可以进行人—人互动和进行在线信息交互。通过交互，用户可以满足进一步的需求，从而实现超预期目标。事实上，网络的社会化程度会越来越高，用户交互需求会更加强烈。在主动参与的意愿下，用户通过交互准确表达自身需求，从而获得更加精准的个性化服务。当前，信息服务中大数据技术和手段的运用，其目的在于满足日益增长的交互需求，提升个性化交互服务水平。

第三章　大数据应用与服务技术

“互联网 +”背景下，信息资源的数字化和基于网络的数据交互，推动了数字信息服务向大数据应用层面的拓展，形成了数字信息服务深层次发展中的大数据应用基础。在互联网数字服务面向用户的发展中，鉴于网络数字信息服务的大数据化组织特征和应用的内在联系，其数字服务技术平台化保障至关重要。在技术实现中，应着重于面向资源管理环节和数字信息服务的技术构架，同时在数据应用与数字信息服务组织上，推进技术的标准化实施。

第一节　数字信息服务中的大数据应用技术基础

云计算、物联网为大数据应用提供了广阔的发展空间，“互联网 +”背景下各国都密切关注大数据在各行业领域中的应用。当前，蓬勃发展的数字化科研、智能制造、智慧城市和时空大数据等大数据应用技术，构成了面向用户的大数据应用基础。在数字智能和数据嵌入中，需要具备实时数据处理能力，通过大数据技术的应用为数字信息服务的开展提供保障。

一、大数据技术基础结构

在 3G 时代数据中心已经出现在互联网中，与应用相适应的大量数据资源存储技术开始广泛应用，例如视频服务就突破流量传输的限制，针对用户依赖本地存储的视频局限，将视频资源进行集中化处理。4G 时代随着数据传输技术的发展，云端的视频计算已经能够满足用户观看视频的需求，其视频数据资源存储主要部署在云端，从而使视频数据资源向云侧汇聚。随着 5G 时代的到来，大数据存储容量的进一步扩大和动态实时大数据同步传输的实现，为复杂数据的实时获取与线上交互创造了有利条件，从而开拓了新的应用。与此同时，在数据获取、分析、可视化和嵌入过程中，智能层面上的应用发展迅速。在技术实现过程中，面向应用的发展取决于数据计算速度和存取速度的动态匹配，如果不匹配，慢的一侧就会影响计算效率而形成服务瓶颈。在大数据环境下，虽然 CPU 的计算能力在不断提高，但技术上的障碍仍存在于云计算服务之中。面对这一问题，云计算把大量数据分解为大量的小程序进行处理，通过这一方式提供软硬件和相应的计算资源，从而进行面向用户的共享保障。这一情景下，互联网也正从传统意义的通信平台转化为大型计算平台。因此，随着传输技术的发展，终端业务和云端业务统一融合已成现实。

早期基于大数据的云服务分为公有云、私有云和混合云三种。随着云服务的发展，云端数据计算已成为一种普遍需求，而不仅仅是满足某一用户对象的业务要求。由于公有云、私有云和混合云模式并不能完美地适用所有的云服务业务，所以在不同的应用环境下可根据业务需求来进行相应的部署。一般来说，计算密集型和输入输出（input/output，I/O）密集型的业务数据流组织更适合部署在云端。云服务的发展，倾向于在线、离线的混合结构，按照用户服务需要进行资源调用。这样就可以通过离线模式来解决复杂大数据网络环境的问题，通过多种云端解决方式来满足低延时服务要求。另外，大数据行业应能满足支持混合结构的主流需求，其方式是从操作系统层面支持混合大数据架构和远程调用，以满足用户的便捷服务需求。

大数据应用技术随着用户的需求变化，形成了不同的应用服务项。对于用户而言，数字资源虚拟利用是其习惯，通过虚拟界面可以有效进行远程云端资源和终端资源的汇集，避免过多的频繁切换操作，所以也更加依赖于云端大数据服务。对于用户系统提供的硬件接口，重点在于完成云端和本地的资源切换。这种方式以终端资源为依托，通过云端计算资源完成应用服务。在这一应用中，存在虚拟桌面基础架构（Virtual Desktop Infrastructure，VDI）和智能桌面虚拟化（Intelligent Desktop Virtualization，IDV）实现技术支持问题。相关应用显示，IDV 的技术侧方案在用户体验上比虚拟桌面更具优势。从整体上看，这两种服务方式本质上都是通过操作系统来完成跨硬件系统的工作，其要点是将云端系统的技术实现进行封装，在高速率数据传输支持下，能够同时满足用户的体验需求和低延迟要求。

相关机构预测，到2030年，人均将拥有三台以上的数字设备。在设备使用中，这些具有计算和采集功能的数字设备，将会形成面向用户的大数据应用场景。随着大数据计算资源成本的降低，以用户为中心的大数据应用服务通过实时调用云端及终端大数据资源，针对不同的数字业务，实现资源的无缝链接和利用。在教育、医疗、金融、制造等领域，大数据扩展和集成需求尤为突出，其应用服务包括数字化教育、医疗健康大数据服务、金融大数据网络支持、智能制造服务、智慧城市与公共大数据应用服务等。在面向用户的数字信息服务组织中，大数据应用离不开同步信息传输和交互技术支持，从应用基础上看，包括大数据网络基础设施建设、大数据资源建设和基于大数据应用的服务技术支持。在大数据环境下，数据分布式存储，所存储的数据的体量非常大，如何管理好数据资源、保证数据的安全存取，是大数据资源应用的基础保障。大数据应用和基于大数据的数字信息服务组织在大数据网络环境和数字技术支持基础上进行，其应用基础包括网络设施基础、数据资源基础、服务组织基础和用户利用基础。

从总体上看，大数据应用在互联网基础设施和具有实时大数据处理、传输与存储的软硬件支持下实现，按物理设施的基础功能，需要进行多方面的协同构建。大数据网络数字资源是信息化发展中的基础性资源，其资源管理涉及数字信息资源的采集、处理、存储和基于网络的数据流融合；在数字智能和“互联网+”背景下，基于大数据应用的服务机制变革，集中体现在数据嵌入、数字智能和面向应用的服务功能集成上，这就需要在改变原有服务结构的基础上适应大数据应用的数据环境；在大数据应用与数字信息服务组织中，用户需求认知和数字化信息利用应与基础环境相适应，其中智能交互和基于用户场景的大数据应用处于重要位置。鉴于网络设施、数据资源、服务基础和用户利用的内在关系，其交互作用决定了应用基础结构和服务组织。

大数据应用基础建设离不开信息化的网络数字环境，需要在信息化基础设施基础上为大数据应用和数字信息服务组织提供全面支持。这意味着在实现基于数字网络技术的基础建设中，信息技术的应用必须与大数据应用同步。技术推进中，如何组织技术研发和应用是必须解决的重要问题。因此，有必要从大数据应用与服务所依赖的信息管理技术来源、构建和应用层面出发，针对其中的关键问题，进行技术推进。

二、信息管理框架下的大数据应用技术构建

大数据应用与服务所依赖的信息资源管理技术涉及信息收集、加工、存储、转换、交流、提供和利用等基本业务环节，包括计算机技术和通信技术在内的信息技术为其基本的技术来源，而更广范围内的信息管理与服务实践的发展确定了基本的大数据与数字信息组织技术框架。

信息管理以信息技术的发展为基础，信息技术的进步不仅改变着信息载体的状况，而且决定着信息的组织、开发和服务机制。

在社会信息化发展中，世界各国都十分重视信息组织与服务技术的推进。20 世纪 70 年代以来，一些国家和国际组织的信息计划纷纷推出并实施，如法国以诺拉和孟克 1978 年报告为起点的信息计划，英国发展信息技术的埃尔维计划，欧洲高级通信研究计划（Research in Advanced Communications for Europe，RACE）、欧洲信息技术研究和发展战略计划（Europe Strategic Program for Research and development in Information Technologies，ESPRIT）。其中，最引人注目的是美国政府 1993 年 9 月制定的国家信息基础设施（National Information Infrastructure，NII）行动计划。这些计划的推出和实施既是信息社会发展的需要，又是社会信息化阶段性发展的结果。它标志着信息管理技术发展时期的到来。20 世纪末至今，世界各国持续地推进了互联网升级，不断加快互联网 + 数字化科学研究、智能化服务、数字物流和大数据网络建设进程。

在新的技术发展时期，技术推进与网络基础建设有机结合。随着技术发展，发达国家相继启动了新的信息技术发展计划。2003 年由美国国家科学基金会（National Science Foundation，NSF）资助的“网络信息基础设施：21 世纪发展展望”研究报告被美国联邦政府采纳。欧盟执委会在“第 7 框架研究与发展计划（2007—2013）”中，不断强化信息技术与信息资源管理技术的研究和应用。2015 年以来在包括数字医疗、智慧城市、智能制造和大数据应用驱动下，包括中国、日本和韩国在内的亚洲国家也不断加强基础技术投入和大数据网络基础建设。由此可见，信息管理技术的发展已经走上了

一个新的台阶。

在大数据资源组织与服务中，平台化技术是对所需的大数据应用技术的集成，其技术包括大数据网络构建技术、数据资源管理技术、数字化存储与信息转换技术、数字信息资源整合和服务技术等。大数据应用与服务平台来源于信息技术，是信息技术运用于大数据应用和服务的技术组合。显然，信息技术的进步决定了大数据应用与服务技术平台的发展，而技术平台水准的提高，又直接关系到大数据资源组织与基于平台数字信息服务的开展。

在新的发展阶段，大数据应用与服务平台的推进，已成为业界普遍关注的问题。对于大数据应用和数字信息服务的组织，大数据应用与服务平台首先具有通用性，要求采用同步发展的技术平台，同时在跨系统信息组织中也具有特定的要求。信息化环境下的大数据平台服务，要求建立在信息平台技术的研发和应用基础之上。基于此，完全可以在信息管理技术的全局上考虑问题，以根据技术应用确立技术推进的总体框架。

社会发展对大数据应用与数字信息服务提出了平台化要求，面向用户的平台服务必然依赖于网络化数字信息管理技术的进步，而数字信息技术推进又源于科学技术进步。与此同时，大数据应用和平台服务的拓展与信息技术相互依赖，从而决定了平台技术推进体系的形成。

从信息平台建设角度看，平台技术推进中最迫切的问题是面向信息平台与数据网络建设的技术发展、面向数字信息资源管理流程的技术发展和面向数字信息用户的集成技术发展。

面向信息平台与数据网络建设的技术发展。大数据环境下的信息平台与网络技术水准决定了平台服务的发展水平，其中网络技术水平的提高和升级，对于平台构建至关重要，特别是在网络上的系统互操作，必然随着计算机、通信和大数据网络技术的更新而发展。

面向数字信息资源管理流程的技术发展。面向数字信息资源管理流程的信息技术发展体现在交互网络中数字信息资源管理的流程实现上。在面向数字信息资源管理流程的技术推进中，数字信息资源组织、开发和利用技术的发展对数字信息管理有全局性影响。当前，新一代网络组织技术、数据分析技术、数字内容开发技术、知识识别技术、数据单元检索技术、应用构建与安全等方面的技术，构成了完整的技术体系。

面向数字信息用户的集成技术发展。大数据应用平台建设的最终目的是提供服务，信息平台如何根据用户的深层次需求提供高质量的服务是其中心环节，由此提出了用户潜在需求的发掘和面向用户的服务汇聚要求，这就需要在服务上实现个性化、互动化和全程化。对于跨系统信息平台服务而言，更重要的是提升服务的价值和水平，以此决定服务技术发展的基本内容和模式。

以上三个方面问题构成了大数据应用与数字信息服务平台技术推进的基础。在这些基本问题的解决上，应有全面规划和系统的实现方式。

源于信息技术的信息管理技术是建设大数据与数字信息服务平台和实现社会化服务目标的基础。与此同时，平台服务的发展对信息技术推进提出了新的要求。二者相互依托、促进和发展，从而决定了大数据与数字信息服务平台技术推进的基本模式。从信息平台构建与运行上看，其关键集中在平台信息组织和基于平台的服务实现上。

数字信息组织技术涉及数字信息收集、加工、存储、转换、交流、组织、提供和利用等基本业务环节。在大数据应用与数字信息技术发展中，应强调面向对象的技术构建，以便明确信息化技术推进以及信息平台技术的发展目标。

在更广范围内，信息管理技术推进存在着三个层面的基本问题：第一，从技术构建基础层面组织通用的平台技术研发；第二，从技术应用层面推进信息平台专门化技术的应用；第三，从信息平台管理层面进行技术的拓展。在三个层面的基础上，技术推进的实质在于实现信息平台组织技术的规范化。

第二节　大数据应用与数字信息服务发展的技术推动

大数据技术发展与大数据应用具有不可分割的自然联系，互联网、云计算与智能技术应用决定了基本的技术应用结构。因此，我们有必要从技术应用出发，明确技术发展路径，进行技术的应用拓展。

一、互联网、云计算与智能技术的发展影响

在信息化深层次发展中，大数据资源的存在形式、数字信息组织和面向互联网用户的交互利用，离不开数字网络技术的进步。在技术的关联和交互作用上，互联网技术、云计算技术和人工智能技术的发展和应用，决定了大数据应用与数字信息服务的总体构架。

（一）互联网技术发展影响

互联网技术是在通信技术和计算机技术基础上发展的信息技术，其通过基于互联的多种形式通信网络实现计算机的广域互通，以此支持信息的网络化传输、数据存储与计算资源的交互利用。信息化发展中，互联网技术的进步、基础设施的升级和软硬件资源的共享，已成为衡量信息化水平的重要标志。互联网的不断发展，从根本上改变着信息资源的存在形式、传播方式和组织形态，基于互联网的信息组织与服务由此成为数字信息服务的发展主流。

从总体上看，互联网技术发展集中体现在加快信息传输速度、拓宽数据交互渠道，推进数字信息面向用户活动的嵌入，以及促进多元化软硬件开发上。因而，互联网技术与各领域的融合成为信息化发展的必然。在数字化资源利用上，互联网技术包括硬件、软件及应用。其中：硬件包括网络设施、信息存储和通信设备等；软件包括应用于数字信息处理与数据分析的工具，信息采集、存储、组织软件，以及各种辅助应用支持等；应用包括各种形态信息的嵌入利用，如数字化辅助决策、数据挖掘、大数据搜索和信息保障等。

在互联网技术面向对象的应用中，软硬件具有不可分割的关系，所以可将其融为一体进行构建，以此支持数字信息的存储、处理和传输，从而形成基本的基础设施支持体系。在实践中应充分利用基础资源进行面向各领域的网络服务拓展和推进大数据层面的互联，即向知识数据互联和“互联网 +”方向的发展。其主要内容包括：一是网络通信与计算机技术的融合；二是实现互联网应用的深层次发展。随着技术进步和应用拓展，数据计算、信息处理与通信系统进一步密切结合，当前正以新的方式将虚拟分布的网络资源，通过数据传感、控制、软件应用连接起来，从整体上促进了工业互联网、物联网、智慧网络和智能服务的发展。显然，这些变革构成了大数据应用于数字信息服务的技术基础，其中趋势性变化和影响如下。

第一，互联网协议（Internet Protocol，IP）网络与光传输网络的融合可有效解决 IP 承载网络与光传输网络异构问题，克服独立运行导致的网络障碍。基于 IP 层与光传输资源的动态协同，异构融合技术的应用可适应高可靠性、高灵活性、高利用率的工业互联网和物联网应用环境。由此可见，IP 与光传输层融合技术，在大数据应用与服务中具有重要价值。

第二，分布式数据库系统的技术发展。在“互联网 +”发展过程中，以区块链为代表的交互网络，在数据构成上进行了数据库系统逻辑上的统一，实现了基于物理节点的数据存取，在去中心化的同时具有透明性。在分布式数据交互中，可实现可靠数据的流通与安全目标。当前，在工业互联网数据采集、存储、分析、交换过程中，其技术发展集中体现在数据库系统安全防护、控制感知、风险响应和主动防御与控制上。

第三，数字对象构架技术。数字对象架构用于实现数字信息的有效识别，继而进行定位和应用设置。其架构技术作为工业互联网标志体系搭建的关键技术，可广泛应用于“互联网 +”中数字对象的解析和管理。其应用可实现异地、异构数据资源的智能化采集，进行内容识别关联，支持数字信息的逆向查询和搜索，在大数据网络中针对物理对象的互操作同时具有面向应用的拓展性。

第四，网络数据处理技术。“互联网 +”发展中的网络数据处理处于重要位置，对数据进行实时诊断具有现实性。网络数据处理技术基于模型的数据驱动算法，通过运用状态物理数据、社会统计数据、传感器获取的数字信号，有针对性地进行不同来源和形态的数据处理，从而实现数据面向场景的组织目标。网络数据处理技术在互联网大数据应用中形成，在面向应用的数字信息网络化服务中发展。

（二）云计算与大数据技术的关联

云计算是指在互联网中将网络数字资源、软件和硬件资源统一组织，成为具有虚拟应用特征的数据存储、传输、处理、计算和共享技术。云计算在互联网运行中，具有网络技术、数据计算技术、信息管理技术和应用技术的集成特征，所以可以方便地利用云计算组成资源池，按需构建，便利应用。就数字资源结构而言，包括视频、图形、文本数据及各类测量统计数据在内的网络资源，在云计算环境下，客体对象都存在着各自的标志，都需要云平台进行逻辑处理，以提供面向用户的应用。

互联网大规模分布式计算技术可视为云计算的开端，2011 年美国国家标准与技术研究院进一步明确了云计算的概念，认为云计算是一种资源技术管理构架，通过利用网络设施、服务器、存储器和应用服务，通过快速、高效的自动匹配，满足用户的个性化需求。此后，在云服务持续发展和应用拓展中，广义云服务被视为面向需求的服务交付和使用，即通过网络以虚拟化方式将计算机资源予以抽象、转化后呈现给用户，以提供用户可选择的分布资源，而不受资源的物理形态、地域和边界条件的限制。其中，分布式网络存储技术应用，旨在利用多台存储器分担数据存储负荷，以解决集中式存储系统中服务器瓶颈和容量限制问题，以此提高存储可靠性、可用性和可扩展性。显然，云计算的数据分布存储、处理和虚拟化，在更广范围内适应了网络大数据环境和大数据应用的需求。

云计算通过提供动态的、可选择、可扩展的虚拟化资源来服务用户，在这一技术环境下，用户无须掌握云计算的构架技术和操作技能，便可以方便地使用云数据资源和服务。对于采用云计算的服务方来说，通过共享云基础设施，在一定环境中进行面向多用户的应用开发，便可以在保障网络安全的前提下组织面向用户的定制服务。

在大数据应用与数字信息服务组织中，云计算与大数据技术具有不可分割的内在联系，从某种意义上说，正是云计算的虚拟化技术支持着海量数据存储、大数据管理、分布式计算应用和云平台管理。

虚拟化技术实现。虚拟化技术使用者并不需要定位计算机系统所在的物理空间位置，只需要在互联中按计算资源的交互利用规则，便可以实现工作目标。云计算的虚拟优势在于通过虚拟机制下的资源交互，在整体上扩大了硬件容量，简化软件配置，支持更广泛操作的实现。通过虚拟化技术可实现软件应用与底层数据的结合，从而形成虚拟资源的聚合机制。在基于云计算的大数据应用中，按对象的虚拟化可区分为存储虚拟化、计算虚拟化、网络应用虚拟化等。大数据应用中，云计算虚拟化建立在云服务的基础之上。

分布式大数据存储。分布式大数据存储是指分布于互联网的云计算系统，采用分布式存储方式为大量用户存储数据，采用冗余处理方式进行数据处理，同时保障数据的完整性。这种分布式数据存储具有数据量巨大的特点，同时可以利用存储器替代集中式超级计算存储，从而适应大数据的分布存储和高效调用的需要。在大数据应用中，随着数据量的加速增长，分布式大数据存储方式具有数据资源分散分布和汇集利用的优势，可以满足动态数据存储、交换、传输和嵌入利用的需要。在基于云计算的大数据应用中，其技术兼容性强，所以具有广阔的发展前景。

海量数据管理与计算。大数据计算需要对分布的海量数据进行处理和分析，所以数据管理技术处于重要位置。云数据管理技术必须适应高效管理大数据的需要，以实现大数据资源的深层次发掘和应用目标。在海量数据管理中，云计算系统的常用技术有 Google 的 BigTable 数据管理技术、Hadoop 开发的开源数据管理等。实际应用中，由于云数据存储管理形式不同于关系数据库管理系统的数据管理方式，如何在规模巨大的分布式数据中寻找特定的数据，是必须面对的问题。数据管理系统管理形式上的差异往往造成数据库接口技术难以直接移植到云端，所以云数据管理接口拟在关系数据库管理系统和 SQL 基础上进行面向高效访问的拓展。

云计算应用与平台技术发展。云技术提供了分布式的数据存储与计算支持，现实中所采用的分布式编程和并行计算模式具有普遍性。如 Map Reduce 作为一种编程和任务调度模型，主要用于数据集的并行计算和并行任务调度处理。显然，这一模型对于大数据应用服务与数据分析具有针对性。需要注意的是，在有效管理分布式应用程序服务器的同时，还要保证应用部署运行的安全。对此，在大数据应用与数字信息资源服务中，拟进行云计算应用平台技术的进一步拓展。

（三）人工智能技术支持与应用

人工智能已成为数字信息应用和大数据资源组织的重要技术工具。国际数据公司（International Date Corporation，IDC）预计，2025 年至 2030 年，人工智能技术的产业化应用将以每年 127%的速度增长。从大数据应用与数字服务的技术实现上看，深度学习、数字智能正融入科学研究、技术创新、

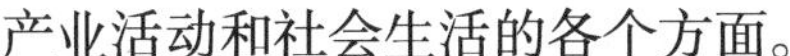

产业活动和社会生活的各个方面。

在人工智能技术应用与信息服务的组织中，2015 年以来其应用领域迅速扩展，如谷歌、微软、亚马逊等公司不断强化应用研究，从多方面提高了自然语言处理和人机交互应用水平，同时开发了计算机视觉识别和分析工具。我国在公共领域和各专门领域不断推进了人工智能的应用，使之嵌人愈来愈多的应用工具之中，其中包括数据智能分析程序、数字助理、智能家居、智能交通等。

人工智能在大数据应用与数字信息服务中，已成为不可缺少的核心技术。在人工智能技术应用中，智能代理是应用成熟且比较普遍的技术，它使计算机应用趋向个性化。

智能代理技术，是根据用户的需要使用自动获得的领域模型、用户模型进行信息收集和过滤，自动地将用户感兴趣的有用信息提交给用户。代替用户进行信息查询、筛选及管理等方面的工作。智能代理在某一环境下能持续自主地发挥作用，具有环境反应性、适应性和推理能力，所以是平台个性化服务中不可缺少的技术。

智能代理有智能性和代理性两个主要技术特征：智能性是指系统使用推理学习和其他技术来分析相关信息和知识的能力特性；代理性是指系统通过环境感知产生相应动作的能力特性。

智能代理技术包括内容技术和访问技术。智能代理技术，可以支持不同程度的智能引擎，包括各种形式的推理引擎、学习引擎。通过引擎，用户可以创建、修改规则和知识工具，可以有效地调用所选择的工具。内容技术是指机器用于推理和学习的数据，主要包括属于结构化知识的规则、语法，以及大量非结构化的通用知识；访问技术是为代理交互而提供的交互支持技术。外界是代理的交互对象，应包括所需要的信源、用户和应用系统。

二、技术融合背景下的大数据应用与数字信息服务推动

互联网技术、云计算技术与人工智能技术的融合，形成大数据应用与数字信息服务的技术构架。与此同时，应用与服务的不断拓展，进一步促进了技术的不断进步。这是一个良性的循环发展过程，在社会化推进中理应确立有利于服务发展的技术推进体系。

大数据应用与数字信息服务，由于新技术的采用，分布、异构的数字资源已融入信息交互利用之中。基于数字技术，数据可以在网络中交互。传统的系统界限已被突破，系统之间的融合已成为网络大数据资源组织的必然趋势。因此，在网络大数据资源管理中通用技术必须具备管理和处理各种数字载体资源的功能。这种功能集中表现在网络技术和云计算及人工智能技术的具体应用上，涉及信息采集、处理、存储、传递、共享与交流等方面。大数据技术推进主要包括以下几个方面。

（一）数据传输技术推进

数字网络条件下，数据传输技术在信息组织、传递与服务中具有关键性的作用，技术推进包括：实现大数据传输技术与通信技术的同步发展；将数据传输技术纳入国家规划管理和国际合作的轨道；实现音频、视频信息识别、传输的结合，以适应包括文字、图形、语言和其他信号在内的多种数据传输的整合，达到多网合一的目的，以此出发进行传输技术推进；强化数据传输处理与交换技术，推动多路复合技术和互联传输技术的发展；将最新技术应用于数据传输工程，研究信息基础设施中的关键技术问题，提高多路传输速度。

（二）信息资源数字化技术推进

在大数据平台建设中，信息资源的数字化是指将非数字信息资源转化为数字信息资源，以进行信息资源的全数字化管理。非数字信息资源的数字化转化，最初是通过人工识别和人工录入方式进行的，显然这种方式已远远不能适应行业信息化发展要求，所以应利用数字化技术实现信息资源的有效转化。按信息载体区分，数字化转化技术包括文字型信息的数字化和音频、视频资料的数字化等。以往，对于记录的信息，主要利用光学字符识别技术进行识别处理，将其转化为点阵图像文件，最后通过识别软件将图像中的文字转换成文本模式。显然这种技术难以适应大数据环境，理应采用新的技术构架。

（三）数字资源组织、揭示与检索技术推进

数字资源组织的核心是信息的云分布存储与数据库技术，其技术推进建立在信息存储硬件技术、数据开放存取和数据库共享技术基础之上。数据

存储技术推进机制是通过资源的分布结构，进行数字资源管理、组织、保存和索取。

（四）数字资源智能化组织技术推进

大数据资源网络组织技术经历了一个不断更新的过程，目前正处于新的变化之中。“互联网 +”使用的普及，使得 Web 服务器数目众多，但大量的数据被“锁”在各个分离系统的中央数据库中，要寻找它们往往只能通过搜索程序或固定的渠道进行。如何使用户不受数据的实际存储位置限制，跨时空地使用信息资源，较理想的解决办法就是通过建立跨越 Web 服务器的数据集成应用程序来实现。目前，大数据网络利用协议规范和数据库技术，其目的是创建一种架构在操作系统和 Web 之上的新一代数据基础。在技术推进中，当前的重点是实现数据处理的分布化、协作化和智能化。

以用户需求为导向的大数据网络资源组织与开发已成为大数据应用服务的发展趋势。从技术层面上看，大数据应用服务不仅要求面向数字信息管理环节向面向用户的技术发展转向，进行基于互联网、云计算和智能技术的融合开发，还要求与现代技术和社会发展同步，以此构建新的技术基础和环境。这种结合是对大数据环境的适应，可以概括为大数据技术的综合发展模式。

从总体上看，大数据技术源于信息技术面向互联网 +、云技术和数字智能的应用发展，在大数据应用和基于大数据的数字信息服务中，有着鲜明的针对性。一方面，技术创新需要围绕核心技术进行，其中包括数字识别与数据组织技术创新，由此形成原发性技术开发思路；另一方面，就核心技术发展而言，须适应新的数字网络硬件环境，不断进行应用拓展。

大数据技术在面向用户的网络服务发展中，应与服务结合，以此进行基于大数据资源管理与服务融合的集成构建。另外，这种构建又以面向用户的服务拓展为基础。这一客观事实决定了技术的发展路径。

基于互联网的大数据应用与服务发展离不开现实的技术支持。从总体战略目标上看，其技术发展策略又必须面向未来的网络发展与用户需求的变化。因此，应在立足于现实的前提下，关注以下几个方面。

第一，将数字化信息资源共建共享与面向用户的个性化数据资源开发和服务结合起来，构建既适应共享环境，又满足用户个性化需求的服务技术体系。

第二，强调基于用户体验的信息构建技术应用，将用户认知空间置于大数据空间中进行展示，以此推进分布式、多用户的多维技术发展。

第三，在技术构建中强调大数据技术与核心信息技术同步，重点发展面向用户的数据管理、云计算交互技术，促进一体化工具开发机制的形成。

第四，将大数据资源管理与数字信息服务技术作为一个整体进行规范，实现基于共享技术的资源整合和服务集成，为多网合作和整合提供技术支持。

第五，实现数字信息技术管理的规范化，强调大数据技术使用中的知识产权保护及各方面利益的维护。

第六，以数字信息资源技术为基础，推进多模态数据的整合、服务集成和数字嵌入的发展，推进面向用户的使用。

第三节　大数据应用与数字信息服务安全技术支持

大数据应用与数字信息服务安全不仅包括数据安全、资源组织和服务安全，而且包括网络安全、物理环境安全和应用安全。大数据应用与数字信息服务组织建立在安全的网络环境基础上，在网络安全前提下的安全技术应用围绕大数据资源安全、服务安全和安全风险控制进行。

一、大数据安全防护与访问控制技术

大数据安全防护不仅涉及数据加密保护，而且包括大数据平台安全和应用安全。在大数据安全保障的技术实现中，存在着基于数据流程的全面安全维护问题，所以需要从数据安全、数据平台安全和访问控制安全出发进行数据资源安全保障的技术实现。

（一）大数据加密保护与平台安全保障

大数据资源的分布存储和基于网络的传输与利用，提出了全面安全保障要求。由于大数据承载了海量高价值的信息，核心数据的加密保护仍然是

增强大数据安全的核心。只有加强对大数据平台中敏感关键数据的加密保护，使任何未经授权的用户无法获取数据内容，才能有效地保障数据安全。

大数据加密可以采用硬件加密和软件加密两种方式实现，每种方式都有各自的优缺点。传统的数据加密方法需要消耗大量的CPU计算资源，严重影响了大数据处理系统的性能。而大数据加密一方面保障平台的数据安全性，另一方面能满足大数据处理效率的要求。为此，一些面向大数据加密的新型加解密技术应运而生，如采用数据文件块，数据文件、数据文件目录、数据系统的方法来实现快速的数据加解密处理等。

对于大数据平台而言，由于需要不断地接入新的用户终端、服务器、存储设备、网络设备和其他资源设施，其用户数量巨大，当处理大量数据时，用户权限的管理任务就会变得十分繁重，导致用户权限难以有序维护，从而降低大数据平台的安全性和可靠性。因此，需要进行访问权限细粒度划分，在技术上构建用户权限和数据权限的复合组合控制方式，提高对大数据中敏感数据的安全保障。

对于大数据安全防护而言，预警安全威胁和恶意代码攻击是重要的安全技术手段。安全威胁和恶意代码预警可以通过对历史数据和当前实时数据的场景关联，对数据的安全风险进行分析，以识别潜在的安全威胁，达到更好地保护数据的目的。在预测分析中，可结合机器学习算法，利用异常检测算法，提升对安全威胁的识别度，从而更有效地解决大数据安全问题。

对大数据系统间或服务间的隐秘存储通道进行稽核，同时对大数据平台发送和接收的信息进行审核，可以有效发现大数据平台信息安全隐患，从而降低数据的安全风险。例如，通过系统应用日志对系统操作或应用操作进行审核，以及通过备份对系统应用配置进行审核，可以判断配置信息是否被篡改，从而发现系统或应用异常等安全威胁。

大数据安全漏洞源于大数据平台和服务程序的设计缺陷留下的漏洞，致使攻击者能够在未经授权的情况下利用漏洞访问或破坏大数据平台及其数据。在安全保障中，大数据平台安全漏洞的分析可以采用白盒测试、黑盒测试、灰盒测试、动态跟踪分析等方法。

目前，大数据平台大多采用开源框架和开源程序组件，在服务程序和组件的组合中，可能会遗留有安全漏洞隐患。开源软件安全加固可以根据开源软件中不同的安全类别，使用不同的安全加固方式，修复软件中的安全漏洞和安全威胁。动态污点分析能够自动检测覆盖攻击，不需要程序源代码和特殊的程序编译，在运行时直接执行程序。

在大数据安全操作认证中，可采集用户行为及设备行为的数据，通过对这些数据的分析，可以鉴别操作行为及设备状态，从而弥补传统认证技术的缺陷。

通过基于大数据的安全认证，可以使攻击者很难模仿用户的行为来进行操作，以此来降低安全风险。另外，这种认证方式还有助于降低用户的负担，不需要用户通过 USB Key 等认证设备进行认证，可以更好地支持系统认证。

大数据安全防护技术的发展方向：一是完善大数据安全的关键技术，其中涉及大数据生成、存储、处理、应用等环节的安全防御和保护；二是大数据的收集、整理、过滤、整合、挖掘和审计，进而促进平台安全保障的全面实现。

CSA 认可的大数据安全和隐私保护可扩展技术，在数据安全存储、大数据隐私管理、数据完整性保障和大数据技术安全评估中具有较强的适应性；在大数据基础设施的安全性分析和数据安全监测中具有针对性。另外，对于数据应用的网络架构与系统入口安全防护，其适用技术包括防火墙和入侵监测等；对设备层可以采用安全及物理保护技术、设备处置与重用安全技术、终端安全管理技术、接入设备安全防护技术等；在数据传输过程中，数据加密通过加密算法为数据流的上传提供有效保护，以实现信息隐蔽，同时使用数据脱敏技术对脱敏效果进行管控。为了平衡数据保护和共享需求的关系，可以在增加透明度的同时，降低隐私泄露风险。

为加大数据强细粒度授权管理力度，可以根据大数据的密集程度和用户需求的不同，对数据和用户设定不同的权限等级，并严格控制访问权限。实际操作中，需要对数据流主客体、数据访问权限、用户登录授权、数据许可规则执行等进行管控。

（二）大数据访问控制安全

基于角色的访问控制（Role-Based Access Control，RBAC），可在不同权限层次对用户访问进行安全管控。其中权限分配可以由系统管理员按条例执行。RBAC 强调对限权的预先分配，并不针对用户访问权限的使用进行实时监管控制。鉴于用户角色的复杂性和云服务部署安全域之间的交互影响，采用 RBAC 模式进行访问控制，其安全保障面临较大的风险，主要是缺乏过程控制机制，有可能在安全事故发生之后才做出反应，从而使控制延误。为了提升大数据系统访问控制的安全水平，需要在 RBAC 基础上对访问控制方式进行改进，如对用户角色的识别引入信任值，确定用户的信任等级。从使用机制上看，RBAC 方式适用于云内部，对于跨平台访问控制，还需要采取针对性的安全控制方法。

基于属性加密的访问控制（Attribute Based Encryption-Access Control, ABE—AC）与基于角色的访问控制不同，ABE—AC 方式可以兼顾用户隐私和共享数据安全。ABE—AC 通过密码技术的应用将用户身份属性作为密钥对待。ABE—AC 最初由 Sahai 等提出，通过加密实现了用户属性集和访问控制的结合。ABE—AC 的优势在于通过加密，防止用户的非法访问，机构只需要根据属性集进行加密，而不必考虑访问用户的数量。因此，ABE—AC 方式可用于面向属性值组合的用户集合，方法是首先由授权机构配置公钥和主密钥，然后按用户属性集进行私钥生成并分发；当接收用户解密要求时，则可以合规利用私钥对数据进行解密。ABE—AC 具有较高的安全保障性，但在应用上的灵活性却受到限制。对于 ABE—AC 的不足，戈亚尔（Goyal）等提出了基于密钥策略的属性加密（Key Policy-Attribute Based Encryption, KP—ABE)，强调由授权机构按访问控制策略生成私钥。KP—ABE 的优势在于可以实现共享数据的细粒度访问控制，缺点在于密钥的生成和分配仍然通过授权机构进行。

基于密文策略属性的加密（Ciphertext Policy-Attribute Based Encryption, CP—ABE)，加密为访问的每个用户都分配到属性组，以用户属性组满足访问控制策略为判断依据，对数据接收的私钥进行控制。CP—ABE 的设计更适合云计算环境下数字信息资源的细粒度访问控制要求。从服务利用的角度看，访问控制内容包括以下几个方面：①通过用户名和口令识别，在云客户端验证通过后允许利用云服务，阻断没有通过身份验证用户的任何操作，即实施用户入网访问控制；②根据用户角色进行权限控制，按系统管理员、一般用户和审计用户进行权限控制和授权，保障一般用户的应用操作和系统管理员的相关操作及审计用户的权限；③目录和文件访问权限控制，包括数据文件增删权限等；④混合云服务模式下，通过访问权限控制数字资源服务的访问操作；⑤通过分配资源属性，将访问权限存入属性列表，对数据访问和操作进行控制，以防止用户对数据的越权操作；⑥在删除软件、修改设置等操作上进行验证，防止攻击者破坏云端服务器配置；⑦通过网络预警和云服务器监视，对非法访问进行记录和处理、锁定和排除。

在技术实现中，访问控制通过定义用户身份的不同属性来限制用户的访问和权限。在面向用户的服务实现中，访问控制是从大数据平台与用户交互出发进行安全保障的关键环节。访问控制安全包括两个基本方面：经身份认证的用户被授权访问服务与资源，同时防止不同权限用户的非授权访问发生；访问控制作为云环境下大数据安全保障的重要方面，是维护服务与资源利用权益的基本手段。从总体上看，云环境下数字信息资源服务访问控制拟采用自主性访问控制和强制性访问控制两种构架进行。

云环境下数字信息资源访问控制不仅是保障资源与服务合规访问和安全的需要，也是控制用户访问行为、维护各方面权益的需要。其中接口和用户访问层面的控制贯穿于云服务资源安全利用全过程。云服务的虚拟化和多租户特征，使得访问控制在云环境下处于关键位置。一方面，用户利用云服务需要经过身份认证，授权访问所需资源；另一方面，资源服务方需要通过控制访问，应对恶意攻击者对信息资源与服务的非法攻击。

二、虚拟化安全技术

云环境下大数据应用通过为用户提供开放可伸缩的虚拟化资源建设和软件部署来支持数据共享，必须面对大数据虚拟化技术和大数据应用跨平台安全保障问题。

云环境下大数据应用程序需要应对一些恶意软件或是隐藏程序的攻击，以避免系统的完整性和运行受到威胁。网络防火墙技术作为物理网络连接的防护技术，在应用于虚拟网络时具有一定的局限性，特别是在拓扑分享链接的场景下，难以达到预期的防护目标。

虚拟化安全保障的部署需要将大数据网络安全系统（入侵检测、防火墙系统）部署在网络应用程序执行环境中。在虚拟化部署中，由于一些云服务提供方的硬件缺陷，导致安全部署难以有效实现，这就需要对网络安全设备进行更新。目前，虚拟网络安全设备部署作为新的安全方式，在大数据资源网络入侵检测系统保障中具有可行性。

私有云虚拟资源配置中围绕多个资源池的安全合作展开，建立了资源池交互利用的联合通信和授权安全机制。对于混合云虚拟资源配置，通过开发公有云、私有云和混合云资源接口来保障链接访问安全。

大数据资源共享虚拟化安全保障注重关键问题的解决。对于虚拟安全保障中的关键问题，从流程和资源组织实现上看，包括安全隔离、信任加载以及监控与检测安全。随着虚拟化技术的发展，虚拟机安全保障已趋于完善。一方面在虚拟机物理环境下进行动态逻辑隔离时，虚拟化计算已经可以实现多种功能的集成和应用的安全隔离，同时维持其稳定运行状态。另一方面对于来自数字网络的虚拟攻击和系统漏洞，围绕网络与用户信息安全的防护已成为其中的关键。虚拟化技术的发展是一个较长期的过程，IBM 早期通过进行分区隔离部署，以在相同的物理硬件操作系统中保障运行的虚拟安全。然而，在异构虚拟化环境中，虚拟隔离的安全保障则需要保障虚拟机相互独立运行，在技术上保证互不干扰。云环境下，虚拟机隔离已成为整个虚拟化平台安全保障的关键，以此提出了新的技术要求。

目前的虚拟化安全隔离主要以 Xen 虚拟机监视器为基础展开，其中动态环境下跨系统虚拟隔离已形成了完整的方案，如开源 Xen 虚拟机监视，将虚拟安全区分为内部安全和外部安全，采用 I / O 管理虚拟环境下的虚拟方式进行运作。对于被攻击者，可利用虚拟安全防护机制进行控制。安全内存管理模块处理客户虚拟机分配请求时，通过可信平台模块（Trusted Platform Module，TPM）系统生成处置结果并按权限进行分发。这一情境下，虚拟机可通过加密进行虚拟内存分配，同时实现基于安全内存管理模块的 Xen 内存安全管理。

实际安全隔离环境下的操作具有可行性和较广的适应性，Xen 的应用同时具有较高的安全保障水平。此外，虚拟安全保障硬件支持安全 I/O 管理架构。虚拟机 I/O 访问请求通过虚拟机 I/O 总线控制物理 I/O 设备的使用，通过部署 I/O 控制机保障客户虚拟机 I/O 设备安全，同时实现 I/O 操作的安全隔离。

云环境下大数据资源虚拟化安全保障中，可信性加载的目的是实现加载的可靠性和虚拟机运行的安全性，所以从源头上分析来源软件提供方的可信性十分重要。其中，可信的完整性检测在资源管理应用程序和代码安全中具有关键性。

虚拟机安全监测是虚拟安全保障的中心环节。对于云环境下大数据资源虚拟化安全而言，安全监测存在于安全保障的全过程，包括物理安全和运行管理安全的诸多方面。实际操作中，虚拟机安全监测的架构应涵盖虚拟化中的内部监测和外部监测，这两个方面在实施中有机结合为一个整体。在内外监测中，虚拟化内部监测通过安全域的部署来实现，可以在目标虚拟机内部植入；当监测到威胁时，通过外部监测点来实现，监测点通过监测及时发现并拦截攻击，在安全域中进行外部安全控制和内部安全保障。

鉴于大数据资源系统在云环境下架构，所以大数据平台所存在的安全漏洞必然导致资源系统安全风险的存在。云平台因为相关技术应用的安全脆弱性，而存在新的大数据安全漏洞，从而提出了深层次安全保障问题。

作为云计算的核心技术，虚拟化安全技术仍处于不断发展之中，当前存在的主要安全问题包括：在虚拟机安全隔离中，基于软件技术实现的虚拟机隔离，仍然存在较高的隔离失效风险，从而导致被其他非授权用户访问；在虚拟机迁移过程中，迁移数据、模块和虚拟机都可能遭受攻击，从而引发安全问题。对于虚拟机逃逸问题，在虚拟机上的运行程序可以绕开底层的情况下，应进行实时应对。

综上所述，虚拟机存在安全漏洞可能会从以下几个方面对大数据资源系统产生安全威胁：第一，如果正在使用的虚拟机被攻击，大数据资源系统将直接面临安全威胁；第二，由于虚拟机的动态分配机制，如果其被攻破且未被发现与修复，后续任何使用该虚拟机的大数据资源系统都会面临安全威胁；第三，如果云平台上大量的虚拟机出现安全问题，将导致可用计算资源的不足，进而导致大数据计算资源需求无法得到满足，从而影响服务的可用性；第四，同一个物理机共用一个虚拟机监视器，当一个虚拟机被攻破时，会导致其他虚拟机受感染，进而使得整个资源系统安全受到威胁。

三、大数据安全中的纵深防御技术

纵深防御（Defense in Depth，DiD）是保障系统安全的关键。当前，云环境下大数据资源系统安全遭遇多方面威胁，由于系统安全边界归属模糊难以统一，所以在虚拟化技术的基础上的资源组织与服务实现中，有必要从整体构架上处理来自多方面的安全威胁和安全漏洞。如果攻击层明显扩大，目前所采用的单一层面上的防御一旦被攻破，将威胁整个系统的数据资源结构的安全，严重时甚至使平台陷于瘫痪。

对于大数据资源系统和网络而言，云环境下信息安全保障往往受限于单层防御体系。对此，云计算提供商需要与其他资源提供方协同合作。显然，这种合作有助于建立纵深防御机制。如果云服务提供方将所购买的软件、硬件设施整合到云服务系统的深层结构之中，将大数据资源安全进行分层融合，那么可以改变单个安全节点的安全保障状况，实现大数据资源分层纵深保障目标。

云环境下大数据资源安全保障引入纵深防御机制：一方面将计算和数字资源网结合，从而扩展了防御的广度；另一方面二者的结合可以在更深层次上进行攻击监测，有利于分层安全管理的开展。

云环境下大数据资源安全涉及机构使用云服务的安全、数据用户的网络访问安全以及第三方安全，在纵深防御中，通过对网络类型的区分可以形成不同的网络安全保障防御策略。基于网络纵深防御模型，可以设置防御的技术参数，形成多层保护策略。对于深层次的攻击，如果及时监测到外围攻击信号，内部各层将提前做出反应。实践中，在利用网络安全技术防范外部威胁的同时，同步进行内部架构的安全监督，以防止大数据安全风险的发生，通过实现监测、预警、响应、保护、恢复、反制的全序安全管控，在更深的层次上构建安全体系。目前，从已有的云环境纵深防御实例上看，通过虚拟化安全技术和安全网关系统进行防御系统构建具有可操作性和稳定性。实践中，可以将系统部署到云端，以降低云平台与外部环境的边界安全风险。在纵深防御框架下的大数据资源安全保障主要涉及以下几个方面。

基于纵深防御的云环境下大数据资源安全保障，正从单层防御部署向多层防御部署转变，这并非单纯的层次深化，而是在防御监测范围扩展的基础上向多方监测和纵深防御发展。在实践中，可以将大数据资源网络安全结构区分为物理网络、云数据中心以及资源系统主机，采用相应的安全技术进行分区部署，使之形成一个体系。其中物理网络作为最外层，无论是大数据资源机构和支持方，还是大数据资源用户，无一例外地需要通过安全网络进行连接。因此，在实施中可以通过网络安全隔离，设置入侵检测、入侵防御和安全响应，为大数据网络安全构筑第一层防线。在此基础上，通过云数据中心构建资源网监测、安全保障脆弱性警示、安全阻断列表等搭建第二层防线。继而，在资源系统主机安全防护中进行安全访问控制、病毒防范和数据警示内层防线的构建。云环境下虚拟化和技术漏洞引发的攻击面非常广，所以可通过设置多层防线进行解决。通过以上措施，系统可以及时报警与响应，从而提高云环境下大数据资源安全的保障水准。

纵深防御下的大数据资源安全保障强调人员、技术和管理的深度结合。对大数据资源安全直接起作用的是安全支持，其安全管理策略直接关系到安全保障的组织。另外，人员始终处于纵深防御的核心位置，发挥着关键作用。因此，云环境下的数字信息安全，应在各个层面上进行各安全要素的关联监控，实现安全防御的深层组织目标。

云环境下大数据资源安全保障中的人员由于处于核心位置，其系统安全中的人员安全责任和行为安全规范关系到安全保障的各个层面。因此，按安全保障的结构进行安全责任划分是必要的。鉴于人员的不同隶属关系和分工，信息安全保障纵深防御中，应突出有关人员的安全责任规范，明确与安全风险引发的关系，从而在各个层面实现人员安全管理的规范化。纵深防御中需要督促云服务提供方完善其内部管理机制，明确安全责任，制定安全管理的流程规则。

划分安全区域是联动安全保障中提高防御能力的重要手段，通过安全区域的划分可以从整体上进行安全保障环节的细化，在明确分区安全保障责任的同时，强调安全区域的自治性。在有利于联动统筹安全保障的基础上，对实现基于多元主体联动的安全保障能力提升和联合安全保障的全面实现具有重要意义。

大数据资源安全纵深防御中，存在着风险预警控制问题，其中行为数据库构建、行为数据处理、系统入侵检测和事件响应是关键。

第一，监控大数据资源系统运行，需要采集运行数据和用户数据。所采集的数据包括系统网络运行流量、用户访问记录和系统操作日志等，由于这些数据来源和格式上的不同，需要进行数据处理上的规范，将其纳入行为数据库。

第二，在行为数据库中，应对采集到的行为数据进行处理，统一数据格式，过滤无用数据，进行数据清洗，将标准化处理的数据按属性特征进行保存和调用。

第三，采用误用检测和异常检测相结合的方式进行，通过误用检测进行初判，如果存在则进入响应，如果未发现则进入异常检测，并通过异常指标做出判断，同时提交响应。

第四，在大数据资源系统入侵事件响应中，按系统运行规则针对相应的入侵行为及其后果进行处理，及时控制风险，进行数据保护隔离，同时按条例进行事件结果提交。

大数据资源系统在接到安全预警后还需要对入侵的威胁程度进行判断，以决定是否需要进行干预。这一处理的依据是系统安全运行管理条例，如果入侵风险可以自动识别和控制则进行自动响应，如果涉及面广、影响难以自动控制，则需实施人员干预。

第四节　大数据应用与数字信息服务技术的标准化

大数据应用与数字信息服务技术标准是在网络信息管理与服务中为获取最大效益而制定的资源管理指导原则、技术法规等特定文件。标准文件的执行与实施不仅是行业问题，而且是各领域信息管理与服务的共同问题，所以应在开放环境下进行标准化管理。基于此，技术标准化推进应有普遍的原则、任务和措施。

一、大数据应用与数字信息服务技术标准化原则与任务

(一) 大数据应用与数字信息服务技术标准化原则

大数据应用与数字信息服务技术标准建立在信息管理技术的基础上，其实践发展决定了标准推进的任务、体系和原则。大数据应用与数字信息服务技术标准化推进的原则可以概括为以下几个方面。

1. 整体优化

包括大数据在内的网络信息资源组织与数字信息服务技术标准是网络信息管理系统建设和运行管理的技术准则，网络信息组织与服务技术不可能只涵盖一个技术标准，而需要同时使用多个技术标准的组合，这些标准应当形成一个有机整体。在处理各种标准的关系时，要以整体最优为出发点。

2. 协调一致

协调统一对大数据应用与数字信息服务技术标准化而言尤为重要。这是因为，标准的统一性越好，其适用范围就越广，实施标准所获得的社会和经济效益也就越大。因此，要优先考虑制定和采用那些适用范围广的标准。

3. 实验推广

有关制定、修订、选择和贯彻实施的标准，只有经过一段时间的试运行才能最终确定。特别是对那些重要的行业数据组织与服务平台技术标准，验证尤为重要。对于大数据应用服务来说，为了有利于未来的技术发展，计划所采用的国际标准也需要进行面向未来发展的实践验证。

4. 适时扩充

由于大数据应用与数字信息服务技术发展迅速，数据组织与服务平台技术产品更新换代加速，市场需求日趋多样化，在制定或采用各种数字信息资源组织与服务技术标准时，必须留有充分的修改或扩充空间。只有这样，才能使标准化适应大数据资源组织与服务技术发展的需要。

5. 相对稳定

大数据应用与数字信息服务技术标准贯彻实行以后，在一定的使用期限内，应尽可能保持相对稳定，这样才有利于大数据资源整合和合作服务的发展。值得指出的是，相对稳定的标准也会随着技术进步而变化，这就需要进行技术上的兼容，使新的标准可以兼容原有的应用环境。

（二）大数据应用与数字信息服务技术标准化任务

由于大数据平台连接的各服务系统中使用的资源组织与服务技术标准不但种类繁多，而且数量大，因此，在大数据应用与数字信息服务技术标准化推进中，应明确其基本任务。从综合角度看，平台化组织与服务技术标准化的主要任务包括以下几个方面的内容。

1. 国际标准的采用

为了实现世界范围内的数字信息交流和大数据资源交互，积极采用国际标准是网络大数据资源组织与服务标准化的重要任务。采用国际标准有三个条件：一是要坚持国际标准的统一和协调；二是要坚持结合我国具体情况进行试行验证；三是要坚持有利于促进网络大数据资源组织与服务技术进步的原则。

2. 国家相关标准的贯彻

大数据资源组织与数字信息服务技术标准由国家标准化部门批准、发布，在全国范围内适用。信息技术国家标准范围非常广泛，包括数字信息系统和行业大数据网络使用的各种标准。到目前为止，我国已发布了数百项信息管理技术国家标准，大部分集中于通信领域，直接和大数据资源组织与数字信息服务相关的有 100 多项。在这一框架下，应针对网络数字资源组织与开发技术应用发展，在关键的技术环节上扩充内容，为现实问题的解决提供完善的技术依据和准则。

3. 标准体系的确立和进一步完善

建立和健全标准体系的最根本的目的是在大数据平台化组织与数字信息服务的各个环节上将有关技术标准，进行有序组织和整合，使之形成有机体系，以利于规范大数据组织与开发技术平台建设。值得指出的是，在数字信息服务组织中，可结合具体情况，逐步形成平台化组织与服务专业标准，以提升面向大数据应用的服务支持水平。

4. 标准的科学化管理

推进大数据资源组织与数字信息服务技术标准化建设，应注重标准的贯彻实施。好的标准如果得不到认真的贯彻实施，也不会获得理想的效益。要做到真正贯彻实施好标准，就要加强对标准的管理维护，即要对各种大数据组织与数字信息服务技术标准的贯彻实施进行监督检查，以及时发现问题并采取措施。

二、大数据资源组织与数字信息服务技术标准体系构建

大数据资源组织与数字信息服务技术标准体系的构建，应考虑技术的形成和来源，按技术应用环节来组织。大数据平台资源组织与数字信息服务

技术标准化推进中，数字技术的进步决定了基本技术的应用标准，用户需求决定了服务技术平台标准，大数据网络的应用发展决定了网络信息技术标准。在技术实施上，其内容有：大数据资源载体组织技术标准化，包括资源载体数字化技术所包含的所有方面；数字信息资源开发与服务过程标准化，包括面向过程的技术研发标准、组织和实施标准；数字资源服务技术标准，包括个性化服务技术、数字挖掘技术以及各方面技术推进标准。这几个方面的内容有机结合成为一体，在技术标准化推进中应全面考虑。

大数据平台资源组织与数字信息服务技术的标准化推进，应保证标准在全国范围内被广泛接受。大数据资源组织与数字信息服务技术，随着互联网的迅速发展，已成为数字化管理与服务的一项基本技术内容。

随着大数据网络服务的发展，网络化数字平台资源组织与服务出现了一些新的特点，即手段现代化、方式便捷化、环境虚拟化、对象社会化、内容务实化、发展适时化。基于这一情况，大数据网络平台组织与开发技术标准化推进的基本内容应包括数字信息载体技术标准化、数字信息内容技术标准化、数字信息组织与开发技术过程标准化和数字信息服务技术标准化。

(一) 数字信息载体技术标准化

数字信息载体技术标准化是指所有与计算机和通信设备的设计、制造和网络传输、交换、存取等有关的技术，这些技术都应遵循通用标准。在标准化推进中，其目的是使用户正确地应用共同的数字信息技术，保证网络大数据资源开发利用的质量和效率。

(二) 数字信息内容技术标准化

数字信息技术标准化不一定带来数据内容格式的标准化。事实上，信息内容格式标准化对于提高平台资源的共享、降低格式转换成本具有重要作用。当前，虽然想要实现完全的数字信息内容格式化标准，难度很大，但这又是必须解决的问题，因此应尽快加以解决。

(三) 数字信息组织与开发技术过程标准化

数字信息组织与开发过程标准化和数据内容格式标准化相联系，数字信息内容是相对信息产品而言的，数字信息组织与开发强调的是对象。数字信息组织与开发过程标准化有助于减少数据冗余，提高信息管理效率。

（四）数字信息服务技术标准化

大数据平台资源组织与开发服务业务标准化，旨在为网络大数据资源的开发、采集、分类、识别、存储、传输与应用提供通用的标准，为大数据应用与网络业务的开展提供方法、程序、安全等方面的通用技术支持，以利于平台数字资源的社会化组织和服务的推进。

三、大数据资源组织与数字信息服务技术标准化推进措施

推进大数据平台资源组织与数字信息服务技术标准化，应从多方面采取措施。

（一）专门机构作用的强化

大数据平台资源组织与数字信息服务技术标准化是一项连续性很强的工作，范围十分广泛，需要进行协调和解决的问题也很多，所以只有设置或授权专门的管理机构，明确其职责范围，强化其管理职能，才能使各项任务落实。同时，网络大数据资源组织与数字信息服务技术标准化管理需要加强与行业协会的互动，充分发挥各种标准化协会和专业技术委员会的作用。

（二）规章制度的建立和完善

推进大数据平台资源组织与数字信息服务技术标准化，必须建立和完善相应的规章制度，使各有关单位在工作中有章可循。具体而言，其标准化主管部门要对数字信息资源组织与开发的各个环节进行标准化审查，审查合格后才可执行。各有关单位必须执行系统规定的各种数字信息管理技术标准、规范和规定，对违反规章制度的单位要予以必要而有效的处理。

（三）国际化进程的加速

推进大数据平台资源组织与数字信息服务技术标准化，应重视加强同世界各国的联系与合作，在制定标准化政策和认证制度方面要按照国际惯例

办事，同时确保其透明度。除了尽可能多地采用国际标准外，还要促进国家标准同国际标准化组织、国际电工委员会和国际电报电话咨询委员会等国际标准的协调，在制定重要的网络大数据资源组织与数字信息服务技术标准时，应参与国际合作。

(四) 用户需求引导作用的发挥

随着大数据平台资源组织与数字信息服务技术的迅速发展，用户对网络大数据资源与数字信息服务技术标准化的需求显得十分重要。因此，应通过各种渠道获取用户对开展行业大数据组织与数字信息服务技术标准化的意见，争取让尽可能多的用户直接参与大数据应用与数字信息资源开发技术标准化活动。必要时，可以通过用户机构来掌握各行业用户对大数据与数字信息服务技术标准化的实施意见，使其更具有针对性。

(五) 标准化实施的改进

贯彻实施标准是大数据平台资源组织与数字信息服务技术标准化的关键环节，再好的标准如果得不到贯彻实施也不能发挥作用。大数据网络资源组织与数字信息服务技术标准化的一切效益都来自标准的贯彻实施。所以，要采取一切必要的措施确保标准的贯彻实施。首先，对标准的实施情况要随时进行勘验和检查，发现问题要及时解决；其次，对不贯彻执行标准的进行必要的处置。

在大数据应用与服务技术标准化推进中，必须注意新技术的标准化发展，例如云计算的标准化就是如此。当前智能化计算虽然还缺乏完整的技术标准，但在核心技术上，相关机构与行业已达成共识，如由美国阿贡国家实验室与南加利福尼亚大学学习科学学院合作开发的 Globus 工具包已成为事实上的标准，包括 IBM、微软、惠普、克雷、SGI、SUN、富士通、日立、NEC 在内的计算机厂商已采用 Globus 工具包。作为一种开放构架和开放标准基础设施，Globus 工具包提供了所需多种基本服务，如安全、资源发现、资源管理、数据访问等。随后，一些重大项目基于 Globus 工具包提供的协议进行建设。这些研究与应用发展的探索值得重视，为此应采取积极的标准化措施。

第四章　大数据应用与数字服务安全保障

大数据应用与数字信息服务的组织涉及各方面主体的基本权益以及网络与用户信息安全的各个方面，所以需要进行全面安全保障。基于这一现实，有必要从大数据应用与服务的权益保护出发，确立网络信息安全与服务融合机制，从权益保护、资源安全、服务链安全和安全责任管理出发，促使全面安全保障的实现。

第一节　数字信息服务中的权益保护与安全保障

大数据应用与数字服务必须以满足用户需求为前提，在为用户提供交互渠道和交互工具的同时，保障用户的信息接收和深层次利用。鉴于信息的交互作用效应，保障用户及相关方的基本权益和信息安全是服务组织的必要条件。可见，信息服务中有关各方的权益保障和网络信息安全保护至关重要。由于信息交流中有关各方权益的一致性和关联性，应着重于基本权益与安全关系的确认和基于权益维护的信息安全保障构架。

一、数字信息服务中的基本权益关系

数字信息服务的权益主体包括服务提供者、用户、服务管理部门及其他相关主体。同时，信息服务方与用户之间同样存在着资源交互关系。如何协调这些关系、确保各方的正当权益，直接决定信息交互的社会效应。

数字信息服务中各方权益的社会确认是开展服务业务和实施权益保护监督的依据，根据数字信息服务的社会组织机制和服务目标、任务与发展的社会定位，其权益分配必然围绕数字信息服务中各方面的主体进行，以此构成各方相互联系和制约的权益分配体系。

(一) 数字信息服务提供者的基本权益

数字信息服务提供者，包括从事公益性和产业化信息服务的实体、提供者以实现信息服务的社会效益与经济效益为前提，通过用户交互信息需求的满足，实现面向用户的数字信息服务存在与发展价值。在这一前提下，数字信息服务的承担、提供者应具有组织用户交互和开展信息服务业务，以及获取效益的基本权利。按开展数字信息服务的基本条件和基本的权利分配关系，数字信息服务提供者的权益主要有如下三个方面。

1. 开展数字信息服务的资源利用权和技术享用权

大数据应用与服务中包括数据资源的开发、组织、加工、交流和提供等环节，虽然各种业务之间存在着一定的差异，但在数据资源的交互利用上却是共同的，必然以数字信息资源的有效利用为前提。因此，数字信息资源的利用必须作为服务提供者的基本业务权利加以保障。与此同时，在数字资源利用与信息传递、交流中，数字信息技术的充分利用是关键，网络大数据服务必须以数字信息技术的享用为基础，因而，数字信息技术的享用是数字信息服务承担者和提供者的又一基本权益。

2. 数字信息服务提供者的产权

数字信息服务是一种专门化的社会活动，是社会行业中的一大部门。网络大数据服务业存在于社会行业之中的基本条件，是对其产业地位的社会认可和保护其产业主体的产权。数字信息服务的产权主要包括两个部分：一是服务主体对数字服务产品和服务的所有权；二是服务主体对所创造的数字服务技术产权。数字信息服务本身所具有的知识性与创造性决定了这两方面的产权的知识属性，可视为一种有别于其他活动的知识产权。

3. 数字信息服务的经营权

数字信息服务经营权是社会对服务提供者从事服务产业的法律认可，只有具备经营权服务才可能实现产业化。在知识经济与社会信息化发展中，数字信息服务产业的发展被视为社会发达程度的一个重要标志。可见，其经营权的认证具有十分重要的社会意义。另外，数字信息服务所提供的产品具有影响其他行业的作用，科学研究、企业经营、金融流通、文化等行业的存在与发展，以社会化数字信息服务的利用为基础，从这些行业经营需要上看，必须确认服务的经营权益。

(二) 数字信息服务用户的基本权益

数字信息服务中，虽然用户的交互需求与利用状况不同，同类用户的信息需求也存在着一定的个性差异，但他们对服务享有、利用的基本权益却是一致的。各类用户均需通过服务利用，达到获取特定效益的目标。根据数字信息与用户的关联关系，信息交互中用户的基本权益可以按服务需求与交互环节来划分，归纳起来主要指用户对交互信息的利用权，通过服务获取效益的权利以及用户秘密的保护权等。

1. 用户对交互信息的利用权

根据信息交互的公益原则，用户对数字信息服务的利用是一种必要的社会权利，然而这种利用又以维护国家利益、社会安定和不损害他人利益为前提。因此，它是一种由交互范围所决定的服务利用权，以及在该范围内用户所具有的信息享有权。在确保国家利益和他人权益不受侵犯的前提下，用户对数字信息服务的利用以服务公平、开放化为基础。

2. 通过服务获取效益的权利

用户的信息交互需求与利用是以效益为前提的，是用户为实现某一目标所引发的一种服务利用行为，其服务效益必须得到保障。这里需要指出的是，用户对服务的利用效益不仅涉及服务本身，还由用户自身的素质、状况等因素决定，而且数字信息服务具有一定的不确定性。因此对“效益原则”的理解应是：除用户自身因素和风险性因素外，用户通过服务获取效益的权利。

3. 用户隐私保护权利

用户利用数字信息服务的过程是一个特殊的交流过程，信息交互服务中，服务方必须通过与用户的交互才能提供符合用户认知需求的信息。在这一过程中，无论是用户提出的基本要求，还是服务方提供给用户的结果信息，都具有一定的排他性，如果泄露会对用户造成不良影响，危害到用户隐私等方面的权利。可见，在交互服务中用户必须具有对其隐私的保护权，这种权利必须得到社会的认可。

(三) 与数字信息服务有关的社会公众权利

数字信息服务是在一定社会环境下进行，是一种在社会信息组织和约束基础上的规范服务，而不是无政府、无社会监督的随意性服务。数字信息服务以社会受益为原则，这意味着不仅接受服务的用户受益，而且国家、社会和公众利益必须在服务中获得体现。任何一种服务，只要违背了社会和公众的利益，有损于他人，都是不可取的。社会和公众利益集中体现在政府部门权力和他人权利的确认和保护上。

维护国家利益的权利。对国家利益的维护，政府部门和公众都有权利，只要某一项服务损害国家利益，政府和公众都有权制止。值得强调的是，在服务中国家利益的维护权与公众对国家和社会利益维护的权利形式是不同的，政府部门的权利主要是对服务的管制权、监督权、处理权等，而公众则是在法律范围内的舆论权、投诉权、制止权等。这两方面的权利集中起来，其基本作用是对国家利益与安全的维护、社会道德的维护、数字信息秩序维护以及社会公众根本权利保障等。

政府部门对数字信息服务业的调控、管理与监督权力。政府部门对数字信息服务业的调控、管理与监督，是服务业健康发展和社会与经济效益实现的保障，其调控包括行业结构调控、投入调控、资源调控等。其中对数字信息服务的监督则是政府部门强制性约束服务有关主体和客体的根本保证。政府部门的“权利”通过政府信息政策的颁布和执行，服务立法、司法、监督，以及通过行政手段进行服务管理来实现。

与数字信息服务有关的他人权利。数字信息服务提供者和用户的信息交互都必须以不损害第三方的正当利益为前提，否则这一服务必须禁止。在交互式信息服务中，对针对第三方的不正当服务应当全面禁止。数字信息服务，如果从法律上、道德上违背了第三方的社会利益，势必导致严重的后果。在第三方利益保护中，一是应注意的是第三方正当权益的确认；二是确认中必须以基本的社会准则为依据。

二、数字信息服务中的权益保护与安全监督

数字信息服务中的权益涉及面广，其保护可以按服务者、用户、政府

部门和公众等多方面的主体权益保护来组织。然而，这种组织由于其内容分散、主体多元，在实施保护与监督中难以有效控制。因此，应从数字信息服务各主体的权益关系和相互作用出发，在利用现有社会保障与监督体系对其实施保护的基础上，从整体上突出服务权益保护的基本方面与核心内容，以涉及社会方各方面的基本问题解决为前提，进行数字信息服务权益保护的组织。对于权益保护的实现，涉及服务权益保护的体系；对于问题的解决，应突出核心与重点。对此，可以通过保护、监督体系的加强来解决。

（一）数字信息服务产权保护与监督

数字信息服务产权保护以保护服务提供者的知识产权为主体，由于数字信息服务中存在着用户与服务者之间的数据交互和知识交流，同时受保护的还有涉及知识产权的数据所有权。如果用户受保护的知识产权信息一旦泄露给第三方，有可能受到产权侵害。在数字信息服务方和用户的知识产权保护中，用户的知识产权保护也是数字信息服务产权保护的一个重要组成部分。

数字信息服务产权保护的依据是知识产权法，对数字信息服务产权保护的内容主要有服务技术专利保护和有关数字产品的产权保护。此外，有关服务商标保护也可以沿用商标法的有关条款。然而，仅凭目前的知识产权法对信息服务产权进行保护是不够的，由于信息服务是一种创造性劳动，而针对用户需求开展的每项服务不可能都具备专利法、著作权法中规定的保护条件而受这些法律的保护，这说明，服务中著作权、专利权以外的创造性知识权益必须得到认可，所以存在着数字信息服务产权保护法律建设问题，即在现有法律环境和条件下完善信息服务产权保护法律，建立起保护体系。

从权益保护监督的角度看，数字信息服务产权保护与监督内容应扩展到信息服务者与用户对有关服务所拥有的一切知识权益。如果服务者和用户知识被第三方不适当占有，将造成当事方的损失或伤害，那么他们的知识权益必须受到保护，其保护应受监管。

（二）数字信息资源共享与保护的监督

数字信息资源共享与保护是一个问题的两个基本方面。一方面，面向公众的信息服务以信息资源的共享为基础，以社会化信息资源的有效开发和利用为目标，所以一定范围内的数字信息资源的社会共享，是充分发挥信息服务效能，最大限度地实现政府和公众信息保障的基本条件。另一方面，信息资源必须受到保护，其保护要点：一是保护信息资源免受污染，控制有害信息；二是控制信息服务范围之外的主体对有关信息资源的不适当占有和破坏。

对于数字信息资源共享，在信息化程度高的发达国家似乎更强调其社会基础，例如美国在信息服务组织中就存在自由法规，试图以打破对资源的垄断为目标，制定一整套有利于信息社会化存取、开发和利用的共享制度，并且以“信息自由”法规的形式规范信息资源共享的实施与监督。我国关于信息资源共享及其监督的法律有待进一步完善，从社会发展上看，目前需要解决的主要问题是建立共享和信息资源保护规范，在允许的范围内将共享监督纳入信息服务监督法律体系。

对于数字信息资源保护的监督，世界各国都予以了高度重视，其保护内容包括国家拥有的自然信息资源的保护、二次开发信息资源的保护、信息服务系统资源（包括信息传递与网络）保护、信息环境资源保护等。目前，在信息资源保护中，保护的监督问题比较突出，其监督体系的不完备和监督主体的分散性，直接影响到资源保护的有效性和信息服务优势的发挥。

（三）国家与公众安全保障监督

国家安全和公众利益的保障是信息服务社会化的一项基本要求。任何一项服务如果在局部上有益于用户，而在全局上有碍国家和公众，都是不可取的，应在社会范围内取缔。当前，在信息化深入发展中，各国越来越重视信息服务对国家和公众的影响，采取监督、控制措施，以确保国家和公众的根本利益。

国家与公众安全保障的内容包括：涉及国家安全的保密信息，国家信息资源及专有技术的信息保护，信息服务及其利用中的犯罪监控与惩处，社会公众信息利益的保护等。

国家安全与利益以及公众利益保障及其监督具有强制性的特点，其关键是法律法规的制定、执行与监督。在信息服务中如何按法律条款进行有效

监督，以及针对数字化服务发展中可能出现的新问题，完善监督体系是信息服务监管的又一重点。

(四) 用户信息安全保障与权益保护监督

用户在信息交互与服务利用中，如果缺乏基本的安全保障，其基本权益也就难以得到保护。由此可见，用户信息安全是其利用服务并获取相应效益的前提。从用户信息交互与服务利用关系上看，用户的隐私关注已成为其中的关键问题，如在虚拟社区用户信息安全保障中，隐私保护已成为用户参与交互、利用服务中必须面对的现实问题。

虚拟社区作为用户获取数字信息的重要平台，平台信息传播的快捷性、开放性、再生性等特点，决定了个人、组织、机构很大程度上并不能自主决定其信息的传播时间以及传播方式，用户的个人信息、行为信息往往可能被网站或第三方通过跟踪技术或数据挖掘技术获取，因此增加了用户隐私信息泄露的风险。国家计算机网络应急技术处理协调中心发布的《2016年中国互联网网络安全报告》中指出，由于互联网传统边界的消失和互联网黑色产业链的利益驱动，网站数据和个人信息泄露日益加剧，对政治、经济、社会的影响逐步加深，侵犯了个人隐私安全。移动网络环境下用户存在信息泄露问题。中国互联网信息中心发布的《2016年中国手机网民网络安全状况报告》指出，手机用户隐私问题主要包括用户公开的信息被非法窃取、其安全漏洞造成用户个人信息被非法窃取、应用服务商被非法攻击。中国互联网协会发布的《中国网民权益保护调查报告(2020)》显示，网民对隐私权益的认可度远高于其他权益，2014年87%的网民认为“隐私权”是用户最重要的权益，该比例在2015年上涨至90.5%，2017年以后上涨至92%以上，呈逐年上涨趋势，报告同时显示，个人信息泄露对网民造成经济损失、时间损失。

用户网络交互中，如果向用户提供各种在线服务，需要对用户信息进行收集，如果不法人员以非法手段对用户个人信息进行刻意采集，用户隐私信息泄露风险将进一步提高，从而引起了用户的普遍关注。因此虚拟社区用户隐私保护势在必行。从总体上看，目前隐私关注主要基于前因—隐私关注—结果关系的考虑，在隐私保护中，注重于用户的隐私关注对其信息行为的影响。以此出发，进行面向用户认知的隐私保护与安全保障。除隐私需求信息保护外，用户信息安全还包括用户存储信息、身份信息、交互信息和服务信息安全保障，同时涉及知识产权安全。在保障用户信息安全的前提下，用户的信息安全与权益保护监督围绕用户认知环节和信息交互服务利用过程展开，目的在于通过服务安全监督，保障用户任务目标的实现和服务利用的有序，无论是公益性，还是产业化信息，其用户安全必须得到保障。

用户作为数字信息服务的对象，对服务过程最有发言权。用户的满意与否、安全保障程度如何，是影响数字信息服务提供与利用的关键。用户监督在信息服务中应发挥作用，用户监督是用户在使用信息服务整个过程中，对相关内容的合理、合法性给予一定的关注。数字信息服务的安全环境建立，旨在通过监管部门使其合法利益得到保障。

如何认知交互中的权益保护特殊性，合规处理数字信息服务权益保护监督中的矛盾是进行数字信息服务社会化管理的重要问题。数字信息服务中权益保护监督的矛盾，主要体现在以下几个方面：数字信息服务中，权益保护监督体系尚不完备，因权益问题引发的纠纷较为普遍；大数据与智能环境下的交互服务，带来社会经济效益的同时，也出现了日益增多的纠纷，如交互中引起的权益冲突等。对这些问题的解决，应有一套行之有效的针对性办法。

如果对数字信息资源交互、分配与享有权益保护缺乏有效的监督，必然导致资源利用中的不合理，比如一些以营利为目的的服务实体往往不适当占有国家信息资源，使国家公众与用户利益受损。对这一现象，按照现有的监督办法，还不能从根本上解决。数字信息服务有关方的权益保护法规尚缺乏系统性，致使监督处于分散状态。信息服务权保护的法律依据是目前国家颁布的相关法律，其法律执行与监督主体还不明确，各部门依法进行权益保护的社会法律意识应得到进一步强化，以便确保社会监督的全面开展。

数字信息服务安全保障也必须接受公众的监督，因为信息交互服务必然涉及公众，其中的公众参与因而具有重要性。现代社会中公众舆论监督通过多种合规形式进行，公众舆论监督虽然不具有强制性，但却是一种极重要的监督形式，其表现为：公众舆论汇集了社会各个方面的意见，可以通过规范化的方式合规表达，从而引起全社会的关注。

针对以上存在的现实问题和数字信息服务业社会化发展的需要，考虑到国际信息化环境的要求，基于权益保护的信息安全监督，拟采用以下思路：在数字信息服务的社会监督体系中突出权益监督的内容，确立以基本权益保护为基础的全方位信息安全保障的实现；数字信息服务权益保护监督与安全保障必须以政府部门为主导，建立和完善权益保护与安全保障法律监督体制，明确法律主体与客体的基本关系；建立具有可操作性的数字信息服务权益监督与安全保障的社会体制，在实践中确立解决主要矛盾的基本原则，通过治理维护信息安全环境。

第二节　大数据资源的安全防御与保护

大数据控制作为数字信息整体安全中的数据保护环节，在于根据资源合规性上传及存储的数据安全进行防御，从而按来源及其他因素的影响实施同期控制，以形成存储内容的安全基础。由于大数据资源的来源广泛，其复杂的构成和影响决定了防御控制的必要性，特别是对于可能包含非授权使用的资源和合规性不明确的资源，需要适时鉴别和控制。在实现上，数字信息资源存储安全防御包括资源识别防御和同期控制的组织。

一、数字信息资源识别与合规处理

大数据时代不仅改变着数字信息资源数据的社会结构，而且改变着资源的组织方式。面对数字信息易复制和易传播的特性带来的来源广泛性，为保障所有相关者的权益，在大数据资源存储中应对非法侵权的资源进行严格管控，以此确定资源的来源合规和安全。针对数字信息的复杂性和存储上的分散性，需要在存储中对数字信息资源进行合规来源识别，继而进行及时处理，以防范由于不当存储和传播所造成的侵权。

大数据开放存储中，上传的资源按其流转方式和权限，规定了资源传输和利用的渠道。对数字信息资源的识别，旨在明确其中的权益关系，通过来源标识的细化，进而确保其安全基础上的合规存储；另外，对于存储于云系统中的数字信息资源，通过检测及时发现存储中的侵权问题，以进行有效的合规处理。通常情况下服务主体对资源进行侵权识别时，应着重于以权限为依据的检测，鉴于存储资源形式和利用方式上的改变，需要在权益保护框架下进行组织。

同期控制是针对过程发生的偏差同步纠偏的控制，目的在于保障过程的安全。因此，存储数字信息资源来源的同期控制贯穿于资源存储的始终。数字信息资源来源同期控制应遵循分类控制的原则，对不同来源的授权采用不同的处理形式。

在数字信息资源存储中应对其进行权属所有者验证，当识别为自有版权资源时，允许上传存储，同时自主选择控制后续授权范围。对于权属所有者检测显示非版权上传时，进入授权库检测，以确认权限和用户合规获取资源的权限，在授权确认后予以存储安全保障。对于经审核准予存储的资源，拟明确资源上传权限；对于未获授权的情形实行存储权限控制；对于重复数据资源，进行存储拦截。

数字信息资源除各类文本以外，还包括诸多网络数据，资源的复杂来源和结构决定了对所属内容的合规保障。因此，有必要从内容识别上进行数字资源存储的内容同期控制。数字信息资源非合规内容识别包括三个环节：首先，运用数字识别技术对存储的非合规内容进行过滤，以滤掉所涉信息；其次，通过权限检测对非合规信息进行处理；最后，对拟上传的资源进行全面合规检测，保证内容的真实性。

非合规内容过滤中，利用信息识别技术对云端数字内容进行过滤，其过滤方法如异常值监测过滤、关键内容匹配等。此外，还可以通过基于内容理解的检测锁定违规信息源。总的来说，违规不良信息检测可能需要通过数字信息资源内容的敏感特征来识别，例如对于敏感图像资源的过滤就是如此。对涉嫌违规数字信息资源进行过滤处理，应保证过滤的准确性。另外，对于合规资源检测涉及的所属机构，可以进一步在机构内进行合规验证。

依据《互联网信息服务管理办法》等相关规定，在数字信息资源存储中，除需要识别不合规定的资源外，还需要对包含这些内容的来源进行管控。因此，大数据云存储中也需要进行针对非合规资源的同期控制。目前，通常的控制内容围绕资源的合规管控展开，包括禁止非规信息的传播和使用等。

在数字信息资源存储的合规控制中，对于检测结果为违规的信息，可

在过滤阶段将其归入涉嫌违规信息集合。为保证信息的完整性，对集合中可能存在的误判，在此阶段不宜简单地采用删除控制手段；当该涉嫌违规数字信息资源集合通过下一步检测后，其涉嫌违规资源仍为误判时，可在这一阶段采取删除措施。因此，对涉嫌违规数字信息资源集合的锁定控制需要相关机关的协同配合。其中，对于判定为违规数字信息资源的留存取证，可结合资源删除处理来进行。

二、数据安全防御与同期控制

在数字信息资源来源与内容合规识别与过滤的基础上，数字信息资源存储的全面安全防御和同期控制处于重要位置。数字信息资源内容层面上安全问题的全面解决，还需要针对环境风险和系统风险进行有效控制。从内容上看，拟在纵深防御系统中进行数据安全防御，同时对数字信息资源数据安全进行同期控制。

数字信息资源因其特殊性，其存储环境对资源的存储安全具有全局性的影响，在环境作用下，存储的资源和所依据的系统或平台均受到来自多方面的威胁。由于数据资源存储与数据的开发和传输利用具有直接的关联性，所以需要构建多维度的数据安全纵深系统进行安全协防。从分层安全保障上看，进行资源数据的安全防御，应依托于从外而内的层级化防御体系，即按数据的存储管理层次构建面向环境安全的平台安全体系，同时在全流程中加以防御。

数字信息资源存储数据安全防御包括层级化防御、面向对象防御和全流程防御。

(一) 层级化防御

按数据交互的逻辑关系，存储安全事故的发生与网络硬软件设施、云存储平台，以及虚拟化数据环境直接相关。通信设备硬件、数据存储与计算软硬件安全是数据安全存储的基础层，一旦出现问题其安全存在不可逆性，这就需要从底层进行把控。云存储平台介于云计算网络与本地系统之间，负责数据存储交互与协同，这一环节的威胁包括数据篡改、泄露等，需要针对平台安全边界制定有效的控制策略，以监控数据异常。基于虚拟计算环境的安全防护，重点是进行环境与平台的整体保护，实现拒绝攻击及其变种威胁的防控目标。从三方的关系看，层级保障具有全局性。

（二）面向对象防御

存储数据的安全防御围绕安全保障客体展开，按保障对象划分，包括存储平台物理资源层和存储抽象与控制层中的设施、架构支持和操作。从数字信息资源数据上看，平台物理资源层作为基础层的防御直接关系到数据的存储操作安全，与数据存储关系最为密切。针对这一环节的保障需要强调物理安全措施，同时确立基于平台的数据规则。云平台存储控制是在平台基础上构建的操作逻辑层，在实现数据处理和存储资源的调度与分配上，针对平台存储安全需要进行合规调度规范与协议制定，构建存储安全防御体系。对于数字信息资源系统与数据层所遭受的破坏，防范措施主要针对数据内容与软件安全威胁来组织，其中的安全对象具有全局性的重要地位。因此需要部署具有针对性的防御策略。

（三）全流程防御

按数字信息资源存储安全风险的发生机制，防御需要从根本上进行保障，其流程包括数字信息资源安全保护监测、信息存储安全预警与响应、数字信息资源存储恢复等。基于流程安全的机制构建作为全流程防御的核心，是保障存储数据安全的基础。根据基本环节，拟从数字信息资源的安全保障需求出发，确立面向内部的安全保障体系，完善数字信息资源存储安全预警与响应机制，同时对存在的外部和内部风险进行管控，适时控制安全风险的影响范围。

根据数字资源存储安全保障的基本原则，需要对平台及存储资源进行基于安全需求的同期控制。在同期控制中，建立合理的安全风险响应体系，以完善体系化的资源存储安全保障措施。

在系统实现中，动态预警和响应是数字信息资源存储安全保障运行中需要面对的现实问题，只有预警和响应有效，才能防范安全风险的扩散和影响。在动态预警实施中，风险数据获取、检测和风险处理作为一个完整的过程而存在。其中，数据获取是针对系统的边界风险进行实时监控，当存储

系统出现异常时，及时响应和处理，以维持系统正常状态；当系统恢复正常时，也需要根据安全等级要求进行安全数据的监测。数据预处理作为入侵检测和响应环节，用于识别风险数据和所进行的规范化处理，在排除干扰数据的前提下，提取数据特征并进行特征转换。入侵检测在于利用预处理的数据进一步分析时序影响，依据历史数据进行的异常测试分析，在风险控制的框架下形成预警响应提示。在资源存储安全风险管控中，根据入侵检测进行响应是同期控制的最终环节：如果风险为频发，应采用自动响应预案；如果响应无法及时应对，则使用人工响应，将安全影响降至最低。其中的原则是以数据内容的安全为前提，实时启动容灾响应。

三、面向存储资源及其存储过程的容灾防护

存储数字资源容灾是信息资源存储安全的最后保障手段，在存储资源与资源服务系统容灾中，应根据不同的目的和云环境下的数字资源存储方式，设计相应的存储容灾方案。对于数字信息资源存储来说，其容灾目的，一是保障数字信息资源的长期保存和利用的延续性，二是保障存储资源的可恢复性和完整性。

为保障数字信息资源存储系统的灾害防范，需要从以下几个方面的要素着手进行数据备份支持和设施备用，旨在进行备份系统运行所需的系统运行保障、备用技术支持和恢复系统的运行保障。其中，运行维护管理包括运行系统管理、环境和安全管理、灾难恢复处理等。以上环节具有相互关联的关系，相对于要素资源的分散配置，云存储平台可以提供备灾所需要的设施、技术和管理支持，容灾过程中只需要进行有效的调度便可以实现备灾资源的快速配置。同时，云存储平台基础设施的安全性也可以得到充分保障。

就安全性而言，不同云服务环境下的分散存储数字资源由于实现了数据隔离，所以具有较高安全性和容灾能力。因此不但可以应对系统攻击导致的安全事故，而且可以应对平台受到攻击导致的安全危机。对于不可抗力因素导致的安全事故，不同云存储模式的安全性相近，都可以自行应对。对于在数据中心平台存储的资源安全容灾，则同时需要外部的支持。另外，可互操作的云存储资源容灾需要进行平台之间的合作，构建一体化的灾害控制体系。

在备灾机制选择中，除了需要考虑安全性外，还应面对现实的可行性。数字信息资源属于重要的基础性资源，如果因灾害和攻击而引发大规模数据损坏或丢失，必然带来灾难性后果。对此，应将其纳入社会化容灾体系，从根本上进行数据安全保障。在大数据与云计算环境下，这一问题的产生，使数字信息资源的可生存性面临体系上的挑战。面向数字信息资源可生存性的容灾理应在整体安全上进行全局性安排。从体系上看，云环境下大数据资源存储容灾应采取以机构为责任主体的实施机制。数字信息资源存储容灾应跨越云平台进行统一部署，这样可以避免单一主体安全事故对资源恢复的影响。

数字信息资源可生存性容灾组织体系，与共建共享的信息资源系统同构，其容灾结构不仅需要适应整体容灾恢复的需要，而且需要支持云存储资源的容灾管理。这种全局性容灾目标是保障大数据资源的可生存性恢复，在备份中可采用不同的方式：完全备份是对整个资源系统存储的完整备份，所备资源（包括数据、软件等）应不存在遗漏；增量备份是一个连续过程，每次备份只限于相对于前次的增量部分，其他部分则涵盖在前次部分中，所以是一种动态的备份；差分备份是每次备份的数据相对于完全备份后补充和修改的数据备份。

在备份选择中，数字信息资源主体基本上都是从各自的资源系统结构出发，寻求与之相适应的存储资源容灾备份方式。我国的大数据资源存储容灾备份，在大规模重要资源上采用的是完全备份方式。其中，机构资源容灾备份中的增量备份方式采用比较普遍，而差分备份更多地应用于动态性强的平台资源存储容灾备份之中。对于基于云平台的存储资源容灾备份而言，三种方式可以根据情况进行选择。一般来说，完全备份比较适合于复杂性不高、数据量大、恢复快的场景；增量备份适用于复杂性较低、数据量相对较小，但恢复难度较大的场景；差分备份则适用于复杂性不高、数据量较大、恢复较容易的场景。

容灾所进行的系统恢复，操作顺序是硬件故障排除、操作系统恢复、应用系统启动、开启备份数据。其中，在存储数据恢复中，需要在应用系统和备份数据应用上，结合业务设定恢复的优先级。一般而言，基础性数据资源恢复的优先级较高，而资源深度利用拟安排在较低级别上。对资源容灾来

说，时效性越强的优先级越高。在具体的优先级设置上，可以结合信息生命周期进行考虑。

对数字信息资源存储而言，一旦出现损毁性灾难，则应在备份基础上进一步进行全方位的容灾安全保障。在实施中，一方面采取影响管控措施，防止资源破坏影响的扩散；另一方面利用容灾备份技术，保障资源存储能够得到恢复。

云环境下，存储数据的安全和云平台的持续使用安全直接关系到数字信息资源全面安全。对此，亚马逊、微软等在提供的云服务中部署云容灾备份方案，以此提升云存储与云应用服务的安全性。按容灾保护对象的不同，云环境下的数字信息资源存储容灾保护可以分为云存储数据容灾和云数据应用容灾。

云存储数据容灾通常采用的办法是构建数据备份中心，由中心专门实现存储数据的保护，以应对云存储数据受到灾害破坏而不可恢复的情况发生。当云存储安全中心系统遭受灾难而数据被破坏时，便可以及时启用云数据备份系统，通过容灾防护来保障云存储中心数据的恢复。云数据容灾所采取的方式是数据异地备份，针对云备份中心的数据在调用上可能存在的延时问题，应在相应时段内进行数据备份的可用性和一致性保证。通过云备份中心的备份数据，云服务提供商便可以较迅速地恢复云平台服务，从而将灾难所带来的损失降到最低。

云数据应用备份是对数据存储应用软件系统的备份，其目的是通过云应用备用系统，在云应用系统遭到灾害毁坏时迅速将应用切换到备用系统上，以保障云环境下数据应用服务的可用性。在容灾过程中，虽然全方位的云应用系统容灾能很好地保障云数据应用服务持续可用性，但受构建多中心云应用服务系统成本限制，云应用容灾方案应进行结构上的优化。

按照存储中心和容灾备份中心的物理距离，其容灾备份可以分为同城容灾备份和异地容灾备份。实施中，同城存储中心和容灾备份中心处于一个地域，优势在于可以进行数据的同步传输，较好地保证数据的完整性和连续可用性，缺陷在于如果出现地域内的自然灾害，对灾难的防范能力有限。异地存储中心和容灾备份中心处于不同的地理位置，优势在于对于自然灾害风险的防范能力强，缺陷在于两个中心之间的数据传输受到一定影响，可能出现数据丢失或传输中断等情况。由此可见，同城容灾备份和异地容灾备份各有其优势和缺陷。对此，需要跨域构建云计算数据中心，从而达到更为理想的灾难恢复效果。

按数据存储容灾恢复安全保障的内容，容灾数据中心可以分为数据容灾和应用容灾两种类型的容灾系统。其中，数据容灾主要针对存储数据进行保障，面对灾难发生时的云服务系统数据受损，访问被终止的情况，安全保障围绕数据完整性和可用性恢复展开。应用容灾的重点在于保障平台系统提供的数据服务完整，面对灾害破坏、围绕数据存储服务环节展开，以恢复数据处理的可靠和安全，从而恢复数据服务功能。在云环境下，数据容灾和应用容灾相互补充，在功能实现上成为一体。在实际应用中，如果系统存储数据备份完整且具有自动备份功能和容灾功能，那么可以采用应用容灾方式；如果应用系统的容灾恢复在云平台中可以进行，那么可直接采用数据容灾方式。

容灾备份与云存储系统具有有机联系，旨在为云存储系统提供相应的数据保护和恢复保障。容灾备份与云存储系统相互补充，协同完成业务的连续运行和服务的持续任务。

云数据中心存储的信息具有完整性和持续使用性，因此其灾难备份与恢复应该全面支持整个系统的恢复。云数据中心存储资源的虚拟化服务架构决定了与传统方式截然不同的容灾恢复过程。这一场景下，操作系统、应用程序、存储配置文件和用户数据都被封装在虚拟服务器中，由于具有硬件独立性，所以易于数据复制或在异地数据中心主机中进行备份。从这一逻辑关系出发，数字信息资源云容灾数据备份可以依托数据的多副本存储管理，由此进行恢复。云环境下存储数据容灾恢复中的数据存储管理、多副本技术应用、存储数据复制技术和容灾恢复检测处于重要位置，这几个方面的组织实施和作用概括如下。

一是数据存储管理。云环境下的数字信息资源数据存储管理，是指在运行中对云数据归档、备份和恢复等环节的管理。数据存储管理涵盖了数据保存和安全管理的全过程，其中容灾过程中的安全管理围绕灾前的数据备份、数据损坏恢复以及容灾切换、安全监测和维护进行。作为云容灾重要组成部分的数据备份，是为了应对由于灾难引发的数据损坏、丢失和系统瘫痪，当预警到物理灾害威胁时，实时将数据传输到预定的存储介质中进行保存，以保障存储数据的可备用性。从管理角度看，复制后的数据移动还必须进行归档存留，完成归档后及时实现存储系统的切换。

二是多副本技术应用。多副本技术的应用在于，在多个节点上进行数据存储备份；一旦某个节点出现安全问题，其他节点中的数据自然存在并可用。多副本技术的应用受系统负载、存储效率和副本本身的影响，云计算环境下多副本技术的应用，需要根据云计算的具体应用环境进行组织。云环境下，创建副本的数量和节点分布，应考虑具体环境影响和用户需求特征。基于应用的副本创建，可以在不同用户的需求环境下进行部署，以控制灾害的影响。因此，学术信息资源云容灾应采用多副本创建策略，全面考虑安全性，数据效率和网络分布结构，从中寻求最佳的方案。

三是存储数据复制技术。存储数据复制在容灾中用以支持分布式应用，与数据备份相比，具有容灾恢复快、实时和使用灵活的特点。数据复制按时序特征分为同步复制和异步复制。同步复制的数据在多个节点上同时复制同一数据，即保持所有节点上数据的一致性，如果有变化，那么所有节点上的数据将同步变化。异步复制是一种差时复制，复制的时间节点并不一致，而是根据节点情况进行安排。这说明，节点上的数据并不在某一个时间点完全一致。按复制结果，可安排主机层数据复制、存储层数据复制和交换层数据复制。主机层数据复制可以在主机上复制或通过远程复制来实现。存储层数据复制通过系统存储器 I / O 操作，在存储系统中实现，以保障数据可用性和一致性。交换层数据复制则是利用网络存储交换功能，实现应用系统之间的数据复制。

四是容灾恢复检测。灾害发生时的数据丢失是必须面对的安全威胁。为了防止灾害对于云存储数据的破坏，容灾系统应具备灾害预警和容灾恢复检测功能，以便及时响应，实现数据切换，以减少对云端数据的影响。在灾害预警中，可以将周期间隔检测信号，按一定的时间间隔发送至云数据存储中心系统，通过对实时返回信号的分析，监测系统的容灾恢复状态。容灾恢复中，涉及磁盘故障的容灾检测，在于避免因磁盘故障导致的数据恢复受阻，从而更好地保障云存储容灾的可靠性。通过数据监测分析，可以进行恢复过程控制，保障存储系统部件状态的安全。

存储区域网络（Storage Area Network，SAN）在数据容灾中具有快速响应的优势。SAN 结构中，由于数据存储管理集中在 SAN 内，所以可以进行有序化的数据交换和高效的数据传输。SAN 优势还在于数据的共享优化和系统的无缝连接，可以较好地适应云计算容灾备份技术的发展环境。采用 SAN 的容灾备份技术，数据存储中心可提供多站点的应用，使之能够快速地进行系统切换，同时通过检测迅速寻找恢复点，使事件结束后返回正常状态。另外，文件层和系统层容灾恢复的实现，确保了容灾恢复的系统结构序化，从而可以更好地调整系统状态，为恢复系统的性能提供保障。同时，对于关键的应用程序和服务器，在容灾恢复中可得到更为优先的考虑，有助于减少灾难损失。

第三节　数字信息资源服务链安全信任管理

大数据云环境下的数字信息资源服务链节点组织之间信任关系的确立，是服务链安全运行的重要基础。因此，有必要从服务链安全角度进行节点中实体组织的信任管理。在信任与安全管理体系中，安全关系的确立、基于信息安全的服务链信任认证和基于可信第三方的安全监管，是其中必须面对的关键性问题。

一、数字信息资源服务链中的安全信任关系

信任作为社会活动中的基本准则和要求，已形成了多个层面的规范。随着信息化时代社会交往范围的扩展和交互依赖程度的提高，其信任关系的建立至关重要。对于云环境下的数字信息服务组织，服务链节点组织之间的安全承诺和信任，是服务安全的基本要素。

在数字信息资源服务链管理与服务组织中，信任被视为服务链组织之间的合作基础。服务链成员之间以及服务链同用户的相互信任，既是服务链运行的需要，也是服务链安全保障和各方权益维护的需要。在信任关系建立和作用上，有学者提出了在证据空间和观念空间中描述和确认信任关系的逻辑信任模型。开放环境下，信任来源于主体之间过去交互的经验积累和相互

认知。社会网络环境下其经验积累和认知必然受各方面因素的影响，从而形成了一种社会作用层面上的信任描述和基本信任关系的确立。对于数字信息资源服务链而言，只有明确了各节点组织和用户的交互信任值，才能形成基本的合作信任关系，从而进行可信各方的基于服务链的安全合作。由于信任值在一定程度上难以准确测定，可考虑采用模糊方法进行可信度量。

对于大数据环境下数字信息资源服务链全面安全信任关系的确立，需要对各关联方的信任度进行确认，以明确安全信任的基准。鉴于信任基准上存在的模糊性，可采用模糊推理方式进行判断。在应用上模糊推理可分为模糊识别、模糊推理和模糊处理三个步骤。在实际数据的基础上，按信任影响因素的隶属关系，利用隶属函数将评判结果归入相应的模糊集合中，继而根据数据推测其可信度。与此同时，也可以利用灰色系统理论，进行服务链安全信任关系分析和确认，其要点是利用灰色聚类计算出实体所属的信任等级。从实践上看，模糊分析和灰色聚类在信息资源服务链信任关系分析中具有应用上的拓展性。

云计算环境下，数字信息资源服务链和用户管理是开放的、分布式的，而不再限于封闭式可控管理方式的采用。随着云服务的发展，国内外围绕云计算环境的信任模型进行了不同层面的研究。在信任关系的构建上，明确了数字信息资源服务链包含的最终用户、服务提供商和数据拥有者这三类信任主体，定义了三者的形式化描述过程。在这一基本共识的基础上，所采用的信任生成树的云服务组织方法具有代表性。在信任关系分析中，通过信任树将服务提供者与请求者的交互行为进行了过程描述，从而使其客观上映射出相互信任关系。通过信任关系分析，可以明确主体间的可信度级别，从而为按可信等级的云服务链构建提供依据。按基于信任关系的数字信息资源服务链管理模式，其不安全服务将排除在信任生成树之外，从而确保了服务组合在可信场景中运行。另外，基于证据的云计算信任模型，适用于数据完整的信任关系和实时安全管控。

大数据云环境下数字信息资源服务链关系具有以下几个特点。

一是信任的关联性。大数据云环境下数字信息资源服务链中的节点组织并非孤立存在，而是具有相互关联的关系。例如，如果数字资源库技术支持方在技术的安全使用上缺乏应有的信任，必然影响数据库安全，即使数据库供应方信任度很高，也会对数据库购买和使用方的安全造成影响，从而导致服务承诺无法履行。基于这一现实，信任关联风险必须面对。

二是信任的动态性。开放服务中，数字信息资源服务链信任必然受业务环节变化的影响，服务链上的组织即使没有改变，信任同样会随着组织实体的外部作用的变化而改变。其重要原因是一些不可抗拒的风险出现，使得服务链中的实体出现违约情况。然而，从信任管理上看，应区别主观和客观两个方面，从实体组织信任与信任风险两个方面出发进行基于信任关系的风险管理。另外，在信任关系处理上将信任值作为一段时间内保持不变的特征值对待，这将有利于服务提供方提供安全可靠的服务。

三是信任的多重属性。数字信息资源服务链中信任关系的形成受多重因素的影响，其中起决定性作用的是实体组织的服务理念、管理模式和运行实力。如果仅从单一属性出发进行认识，将无法客观地确认关联方的信任状态。因此，云环境下服务链节点组织之间的基于诚信的行为及能力也是其重要指标的反映。所以，对服务链实体组织的信任关系确定必须综合考虑多重因素的综合影响。

四是信任的多层次。云环境下，数字信息资源服务链实体组织信任关系存在着多层次问题，如果仅限于从总体上确定信任关系，有可能缺失其关键内容。因此，拟从服务链结构层次出发，进行基于服务运行关联关系的信任认证，推行信任等级管理。需要指出的是，云服务信任等级的层次与服务链结构层次具有对应关系，所以可以从服务组织层次出发进行信任多层次管理。

数字信息资源服务链主体组织信任关系的确立具有以下几个基本环节。

一是信任认证指标。对数字信息资源服务链节点组织信任关系的确定，拟在多个层面上进行，其描述包括承诺信任（信息服务与安全承诺）、管理信任、技术信任和运行信任。信任数据来源于实体组织的服务等级、技术资格认证、国家安全部门的认证证据以及服务运行的数据记录。

二是信任值或信任等级计算。通过对数字信息资源服务链节点组织的信任证据和数据分析，按所构建的层次结构确定信任证据和数据权值，在信任认证指标体系中，利用模糊分析方法计算信任矩阵向量，以此为基础进行信任值计算，按信任等级标准形成信任认证结果。

三是信任值的更新。信任关系的进化过程是一个不断提升信任等级，

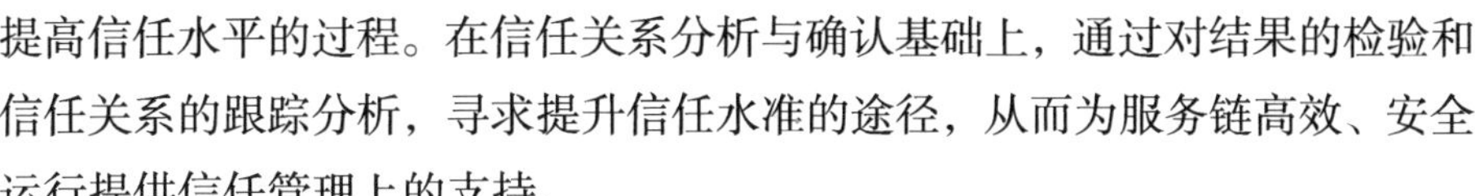

提高信任水平的过程。在信任关系分析与确认基础上，通过对结果的检验和信任关系的跟踪分析，寻求提升信任水准的途径，从而为服务链高效、安全运行提供信任管理上的支持。

二、基于信息安全的服务链信任认证与保障

基于数字信息资源机构为核心的服务链节点组织信任关系的建立，是以基本的诚信要求为保证。在服务组织与安全保障中，有必要通过相关数据的分析进行信任认证，以便按信任等级的要求，进行基于信任关系的服务及其安全保障实现。

基于模糊集合的信任层次分析，对数字信息资源服务链节点实体的综合信任认证具有可行性。层次分析方法对节点中实体组织的信任证据数据进行组合权重计算，通过模糊定量比较，可以完成对服务链有关各方信任度的综合比较。在比较基础上，即可根据现实的服务规范和安全保障要求，形成易于判断的安全信任等级，实现按信任级别进行服务链管理的目标。

考虑到数字信息资源服务链按需构建的特点，拟根据节点实体交互的合规性进行服务链实体的可信认证。如果供应商提供的资源与服务规范程度高，则可信度评级也高；反之，如果出现非规失信行为，则认为节点实体不可信。以此出发对其进行相应的管控。

大数据云环境下数字资源服务链节点组织信任认证和基于信任认证的安全管理，可以设置相应的级别（0～5级，0级为完全不信任，5级为完全信任）进行管控。原则上，根据需要确定相应的规则，对低于安全水准的信任等级实体进行惩罚。

鉴于信任关系与服务安全的关联关系，在服务组织中应根据信任等级机制进行服务链行为的管控和信任关系的动态监测；在保持信任关系稳定的基础上，对引发信任危机的因素进行管控，从而使服务链运行在较高的信任等级上。

大数据云环境下的数字信息资源服务链中的内容服务具有虚拟性，所以存在信任风险，特殊情况下有可能引发信任危机。面对这一现实，有必要进行资源云服务的信任评估，以便在评估基础上有针对性地改善有关各方的信任关系，从而达到服务安全运行的目的。

云环境下数字信息资源服务链中的节点实体组织信任认证，将服务的正常运行和整体安全保障结合为一体。信任评估基础上的服务链综合认证，将信任影响要素和安全合规要素集成为一体。

服务链节点综合信任指数从整体上显示了节点的信任程度。从总体上看，资质的完整性和等级是影响主体公信力的重要关联指标；组织管理上的合规协议、问责机制、安全管控和制度保障关系到安全服务的落实；所采用技术标准、技术支持构架、兼容性和升级承诺决定了技术信息化的水准；服务运行准则要素则包括了业务环节合规、运行安全保障、运行协同水平和应急响应能力的可信性。在服务链节点组织信任认证中，可以按指标体系的层次结构进行信任评估，按实际要求设置相应的等级准则。

在服务链节点组织信任认证中，服务提供方的信任证据作为评估依据，应涵盖信息认证的整个指标体系，具体实施中，可按统一规则将证据转化为数字形式，以方便评估数据的采集和处理。在数字信息资源服务链信任数值的计算上，由于证据形式的多样性，为了便于计算，需要进行证据数据的规范处理，使其最终转化为无量纲数据或等级数据，最后落入一个特定的区间，如 0 ~ 5 或 0.0 ~ 1.0 等，这样，最终将形成信任等级指数。

证据数据的相对权重的计算，由信任指标体系中各项因素的重要性决定，其权重安排可以通过德尔菲法来选择。在信任模型的基础上，可通过成对比较确定各因素的重要性，建立矩阵，然后采用权重求解方法计算各层次因素的相对权重，最后进行综合归纳。

通过数字信息资源服务链节点信任认证：一是可以确定服务链各环节的信任等级水平；二是可以找出各环节中影响信任水准的因素。据此，可以提出针对性的提高信任等级水平的方案，或优选服务链节点实体组织，以便通过信任关系的改善提升服务链安全保障水准。

三、数字信息资源服务链安全保障中的可信第三方监督

数字信息资源服务链中的信息资源提供方、云服务提供商、数字信息服务机构、其他服务方和用户，既有协同安全保障的责任，又有各自的需求和相互之间的交互合作需求。然而在服务过程中，各主体参与服务链所关注的侧重点存在差异，在安全环节上负有各自的责任，除服务链节点衔接上通

过协议相互支持和约束外，还需要在安全保障的整体化组织中进行全面监管。在安全服务组织上，其全面监督以数字信息资源机构为核心是可行的，但由于服务链延伸中多元安全保障的复杂性和动态性，有必要引进可信第三方监督机制。

在实践中，服务链中的各相关方，如云服务商，为了保证持续可靠的服务，必然采取相应的安全保障技术和策略。这些技术和策略既有应用上的共同点，又存在着架构和实现上的差异。如果数字信息资源服务链中采用了多个供应商的云服务或不同的数据库产品，其运行和安全保障规范难以在一个基准线上实现，即各自的缺陷有可能导致新的安全问题。不同云服务提供商采用的服务安全保障措施往往突出某一方面应用问题的解决，而云计算下数字信息服务机构的云资源控制权有限，安全技术的采用和策略制定则更多地依赖于服务提供商。这一情况说明，云服务提供商的独立性致使安全监管的难度加大。基于可信第三方的信息服务链及节点监督方式的采用正是为了有效解决多元主体参与的安全监管问题，其监管的基点是监督方所具备的可信资质和公信力。基于可信第三方的信息资源服务安全监管，突出多元主体参与下的信息资源服务链节点和服务过程监督，按可信第三方监督准则，实施服务安全的全面监督与报告。

数字信息资源服务的第三方可信监督在于，实时发现问题，及时向学术信息服务机构反馈监测结果，督促云及资源服务提供商采取合规安全措施，从根本上防止服务提供商逃避安全保障责任，从而提高数字信息资源服务链的安全性水平。基于可信第三方的服务监督方式的采用，还必须结合服务链环境和组织特征进行，同时遵循以下几个原则。

第一，系统性原则。可信第三方数字信息资源服务的监督实施，需要根据服务链节点组织的关联关系和安全要素关系，进行全系统监督，避免面向单一对象的分散安全监管中的不协调情况发生。同时，应结合云计算的发展和应用，与社会化安全保障同步。可信第三方监督中的要素系统应该完整，以确保服务链运行的稳定性和可靠性。

第二，可检验原则。数字信息资源服务的可信第三方监督目标明确、内容具体，在实施上突出安全数据的合规采集和安全隐患的监测与排除，所以需要结合学术信息资源服务环节，进行节点安全检验和评估，提供可检验的具体标准。

第三，可扩展原则。云环境下数字信息资源服务链的开放性和服务的共享性，使服务链与服务安全保障的边界逐渐扩大，从而提出了可扩展安全保障监管问题。在这一前提下，数字信息资源服务的可信第三方监督模式设计也应考虑其扩展性。在大数据和智能网络不断发展的情况下，完善第三方监督扩展机制。

数字信息资源服务链安全保障中的可信第三方监督的优势在于，可信第三方作为专业机构的数据分析和技术保障能力。云计算环境下，面向服务链环节的安全监督只有在过程数据分析的基础上，才能有效发现安全运行问题，从而采取针对性的安全保障对策及时应对风险。由此可见，可信第三方服务监督，可以进一步从数字信息资源服务链安全监督层面，扩展到国家数字信息资源服务安全保障层面。

基于可信第三方的数字信息资源服务监督中的相关机构包括数字信息资源服务机构、数字信息资源和云服务提供商、数字信息资源服务平台以及可信第三方监督机构，其中可信第三方机构对数字信息资源服务平台的相关主体和服务平台的安全运行进行监督，同时进行反馈和交互。云环境下基于可信第三方的服务安全监督围绕服务链关系进行。在安全监督中，可信第三方机构与各主体机构之间保持双向沟通关系。在数字信息资源安全保障中进行协同。其中，可信第三方通过安全监测及时发现问题，其安全保障实施仍由各相关主体负责。

可信第三方监督需要在制度层面上对数字信息资源服务链中的多元主体安全保障进行检测，以确认其有效性和稳定性。同时，为信息资源服务安全的监管提供管理依据。可信第三方监督的实现，从规范上强化了信息服务安全环节监管，有利于促进服务参与方在服务展开中的彼此协同，提升服务的可用性和可靠性水平。

大数据云环境下，数字信息资源机构与相关服务提供商的安全协议往往缺乏有效的约束机制，而可信第三方的服务安全监督的引入，有助于这一问题的解决。另外，以保障服务与用户的安全为目标，可信第三方承担了重要的责任，所以提出了可信第三方信任认证和规范资质的问题，有待安全保障制度的进一步完善。

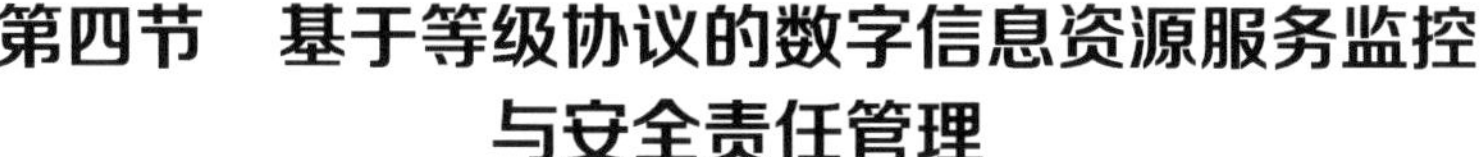

第四节　基于等级协议的数字信息资源服务监控与安全责任管理

信息安全等级保护的核心理念是适度保护，即在安全保障中关注安全保障的核心问题，在安全等级方面上，按关键性能指标和关键质量指标的满足进行保障，以取得平衡的成本效益。根据实际需求，按不同安全等级要求进行信息资源差异化的安全保障，与我国实行的信息安全等级保护相适应，与《信息安全等级保护管理办法》关于信息系统安全等级的划分原则相符合。在这一前提下，为了确保云服务质量安全和运行安全，由服务提供方按服务水平协议（Service Level Agreement，SLA）进行过程监控、报告和问责是重要的保障环节。

一、基于 SLA 的数字信息资源云服务质量与安全

SLA 作为关于网络数字服务供应商与使用方之间关于服务类型和服务质量的框架协议，其模式随着服务的变革与发展处于不断完善之中。对于大数据云环境下的数字信息资源服务而言，云服务提供商将服务提供给图书馆或其他机构时，它是供应商；当需要购买其他服务提供商的服务要素时，它随即成为客户。在这种角色的多重性和复杂的交互环境中，提出了基于协议的交互安全和质量控制问题。为保证服务安全质量的可评估性和可追溯性，应规范其质量监测和安全保障行为。

在面向 SLA 支持下，可以在服务链中定义多重角色的职责，通过 SLA 链保障服务质量和服务安全。在服务实现上供求双方协商确定的数字学术资源云服务等级，决定服务的组织构架。

SLA 在保障服务质量和安全上的作用，决定了应用的普遍性，包括 OCLC WMS 和 Exlibris Alma 在内的诸多数字资源云服务，充分利用了服务水平等级框架，来保证服务质量。然而，由于应用的广泛性，关于签约方和最终使用者的相关职责，服务等级质量参数、服务安全的监测等方面的定义尚无统一的规范，其服务质量安全水平有待进一步提升。因此，规范内容和充分保证用户服务质量和安全是应用中的重要问题。

按SLA的协议规范，数字信息资源机构和云服务提供方的关系，以相关法律为依据进行确立。实践中，其具体规定和操作内容在基本的技术与运营平台上，按国际电信联盟电信标准和数字信息资源云服务支持与利用环节进行确定。在这一方面，信息资源机构或系统应将SLA作为一个双方合作的基础来对待，按次序进行协议框架的确立、各项服务的规定以及服务参数的拟定。

值得注意的是，云计算服务在大数据环境下发展迅速，其功能运行和利用方式也处于不断变化之中；如何适应面向新的应用需求与环境，应该在协议中得到体现。一般来说，服务的应用程序需要考虑到网络基础服务，以及云服务方可以提供同质化服务的场景，同时将服务安全地构架在云平台的物理环境、硬件、网络和基础软件之上。所有这些保证，在SLA中应由云服务商进行明确。同时，在安全运行的原则上，力求采用技术水平高的部署。对此，在协议中应明确服务质量（Quality of Service，QoS）细节。

从数字信息资源云服务架构、运行和使用上看，QoS是一个整体化的概念，包含了安全质量、关键性能质量和运行保障质量。其中，安全是最基本的要求。面对这一现实，SLA框架中，数字信息资源机构与云服务方需要确立符合实际情况的关键质量指标（Key Quality Indication，KQI）和关键绩效指标（Key Performance Indicator，KPI），以此作为依据加以执行。按ITU-T E.800的定义，QoS为决定服务响应度的服务性能综合效果，是基于用户体验的网络和业务管理综合指标。KQI作为关键质量指标，是针对不同业务提出的贴近用户的业务质量参数，从数字信息资源云服务组织上看，由数字信息资源机构的用户需求与使用体验环境决定，在SLA中应加以具体阐述和规定；KPI作为关键性能指标，是网络层面的可监视、可测量的参数，在交互网络中体现在网络性能或网关性能上，在基于数字网络的信息资源云服务架构中，涉及服务传输、控制和安全运行。

二、等级协议框架下的云服务安全监测与报告

数字信息资源服务安全保障中，云服务监控和质量管理处于重要位置。数字信息资源机构使用云服务的安全质量监控可采用监控代理方式进行。监控代理通过信息资源服务网络和云服务之间的接口，以一种技术合规的方法

进行监测，从而确保云服务按 SLA 质量度量标准安全运行。

为实现监测目标，应在要求的采样率下提供 KPI 和 KQI 参数，形成监控报告和进行合规响应，其监控的程序化安排和保障是必须面对的问题。根据 SLA 要求，结合数字信息资源云服务的合规需求，有必要从监测报告和管理环节出发进行制度化的安排。

探测系统是网络操作和管理服务质量的通用工具，对于云服务安全运行和质量监控来说，具有适用性。所采取的方式是通过探测器进行物理数据的获取，以同步显示云服务系统状态，所使用的探测器可以放置在网络中的任意一个节点上，所以比基于网络要素的系统更具灵活性。按实际需要，探测器具有有源和无源两种类型。有源探测器通过向网络中注入通信业务，向服务器发出请求来实现；无源探测器则在不同的服务中提供协议等级上的视图。

探测器创建了一个针对信息资源云服务的监控工具，利用探测器可以实时获取评价服务质量的数据，关联基于服务度量标准的信息。探测功能包括：通过持续监测网络要素获取运行质量参数，同时探测云服务中的故障并显示其影响；通过细节探测，获取通信性能数据和节点数据；监控服务使用流量变化，防止用户和合作方滥用；监测的参数包括智能网络平台请求和故障数据等。此外，针对数字信息资源云服务网络的安全运行需要，可以设置针对质量、性能的对应指标，以进行全面安全质量数据保障。

数字信息资源云服务探测器可以配置在相应的节点上，按 SLA 框架下的质量要求进行配置方式的选择。高等级的端到端的检测宜采用资源探测模式，以全面监测服务供应商提供的服务，通过反映安全性能和质量的参数获取，形成客观的检测报告。

通过系统使用检测手段可以获取 KPI 数据和 KQI 数据，如果探测器数据采集受限，还可以通过其他方式的综合应用达到数据完整的目的。这些方式包括用户满意度调查、虚拟访问应用测试和客户机监控数据采集等。按 SLA、KQI 和 KPI 数据粒度应有明确的规定，在这一方面数字信息机构起着主导性作用，其要求应在 SLA 中得到充分体现。实际运行中，监测数据需要通过服务访问节点进行传递，同时确认数据的可靠使用范围，为服务 KQI 和 KPI 保障提供依据。另外，对于主动响应，实时收集数据关系到系统故障的主动预防。对于反应式管理，系统带时间标记的数据采集，可以与其他带时间标记的数据关联，为反应式管理提供趋势分析依据。

在 KQI 和 KPI 监测中，如果事件发生在其影响服务的瞬时，事件数据应及时传输到分析、处理方。在实时监测、处理基础上，对事件的累积影响应分阶段进行处理；在操作上要求分析 SLA 框架下的 KQI 和 KPI 数据，以便形成内部报告，为系统内部诊断和生成客户报告所用。在数字信息资源云服务中，内部报告主要用于服务提供方诊断系统和安全，可通过使用中间件应用程序来完成，这些中间件应用程序具有使用上的便利性。

内部报告仅限于在信息资源云服务保障系统内提交和使用，旨在对实时监测数据进行性能、质量安全分析，为处理事故和维护安全提供相应依据。

在云服务运行中，系统设置了一致性阈值，通过实时报告对可能发生的事故采取纠正措施。由于这一原因，内部报告的生成具有针对运行需要的实时特点。在一个机构中，往往需要多层次的监测报告来反映服务的状况，为不同等级的诊断和应对提供支持。

与云服务内部报告相对应，系统应在约定的时间周期内以 SLA 规定的形式为客户提供外部报告。外部报告在数字信息资源服务链安全保障中为有关各方所采用，旨在控制云服务整体安全和进行稳定的关键性能和关键质量保证。

从基于 SLA 的管理上看，内、外部报告构成了完整的体系。在云服务运行中，对于所需的服务来说，需要通过监控和性能报告进行系统诊断、故障预防及处理。对于具有 SLA 的服务链节点中的信息资源机构或其委托的可信第三方来说，需要从整体和环节上保障协议的关键性能、质量指标和服务链的安全。

需要指出的是，SLA 所规定的 KQI 和 KPI 指标是服务要求的最小设置，其检测报告也是以此为依据提交的。然而，如果存在等级协议水平提升或服务需要符合更加严格的 KQI 或 KPI 指标要求时，KQI 或 KPI 指标的调整就应该在 SLA 中得到反映。因此，SLA 对所有支持服务的 KQI 和 KPI 指标，应有客观等级要求上的全面反映。

SLA 是一个各自定义期望值的服务和应用之间的共同协议，其中定义

了当背离这些期望值时应采取的措施，而这些措施必然与 KQI 和 KPI 监测报告内容相对应。这一现实，也是双方必须面对的。

根据 SLA 的定义，KQI 和 KPI 数据报告应强调以下问题的解决。

在数字信息资源云服务 KQI 和 KPI 数据报告中，出于安全保障的需要，作为一致性测量指标应按 SLA 规定的方式加以确定，在内部报告中，根据云服务的等级要求，进行按一定频率的上传。

在云服务安全质量事故处理流程中，云服务安全质量监管中心根据 SLA 定义的一致性检测频率，进行响应和事件处理。

对于数字信息资源服务链中的云服务节点，信息资源机构，根据外部报告协同云服务提供方，共同解决 SLA 框架下的安全事件防范和整体安全与关键性能、质量问题。

三、服务等级协议下的安全责任管理

数字信息资源云服务所采用的 SLA 下的协同组织方式，决定了协议各方的安全责任，所以对以 KQI 和 KPI 为核心内容的监测报告，经合规认证后应成为各方所负安全责任的基本文件。由此可见，在协同安全保障中，拟按 SLA 进行追溯问责基础上的安全责任管理。问责管理中所面临的安全风险和性能质量问题，一是来自服务方的技术漏洞和运行管理欠缺，二是来自资源机构和用户。这两个方面包括：云计算资源的恶意使用、不安全云服务应用程序接口、恶意攻击识别缺陷、共享服务技术漏洞、数据损坏、服务传输以及应用过程中的其他因素影响等。这些问题的处理拟在合规原则下按 SLA 契约进行。SLA 具有法律文书意义上的约束性，因此各方都应承担各自对于违反契约规则的行为后果，一旦发现有不当行为，即对行为的责任方进行追责。

可问责性将主体及其行为的因果关系进行绑定，在基于协议的协作中，使交互各方能够从行为影响出发追溯到行为主体的责任。因此，可问责是云服务链中基于 SLA 的问责追溯的可行方式，实施条件是需要有基本的责任数据支持。

目前，问责方式的应用尚需从简单问题，向基于服务框架的复杂问题方向发展。在服务链的节点组织责任划分和问责中，通过云溯源进行责任体系的构建。其中，溯源定为有向行为的追溯，以有向无环图（Directed Acyclic Graph, DAG）方式来表示。DAG 的含义为：节点具有各种目标属性，通过文件、元组或数据集来表达；节点具有关联属性，两个节点之间的关联表示节点之间依赖或协同关系。在溯源分析中，云服务问责溯源应按以下四个方面的要求进行。

第一，数据的精确性。对于数字信息资源云服务的数据记录应是直接的监测数据，同时必须与其目标数据精准匹配。

第二，数据完整性。云服务安全监测数据应覆盖具有关联关系的节点环节，数据的因果逻辑关系记录要完整，避免记录中的数据链缺失。

第三，数据独立性。云服务中的数据记录数据应相互独立，避免加工后的分析数据与原始数据混合，同时避免记录中数据冗余。

第四，数据可用性。数据可用性是指数据应该具有的价值密度，即应保留关键数据，而滤除无关数据，同时数据处理上应支持多种形式的应用查询。

云服务溯源问责处理，通过溯源感知存储系统（Provenance Aware Storage System, PASS）进行。PASS 作为一种透明的关联数据存储系统，在应用中支持自动识别与分析工具，可以在目标溯源中用于网络存储。系统通过应用操作调用数据，用于 DAG 中的溯源分析。在溯源关系分析中，对某一数据文件系统调用时，由 PASS 构建一条依赖于该文件的记录进程；当某一数据文件被存入系统时，由 PASS 提供存入文件指向。

问责溯源总体上分成两个部分：其一是客户端；其二是云服务端。其中，客户端系统内核中配置了 PASS 及 PA—S3fs（Provenance Aware S3 file system）。在运行中，PASS 用于监控应用进程中的系统调用，在生成的溯源关系中将溯源记录数据发送给 PA—S3fs。整个运算中，要求 PASS 具有客户端文件的版本识别和处理功能，旨在生成溯源数据迁移记录。PA—S3fs 感知溯源中的 S3 文件系统，属于用户层文件系统，具有数据调用和转移的功能。S3fs 属于用户层 FUSE 文件系统，在溯源中提供与 S3 交互的文件系统接口。在应用上，PA—S3fs 扩展了 S3fs 的功能，使其可以直接为 PASS 提供接口。PA—S3fs 作为缓存设置，可以将数据保存在所用的临时文件库中，同时将溯源记录进行存储。当云服务责任事件发生时，PA—S3fs 可以按协议将文件数据与溯源记录一并发送，进行云端处理。

云服务问责溯源记录和数据存储协议与云溯源系统构架相对应，可分为两部分，即第一部分形成，第二部分确定提交。

第一部分为溯源第一阶段，在客户端进行。在发出应用 CLOSE 文件或 FLUAS 时，执行以下程序：生成一个数据文件的副本，由客户端向云存储服务器发送，其中使用临时文件命名；与此同时，在当前的日志事务（log transaction）中利用系统通用唯一的识别码（Wniversally Vnique Identifier, WVI），抽取对应的数据文件溯源记录，将记录块保存成为日志记录，存放入 WAL 队列中，同时保有当前事务的序号。

第二部分为溯源第二阶段，在客户端 PA—S3fs 提交任务并收齐属于一个事务的数据包时，按以下步骤执行：将大于 1KB 的溯源记录数据保存成为单独的 S3 对象，更新属性值，保留一个指向 S3 对象的指针；使用 Batch PutAttributes 对溯源记录进行处理并存储入 Simple DB，在 Simple DB 中允许权限用户调用并保存；执行 COPY 指令，将 S3 临时对象按相应的持久 S3 目标进行复制；删除 S3 临时对象，同时使用 SQS Delete Message 指令从 WAL 队列中删除本次事务消息。

这一交互方案的优势在于，可以及时地处理客户端发出的问责溯源请求，从而及时地进行安全保障的溯源问责。采用这一方式需要云服务与本地客户端相互配合，由客户端收集操作的数据，通过云服务记录和存储目标数据进行处理。

该方案存在的问题包括：客户端操作记录的真实性直接影响到溯源结果；记录的客户行为，以及云服务商的行为问责，需要通过监测报告的分析处理来实现。因此，对于数字信息资源云服务 SLA 中的服务方安全责任的溯源和责任化管理的实现，拟从支持问责的可信云架构出发，根据问责时间周期理论，进行工作流程、数据层和系统层的安全监测，按所形成的监测报告数据，进行实时溯源，推进安全质量责任的实时追溯和合规处理。对于分布式系统和虚拟机的可问责性问题，拟进行专门化实现，在按节点日志数据进行的溯源分析的基础上，进行相应的安全责任管理构架。其实现有利于基于 SLA 框架下的节点实体安全责任管理的进一步发展。

第五章　大数据治理的概念与应用

当前，大数据在各行各业广泛产生，其价值也得到了许多数据拥有者的重视，用大数据来优化决策、营销、产品、流程、服务等方面的需求也日益旺盛。然而，在实际应用中常见的问题是，大数据分析模型建立得很完美，算法设计得也很漂亮，但将模型和算法应用于真实数据时，却并没有达到预期的效果。究其原因，是因为真实数据经常来自独立自治的数据源，而这些数据源存在着缺少面向具体应用的顶层设计、缺少质量保障机制等问题。这些问题催生了大数据治理这一研究领域。大数据治理涉及组织、行业、国家三个层面，在这三个层面定义、构建一套完整的体系，不仅需要成熟的模型和算法，还需要完善的法律法规、全面的标准体系等。目前，大数据治理的必要性已得到较为广泛的认可，也已有不少成功实践，但当前大数据治理的技术研究仍有待完善。

大数据治理是传统信息治理的延续和扩展，其涉及的内容非常广泛，包括数据架构管理、元数据管理、主数据管理、数据质量管理及数据标准化和资产化等。所需的技术支撑需要涵盖大数据管理、存储、质量、共享与开放、安全与隐私保护等多个方面。大数据治理的目标是确保以正确的方式对数据和信息进行管理，为大数据的有效应用保驾护航。可以说，在大数据战略从顶层设计到底层实现的“落地”过程中，治理是基础，技术是承载，分析是手段，应用是目的。

大数据治理包含很多内容，包括政策层面、管理层面和技术层面的内容。本章将对大数据治理的背景和基本概念做简要介绍，尝试使读者建立对大数据治理的基本认识。后续章节将会从政策、管理和技术等多个方面对大数据治理相关的概念和方法加以介绍，并对大数据治理中的主要方面，即数据架构管理、元数据管理、主数据管理、数据集成、数据质量管理及数据标准化和资产化等进行深入探讨，以期为读者提供一个比较全面的大数据治理图景。

第一节 大数据治理的定义

“治理”源于拉丁语“掌舵”一词。在宏观层面上，从体系框架角度定义，大数据治理框架是对大数据的管理和利用进行评估、指导和监督的体系框架。它通过制定战略方针、建立组织架构、明确职责分工等，实现大数据的风险可控、安全合规、绩效提升和价值创造，并提供不断创新的大数据服务。从信息治理计划和策略角度定义，大数据治理是广义信息治理计划的一部分，即制定与大数据有关的数据优化、隐私保护与数据变现政策。从部署与管理角度定义，大数据治理是企业数据可获性、可用性、完整性和安全性的部署及全面管理。在微观层面上，从策略或程序角度定义，大数据治理是描述数据该如何在其全生命周期内使用和管理的组织策略或程序。

大数据治理是数据管理框架的核心，指导其他数据管理方法的执行。大数据治理通过制定正确的政策、操作规程，确保以正确的方式对数据和信息进行管理。

大数据治理是广义信息治理计划的一部分，即制定与大数据有关的数据优化、隐私保护与数据变现的政策。

具体来说，上述定义包括以下几个方面的内涵。

第一，大数据治理是广义信息治理[①]计划的一部分。信息治理机构必须将大数据整合到既有的信息治理框架中。

第二，大数据治理关乎政策制定。这里的政策是指人们在特定情形下采取的措施。

如大数据治理政策可能申明：“未经顾客知情并同意，组织不得将顾客的 Facebook 资料整合到其主数据记录中。”

第三，大数据必须优化。与企业对实物资产的优化管理类似，组织必须对大数据进行优化，包括元数据管理、数据质量管理、信息生命周期管理等。

① 信息治理（Information Governanee）即领导、指导、控制、提供保障的行为或过程，通过这些行为或过程，信息被当作贯穿于整个企业的资源得以有效管理，其中包括解决信息冲突问题方面的管理。

第四，大数据必须变现。变现的方式既可以是直接将数据卖给第三方，也可以是利用数据开发新的服务。

第五，大数据的安全隐私至关重要。在处理社交媒体、地理定位、生物计量学和其他形式的个人可识别信息（Personally Identifiable Information, PII）时，组织必须制定适当的政策，以防止大数据误用带来的声誉、法律等方面的各种风险。

第六，大数据治理必须对各种冲突进行协调。基于不同目标，大数据往往会带来多种冲突，如客户隐私与企业利益之间的冲突、计算代价和服务质量之间的冲突等。

第二节　大数据治理的应用

一、大数据治理的任务

大数据治理是一个系统的、大型的、长期的工程。大数据治理机制是技术与管理相结合的一套持续改善管理机制，贯穿于数据管理的整个过程中，通常包括组织架构、政策制度、技术工具、数据标准、流程规范、监督及考核等方面，将其他几个数据管理职能贯穿、协同在一起，使得数据成为一个有机整体，而不是各自为政。

二、数据治理与数据管理的区别

数据治理和数据管理有很多地方是互相重叠的，它们都围绕数据这个领域展开，因此这两个术语经常被混为一谈。此外，每当人们提起数据治理和数据管理的时候，还有一对类似的术语叫信息治理和信息管理，更混淆了人们对它们的理解。因此，我们在这里对数据治理和数据管理做一个区分。

数据治理（Data Governance，DG）：对数据资产管理（The Management of Data Assets）行使权力和控制的活动集合（规划、监控和执行）。数据治理职能指导其他数据管理职能如何执行。数据治理的目标是制定正确的政策、操作规程，确保以正确的方式对数据和信息进行管理。

数据管理（Data Management，DM）：规划、控制和提供数据与信息资

产的业务职能，发挥数据和信息资产的价值。

当然，不可否认的一点是，数据治理是数据管理的一部分。这个概念目前已经得到了业界的广泛认同。数据管理包含多个不同的子领域，数据治理是其最重要的子领域之一。

三、大数据治理的应用领域

随着信息技术的不断发展，大数据已经成为现代社会的重要组成部分。大数据治理作为大数据管理的重要环节，其在各个领域的应用越来越广泛。这里将介绍大数据治理的应用领域，包括政府领域、金融领域、医疗领域、教育领域等。

(一) 政府领域

1. 公共管理

大数据治理可以帮助政府收集、整理和分析各类公共数据，包括人口、交通、环境、安全等，为决策提供科学依据。同时，通过对数据的深度挖掘，可以预测和预防潜在的社会问题，提高公共管理的效率和效果。

2. 智慧城市

大数据治理为智慧城市的建设提供了有力支持。通过对城市各类数据的整合和分析，可以优化城市资源配置，提高城市运行效率，实现城市的智慧化管理和服务。

3. 公共服务

大数据治理能够提高公共服务的精准度和效率。例如，通过分析公共服务需求数据，可以精准定位服务需求，提高服务效率；通过分析公共设施使用数据，可以优化设施布局，提高设施利用率。

4. 公共数据开放

政府拥有大量的公共数据资源，通过大数据治理可以对这些数据进行清洗、整合、规范化和安全性的处理，便于公众获取和使用，促进信息公开和透明度，同时提高政府服务质量。

(二) 金融领域

1. 风险控制

大数据治理在金融领域最核心的应用在于风险控制。金融机构可以通过对客户征信数据、交易数据等的整合和分析，实现对客户风险的精准评估，降低信贷风险。

2. 投资决策

大数据治理可以帮助金融机构更全面、准确地了解市场和行业情况，为投资决策提供科学依据。通过对数据的深度挖掘和分析，可以预测市场趋势，提高投资收益。

3. 客户服务

大数据治理可以提高客户服务质量。金融机构可以通过分析客户行为数据，为客户提供更个性化的服务，提高客户满意度。

(三) 医疗领域

1. 医疗信息化

医院可以利用大数据治理对医疗数据进行分析和管理，提高医疗服务质量和效率，同时为科研和临床研究提供数据支持。

2. 健康管理

通过大数据治理可以对个人健康数据进行整合和分析，为个人健康管理提供科学依据，同时为疾病预防和控制提供数据支持。

3. 精准医疗

通过大数据分析，医疗机构可以更准确地了解患者的病情、病史、基因信息等，从而为患者提供更加个性化的治疗方案。这不仅可以提高治疗效果，还可以减少不必要的药物和治疗方法，降低医疗成本。

4. 医疗资源优化

医疗机构可以利用大数据治理技术对医疗资源进行优化配置，提高医疗服务的效率和质量。例如，通过对患者就医数据的分析，可以了解各科室的就诊人数和需求情况，从而合理分配医疗资源，提高医疗资源的利用效率。

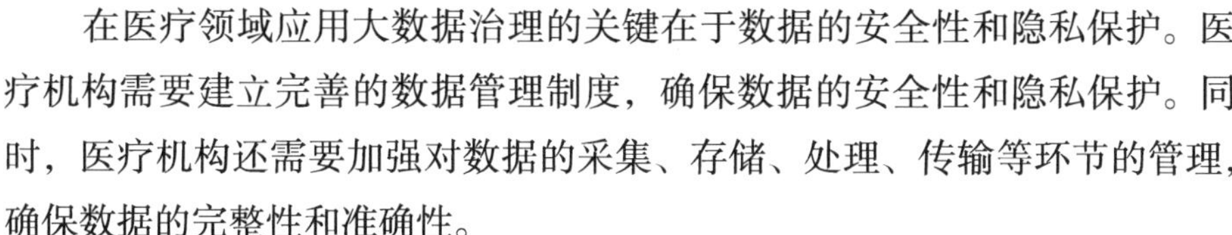

在医疗领域应用大数据治理的关键在于数据的安全性和隐私保护。医疗机构需要建立完善的数据管理制度，确保数据的安全性和隐私保护。同时，医疗机构还需要加强对数据的采集、存储、处理、传输等环节的管理，确保数据的完整性和准确性。

(四) 教育领域

1. 教学质量评估

学校可以利用大数据治理对学生的学习成绩、课堂表现等数据进行分析，为教学质量评估提供科学依据，同时为教学改进提供数据支持。

2. 招生管理

高校可以利用大数据治理对招生数据进行整理和分析，提高招生决策的准确性和科学性。

3. 学生个性化教育

通过对学生的学习数据进行分析，教育机构可以为每个学生提供个性化的教育方案。这不仅可以提高学生的学习效果，还可以激发学生的学习兴趣和积极性。

4. 教育资源优化

教育机构可以利用大数据技术对教育资源进行优化配置，提高教育服务的效率和质量。例如，通过对学校招生数据的分析，可以了解各地区的生源情况和需求情况，从而合理分配教育资源，提高教育资源的利用效率。

在教育领域应用大数据治理的关键在于数据的质量和准确性。教育机构需要建立完善的数据管理制度，确保数据的质量和准确性。同时，教育机构还需要加强对数据的采集、存储、处理、传输等环节的管理，确保数据的完整性和安全性。此外，教育机构还需要加强对数据使用的监管，确保数据的使用符合法律法规和伦理规范。

总之，大数据治理的应用领域非常广泛，不仅可以提高各个领域的效率和科学性，还可以为社会发展提供更加智能和高效的服务。随着大数据技术的不断发展和应用，大数据治理的重要性将越来越凸显，其应用领域也将不断扩大。

第三节 大数据治理的挑战

一、大数据的发展和现状

早在2018年4月21日，在苏州举行的第十三届中国电子信息技术年会上，梅宏院士应邀作题为《大数据治理体系建设若干思考》的大会报告。在报告中，梅宏院士回顾了大数据技术与产业生态的发展历程，指出大数据治理成为当前发展的热点方向；剖析了大数据治理相关研究与实践的现状，分析了尚存的问题，并介绍了一种多层次、多维度的大数据治理体系框架。

“大数据”一词列出了商务印书馆推出的《汉语新词语词典（2000—2020）》中国这20年生命活力指数最高的十大“时代新词”。

2024年5月，北京市将在全市范围内新增大数据职称评审专业。新增职称评审专业对于发挥人才评价“指挥棒”作用，为北京吸引凝聚更多专业技术人才，推动国际科技创新中心建设具有重要的战略意义。

二、当下面临的挑战

大数据治理体系是涉及国家实施大数据战略的重要基础和保障，也是发挥大数据作用、做大做强大数据产业的重要因素。大数据治理体系建设，已经成为大数据相关管理规则、相关技术和产品研发的重点。因而需要分层次多维度推进大数据治理体系的建设，给予大数据治理体系足够的重视。

目前，大数据治理的理论与技术仍处于早期发展阶段，这可以从以下几个方面来理解。

一是大数据治理体系至少涉及组织、行业、国家这三个层面。

二是大数据治理体系需要完善的法律法规、全面的标准体系支撑，这涉及是否需要围绕“数据”为主体来制定制度法规和标准规范。

三是大数据治理的重要性已得到较为广泛的认同，也已有不少成功实践，但我们可以看到，现在的实践尚不足以支撑标准形成。

四是大数据治理体系技术支撑需要涵盖大数据管理、存储、质量、共享与开放、安全与隐私保护等多个方面，当前相应的技术研究关联性和系统性还存在不足，将技术整体整合起来还有不少问题。

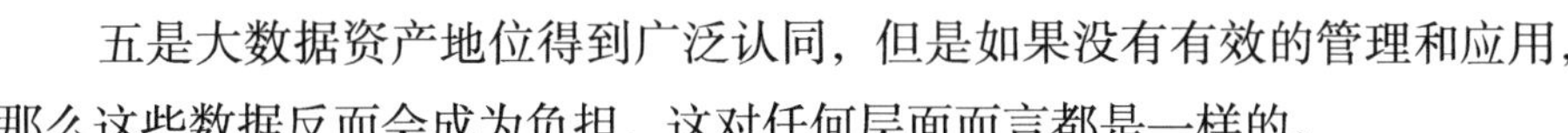

五是大数据资产地位得到广泛认同，但是如果没有有效的管理和应用，那么这些数据反而会成为负担，这对任何层面而言都是一样的。

六是大数据管理的相关方法与技术层面已有不少成熟产品与技术，但还缺少完善的多层级管理体制和高效管理机制。单有技术，没有管理体制和管理机制也完不成大数据管理。

七是大数据共享与开放已经成大数据成功应用的关键，需要将技术和标准有机结合，才能够建立在不同层级上的良好的大数据的共享与开放环境。

我们可以基于大数据的特点，总结出以下大数据面临的挑战和治理的要点。

第一，政策 / 流程。大数据处理流程复杂，每个过程的问题都有可能影响大数据的应用，因而大数据治理应覆盖大数据的获取、处理、存储、安全等各个环节。

第二，数据管理专员制度。大数据成为企业的重要战略资源，因而需要在企业中为大数据治理设置数据管理专员。

第三，数据生命周期管理。大数据的有效使用需要对数据的全生命周期进行管理，包括存储、保留、归档、处置等步骤，在数据生命周期管理的过程中需要有效平衡时间与存储空间。

第四，数据架构管理。数据作为重要的资源和服务，必须配以精心设计的数据架构，数据架构作为整个大数据治理的骨架，在保证治理任务顺利实施中扮演着重要的角色。

第五，元数据管理。大数据需要与内容相关的元数据及传统数据定义标准均保持一致；术语字典应包含大数据的术语；需要为非结构化数据提供分类、语义支持，Hadoop、NoSQL 数据库等面向大数据技术的元数据需要纳入元数据存储库管理。

第六，主数据管理。主数据是所有数据中最具价值的且被多个部门反复使用的数据，是公司的基本业务数据，良好的主数据管理可以为企业或组织节省大量数据整理的时间，并且能够提高数据质量。

第七，数据集成。大数据时代，很难保证企业或组织只需要处理单一来源的数据，大数据多源异构的特点使得其需要进行有效集成才能够得以协同工作，而数据集成需要统一元数据标准，对大数据做统一定义。

第八，数据质量。大数据规模大、变化快、多源异构等特点导致其有极大可能存在数据质量问题，因此应识别对业务有关键影响的数据元素，检查和保证数据质量。

第九，数据标准化。在大数据时代，数据的交换、传递、共享非常重要，数据标准化能够使各个应用系统对客观实体的分类和描述手段一致，或者提供相应的转换接口。为了能够更好地建立良好的大数据共享与开放环境，数据标准化势在必行。

第十，数据资产化。数据作为一种新型资产，如果不能被良好管理，也可能变成一种“负债”。如何管理数据资产，“盘活”数据以充分释放其附加价值变得非常重要。

第十一，数据安全和隐私保护。作为以互联网为依托的大数据，它将面临网络带来的各种安全风险，这些风险威胁到大数据的安全，还可能给用户造成利益损失。在科学研究、产品开发、数据公开的过程中，算法需要收集、使用用户数据，因此，一些敏感数据就不可避免地会面临安全风险。如何保护数据安全和用户隐私是顺利实施大数据治理的最基础的问题之一。

第六章　数据质量与数据管理

第一节　数据质量与数据质量管理概述

一、数据质量

（一）数据质量介绍

数据无处不在，它贯穿整个数据生命周期，为企业决策提供了可靠的基础支撑，是企业成功的关键。在大数据时代，随着企业数据规模的不断扩大、数据数量的不断增加及数据来源的复杂性不断变化，为了能够充分地利用数据价值，企业需要对数据进行管理。

然而，大数据应用必须建立在质量可靠的数据之上才有意义，建立在低质量甚至错误数据之上的应用有可能与其初心背道而驰。数据质量就是确保组织拥有的数据完整且准确，只有完整、准确的数据才可以供企业分析、共享使用。因此，组织只有拥有强大的数据质量流程才可以确保数据的干净和清洁。

（二）数据质量术语

一是质量。一组固有特性满足要求的程度。

二是准确度。在一定观测条件下，观测值及其函数的估值与其真值的偏离程度。

三是一致性。满足规定的要求。

四是一致性质量级别。数据质量结果的一个或一组阈值，用于确定数据集符合产品规范规定或用户要求的程度。

五是数据质量结果。数据质量测量得到的一个值或一组值，或者将获取的一个值或一组值与规定的一致性质量级别相比较得到的评价结果。

六是数据质量范围。记录其质量信息的数据的覆盖范围或特征。

七是数据质量值类型。记录数据质量结果的值的类型。

八是数据质量值单位。记录数据质量结果的值的单位。

九是完全检查。检查质量范围内的所有个体。

十是检验单元。可被单独描述或考察的事物。

十一是要素。现实世界现象的抽象。

(三) 造成数据质量的常见问题

造成数据质量的常见问题大致可以分为 3 种，即技术原因、业务原因和管理原因。

1. 技术原因

(1) 数据模型设计的质量问题。例如，数据库表结构、数据库约束条件、数据校验规则的设计开发不合理，造成数据录入无法校验或校验不当，引起数据重复、不完整、不准确。

(2) 数据源存在数据质量问题。例如，有些数据是从生产系统采集过来的，在生产系统中这些数据就存在重复、不完整、不准确等问题，而采集过程中没有对这些问题做清洗处理，这种情况也比较常见。

(3) 数据采集过程的质量问题。例如，采集点、采集频率、采集内容、映射关系等采集参数和流程设置不正确，数据采集接口效率低，导致数据采集失败、数据丢失、数据映射和转换失败。

(4) 数据传输过程的问题。例如，数据接口本身存在问题、数据接口参数配置错误、网络不可靠等都会造成数据传输过程中发生数据质量问题。

(5) 数据装载过程的问题。例如，数据清洗规则、数据转换规则、数据装载规则配置有问题。

(6) 数据存储的质量问题。例如，数据存储设计不合理、数据的存储能力有限、人为后台调整数据，引起数据丢失、数据无效、数据失真、记录重复。

(7) 系统原因。业务系统各自为政，烟囱式建设，系统之间的数据不一致问题严重。

2. 业务原因

(1) 业务需求不清晰。例如，数据的业务描述、业务规则不清晰，导致

技术无法构建出合理、正确的数据模型。

（2）业务需求的变更。这个问题其实对数据质量的影响非常大，需求一变，数据模型设计、数据录入、数据采集、数据传输、数据装载、数据存储等环节都会受到影响，稍有不慎就会导致数据质量问题的发生。

（3）业务端数据输入不规范。常见的数据录入问题有大小写、全半角、特殊字符等录入错误。人工录入的数据质量与录入数据的人员密切相关，录入数据的人员工作严谨、认真，数据质量就相对较好，反之就较差。

（4）数据造假。某些操作人员为了提高或降低考核指标，对一些数据进行处理，使得数据的真实性无法保证。

3. 管理原因

（1）认知问题。企业管理缺乏数据思维，没有认识到数据质量的重要性，重系统而轻数据，认为系统是万能的，数据质量差一些也没关系。

（2）没有明确的数据归口管理部门或岗位。企业缺乏数据认责机制，出现数据质量问题找不到负责人。

（3）缺乏数据规划。企业没有明确的数据质量目标，没有制定与数据质量相关的政策和制度。

（4）数据输入规范不统一。不同的业务部门、不同的时间甚至在处理相同业务时，由于数据输入规范不同，造成数据冲突或矛盾。

（5）缺乏有效的数据质量问题处理机制。数据质量问题从发现、指派、处理到优化没有一个统一的流程和制度支撑，数据质量问题无法闭环。

（6）缺乏有效的数据管控机制。对历史数据的质量检查、新增数据的质量校验没有明确和有效的控制措施，出现数据质量问题无法考核。

值得注意的是，数据量定义了分析所需的数据量。在数据质量计划开始时估计和评估数据量对于程序的成功是至关重要的。例如，需要的数据是太少还是太多？观察的次数是多少？没有太多数据的缺点是什么？这些问题可以帮助人们决定驱动数据质量计划所需的工具和技术。

（四）数据质量评估

数据质量一般指数据能够真实、完整地反映经营管理实际情况的程度，通常可在以下几个方面衡量和评价。

1. 准确性

准确性是指数据在系统中的值与真实值相比的符合情况，一般而言，数据应符合业务规则和统计口径。常见的数据准确性问题如下。

(1) 与实际情况不符。数据来源存在错误，难以通过规范进行判断与约束。

(2) 与业务规范不符。在数据的采集、使用、管理、维护过程中，业务规范缺乏或执行不力，导致数据缺乏准确性。

2. 完整性

完整性是指数据的完备程度。常见的数据完整性问题如下。

(1) 系统已设定字段，但在实际业务操作中并未完整采集该字段数据，导致数据缺失或不完整。

(2) 系统未设定字段；或存在数据需求，但未在系统中设定对应的取数字段。

3. 一致性

一致性是指系统内外部数据源之间的数据一致程度，数据是否遵循了统一的规范，数据集合是否保持了统一的格式。常见的一致性问题如下。

(1) 缺乏系统联动。系统间应该相同的数据却不一致。

(2) 联动出错。在系统中缺乏必要的联动和核对。

4. 可用性

可用性一般用来衡量数据项整合和应用的可用程度。常见的可用性问题如下。

(1) 缺乏应用功能，没有相关的数据处理、加工规则或数据模型的应用功能。

(2) 缺乏整合共享，数据分散，不易有效整合和共享。

另外，还有其他衡量标准。如有效性可考虑对数据格式、类型、标准的遵从程度，合理性可考虑数据符合逻辑约束的程度。

例如对国内某企业数据质量问题进行调研显示如下：常见数据质量问题中准确性问题占33%、完整性问题占28%、可用性问题占24%、一致性问题占8%，这在一定程度上代表了国内企业面临的数据问题。

(五) ISO 8000 数据质量标准

ISO 8000 数据质量标准是国际标准化组织针对数据质量制定的标准，该标准致力于管理数据质量，具体来说，包括规范和管理数据质量活动、数据质量原则、数据质量术语、数据质量特征（标准）和数据质量测试。根据 ISO 8000 数据质量标准的要求，数据质量的高低程度由系统数据与明确定义的数据要求进行对比得到。通过 ISO 8000 标准的规范，可以保证用户在满足决策需求和数据质量的基础上，在整个产品或服务的周期内高质量地交换、分享和存储数据，从而保证用户可以依托获取的数据高效地做出最优化的安全决策。

通过将 ISO 8000 标准应用于组织内部，可以对组织内的数据进行规范化整合和管理，对各个部门的数据进行统一识别和管理，从组织的整体层面进行资源与信息的协调管理，从而减少因为信息沟通不畅带来的运营成本。此外，如果在合作公司之间或整个行业采用 ISO 8000 标准，数据或信息将会更有可用性。例如，在医疗卫生领域，各个医疗机构的信息系统不能很好地兼容，导致同一病人在不同医院的信息无法快速共享和传递。通过在全国范围内应用 ISO 8000 数据质量标准，可以将病历信息与特定信息系统分离，使病历的所有信息独立于医疗信息系统存在，并可被任意一个应用 ISO 8000 数据质量标准的信息系统读取，患者可以更加自主地选择就医医院，而不用担心由于对自身的健康信息缺失导致医疗误判。

二、数据质量管理

(一) 数据质量管理介绍

数据价值的成功发掘必须依托于高质量的数据，只有准确、完整、一致的数据才有使用价值。因此需要从多维度来分析数据的质量，例如偏移量、非空检查、值域检查、规范性检查、重复性检查、关联关系检查、离群值检查、波动检查等。需要注意的是，优秀的数据质量模型的设计必须依赖于对业务的深刻理解，在技术上也推荐使用大数据相关技术来保障检测性能和降低对业务系统性能的影响，如 Hadoop、MapReduce、HBase 等。

数据质量管理是指对数据从计划、获取、存储、共享、维护、应用到消亡整个生命周期的每个阶段都可能引发的各类数据质量问题进行识别、度量、监控、预警等一系列管理活动，并通过提高组织的管理水平使数据质量获得进一步提高。数据质量管理是企业数据治理的一个重要的组成部分，企业数据治理的所有工作都是围绕提升数据质量目标而开展的。

值得注意的是，在数据治理方面，不论是国际的还是国内的，人们能找到很多数据治理成熟度评估模型这样的理论框架作为企业实施的指引。说到数据质量管理的方法论，其实在业内还没有一套科学、完整的数据质量管理体系。因为数据质量管理不单纯是一个概念、一项技术、一个系统，更不单纯是一套管理流程，数据质量管理是一个集方法论、技术、业务和管理于一体的解决方案。通过有效的数据质量控制手段进行数据的管理和控制，从而可消除数据质量问题，进而提升企业数据变现的能力。

(二) 数据质量管理的价值

数据质量管理的目标是解决企业内部数据在使用过程中所遇到的数据质量问题，提升数据的完整性、准确性和真实性，为企业的日常经营、精准营销、管理决策、风险管控等提供坚实、可靠的数据基础。

因此，数据质量管理的价值就是通过建设一个完整的数据质量管理平台对数据进行检核与统计，从制度、标准、监控、流程几个方面提升对数据信息的管理能力，解决项目面临的数据标准问题、数据质量问题，为数据治理提供准确的数据信息。通过数据质量管理能够完成从发现数据问题到最后解决数据问题的过程，从而为企业不断提高数据质量，完成从数据产生、数据交换到数据应用中数据质量的统一管理与控制。

(三) 数据质量管理的主要工作

数据质量管理主要有以下几个方面的工作。

1. 组织环境

建设强有力的数据管理组织是数据治理项目成功最根本的保证。其涉及两个层面：一是在制度层面，制定企业数据治理的相关制度和流程，并在企业内推广，融入企业文化；二是在执行层面，为各项业务应用提供高可靠

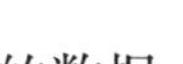

的数据。

2. 数据质量管理的方针

为了改进和提高数据质量，必须从产生数据的源头开始抓起，从管理入手，对数据运行的全过程进行监控，强化全面数据质量管理的思想观念，把这一观念渗透到数据生命周期的全过程。数据质量问题是影响系统运行、业务效率、决策能力的重要因素，在数字化时代，数据质量问题更是影响企业降本增效、业务创新的核心要素。对于数据质量问题的管理，采用事前预防控制、事中过程控制、事后监督控制的方式进行控制，持续提升企业数据的质量水平。

3. 数据质量问题的分析

对于质量问题的分析，企业可以使用经典的六西格玛（6 Sigma）。六西格玛是一种改善企业质量流程管理的技术，以“零缺陷”的完美商业追求带动质量成本的大幅度降低，它以客户为导向，以业界最佳为目标，以数据为基础，以事实为依据，以流程绩效和财务评价为结果，持续改进企业经营管理的思想方法、实践活动和文化理念。六西格玛重点强调质量的持续改进，对于数据质量问题的分析和管理，该方法依然适用。

4. 数据质量监控

数据质量监控可以分为数据质量的事前预防控制、事中过程控制和事后监督控制。

（1）事前预防控制。建立数据标准化模型，对每个数据元素的业务描述、数据结构、业务规则、质量规则、管理规则、采集规则进行清晰的定义，数据质量的校验规则、采集规则本身也是一种数据，在元数据中定义。如果没有元数据来描述这些数据，使用者无法准确地获取所需信息。正是通过元数据，使得数据可以被理解、使用，从而产生价值。构建数据分类和编码体系，形成企业数据资源目录，能够让用户轻松地查找和定位到相关的数据。

（2）事中过程控制。事中过程控制，即在维护和使用数据的过程中监控和处理数据质量。通过建立数据质量的流程化控制体系，可以对数据的新建、变更、采集、加工、装载、应用等环节进行流程化控制。

（3）事后监督控制。定期开展数据质量的检查和清洗工作，并作为企业数据质量治理的常态工作来抓。监督控制工作主要包括设置数据质量规则、设置数据检查任务、出具数据质量问题报告、制订和实施数据质量改进方案、进行评估与考核等。

5. 数据周期管理

数据生命周期从数据规划开始，中间是一个包括设计、创建、处理、部署、应用、监控、存档、销毁这几个阶段并不断循环的过程。企业的数据质量管理应贯穿数据生命周期的全过程，覆盖数据标准的规划设计、数据的建模、数据质量的监控、数据问题诊断、数据清洗、优化完善等各方面。

在数据全生命周期管理中最重要的是数据规划、数据设计、数据创建和数据使用。

(1) 数据规划。从企业战略的角度不断完善企业数据模型的规划，把数据质量管理融入企业战略中，建立数据治理体系，并融入企业文化中。

(2) 数据设计。推动数据标准化制定和贯彻执行，根据数据标准化要求统一建模管理，统一数据分类、数据编码、数据存储结构，为数据的集成、交换、共享、应用奠定基础。

(3) 数据创建。利用数据模型保证数据结构完整、一致，执行数据标准，规范数据维护过程，加入数据质量检查，从源头系统保证数据的正确性、完整性、唯一性。

(4) 数据使用。利用元数据监控数据使用；利用数据标准保证数据正确；利用数据质量检查加工正确。元数据提供各系统统一的数据模型进行使用，监控数据的来源去向，提供全息的数据地图支持；企业从技术、管理、业务三方面进行规范，严格执行数据标准，保证数据输入端的正确性；数据质量提供了事前预防、事中预警、事后补救三个方面的措施，形成完整的数据治理体系。

要做好数据质量的管理，应抓住影响数据质量的关键因素，设置质量管理点或质量控制点，从数据的源头抓起，从根本上解决数据质量问题。在企业的数据治理中，进行数据质量管理必须识别相应产品规范或用户需求中的质量信息，在元数据、质量评价报告中形成正确的质量描述，并且这些规范上的质量结果均为“合格”。

（四）数据质量管理的实施

数据质量管理的方法较多，不同的企业有不同的实施方式。在这里以阿里云为例介绍数据质量管理的实施。阿里云通过划分数据资产等级和分析元数据的应用链路对不同资产等级的数据采取相应的质量管理方式，其数据质量管理流程如下。

1. 数据资产定级

数据是数字经济的核心，对于企业而言，数据更是企业重要的资产。数据资产是指个人或企业的照片、文档、图纸、视频、数字版权等以文件为载体的数据，相对于实物资产，它以数据形式存在。但是，并非企业拥有的所有数据都能被称为数据资产。企业的数据治理指的是企业对所拥有的数据资产的治理，只有关乎重大商业利益的数据资产才是数据治理的对象。重要的数据资产可以为企业带来显著的商业利润，因此这些数据资产也是企业资产的重要组成部分。

通常可以根据数据质量不满足完整性、准确性、一致性、及时性时对业务的影响程度来划分数据的资产等级，可以划分为以下 5 个性质的等级。

（1）毁灭性质。数据一旦出错，将会引起重大资产损失、面临重大收益损失等。标记为 A1。

（2）全局性质。数据直接或间接地用于企业级业务、效果评估和重要决策等。标记为 A2。

（3）局部性质。数据直接或间接地用于某些业务线的运营、报告等，如果出现问题，会给业务线造成一定的影响或造成工作效率降低。标记为 A3。

（4）一般性质。数据主要用于日常数据分析，出现问题带来的影响极小。标记为 A4。

（5）未知性质。无法明确数据的应用场景。标记为 Ax。

这些等级按重要性依次降低，即重要程度为 A1>A2>A3>A4>Ax。如果一份数据出现在多个应用场景汇总中，则根据其重要程度进行标记。因此，企业需要通过对关键系统关键数据资源的梳理，形成企业数据资产目录，并通过对数据资产的盘点，不断推进企业数据整合共享及相关标准化工作。

值得注意的是，数据治理和数据资产管理是一个渐进的过程，不是所有数据都可以变成数据资产，只有数据在经过治理的二次加工达到了资产的利用要求并能够产生自身价值之后才能变成数据资产。因此，数据资产的管理过程同样不能脱离数据治理，数据治理是数据变成资产的条件，也是数据资产管理的必备功能和过程。

2. 数据加工卡点校验

卡点校验在各个加工环节上根据不同资产等级对数据采取不同的质量管理方式，主要分为在线系统卡点校验和离线系统卡点校验。在线系统卡点校验要随时关注发布平台的变更和数据库的变更，而离线系统卡点校验需要关注代码的提交质量、任务发布时的线上检测及任务变更时的更新。

3. 数据风险点监控

数据风险点监控分为在线数据风险点监控和离线数据风险点监控。在线业务系统的数据生成过程必须确保数据质量，根据业务规则对数据进行监控。例如对数据库表的记录进行规则校验，制定监控规则。在业务系统中，当每个业务过程进行数据入库时，对数据进行校验。在常见的交易系统中，订单拍下时间、订单完结时间、订单支付金额、订单状态流转都可以配置监控校验规则。

离线数据风险点监控则需要在离线系统加工时精准地把控数据准确性。离线数据风险点监控以数据集（可识别的数据集，数据集在物理上可以是更大的数据集的较小部分。从理论上讲，数据集可以小到更大数据集内的单个要素或要素属性。一张硬拷贝地图或图表均可以被认为是一个数据集）为监控对象，当离线数据发生变化时，会对数据进行校验，并阻塞生产链路，以避免问题数据污染扩散。系统还提供了对历史校验结果的管理，方便对数据质量进行分析和定级。此外，在确保数据准确性的前提下，系统还需要让数据及时提供服务，否则数据的价值将大幅度降低。

4. 数据质量衡量

数据质量衡量是指针对每个数据质量事件，必须分析原因和处理过程，制订后续同类事件预防方案，可以将严重的数据质量事件升级为故障，并对故障进行定义、等级划分、处理和总结。

(五) 数据质量管理的应用

数据质量管理的应用较多，下面以高校质量管理为例来讲述。

高校的各类业务较多，应用系统繁杂，在系统建设过程中往往会忽视数据质量的重要性，没有采取足够的措施，导致随着系统和数据的逐步深入应用，数据质量问题一点儿一点儿暴露出来，比如数据的有效性、准确性、一致性等。最坏的结果就是用户感觉系统和数据是不可信的，最终放弃了使用系统，这样也就失去了建设系统的意义。因此，在高等院校中数据质量是一个非常复杂的系统性问题，解决数据质量问题应该从数据质量管理制度、应用系统建设、数据质量监控三个方面开展，并且三个方面要有机结合，形成联动，单靠某一方面的努力是不够的。

数据质量监控平台主要包括三个部分，即数据层、功能层和应用层。

数据层定义了数据质量监控的对象，主要是各核心业务系统的数据，例如人事系统、教学系统、科研系统、学生系统等。

功能层是数据质量监控平台的核心部分，包括数据质量检查规则的定义、数据质量检查规则脚本、数据质量检查规则执行引擎、数据质量检查规则执行情况的监控等。

在应用层中，数据质量检查结果可以通过两种方式访问：一种是通过邮件订阅方式将数据质量检查结果发给相关人员；另一种是利用前端展示工具(例如 MicroStrategy、Cognos、Tableau 等) 开发数据质量在线分析报表、仪表盘、分析报告等。前端展示报表不仅能够查看汇总数据，而且能够通过钻取功能查看明细数据，以便业务人员能够准确定位到业务系统的错误数据。

在该平台中，数据质量检查规则库是监控平台的核心，用来存放用户根据数据质量标准定义的数据质量检查规则脚本，供监控规则引擎读取并执行，同时将检查产生的结果存放到监控结果表中。

第二节　数据标准

一、数据标准介绍

（一）认识数据标准

标准是指为了在一定的范围内获得最佳秩序，经协商一致制定并由公认机构批准，共同使用的和重复使用的一种规范性文件。数据标准是指对数据的表达、格式及定义的一致约定，包括数据业务属性、技术属性和管理属性的统一定义。其中，业务属性包括中文名称、业务定义、业务规则等，技术属性包括数据类型、数据格式等，管理属性包括数据定义者、数据管理者等。因此，对于数据标准的定义通俗地讲就是给数据一个统一的定义，让各系统的使用人员对同一指标的理解是一样的。

数据标准对于企业来说是非常重要的。因为大数据时代数据应用分析项目特别多，如果数据本身存在非常严重的问题，例如数据统计口径不统一、数据质量参差不齐、数据标准不统一等，往往会影响到项目的正常交付，甚至会影响到后续数据应用和战略决策。在整个项目实施过程中，应用系统之间需要上传下达、信息共享、集成整合、协同工作。如果没有数据标准，会严重影响企业的正常运行。因此，在大数据行业中对数据全生命周期进行规范化管理，可以从根本上解决诸多的数据问题。

（二）数据标准的分类

数据标准是进行数据标准化、消除数据业务歧义的主要参考依据。数据标准的分类是从更有利于数据标准的编制、查询、落地和维护的角度进行考虑的。数据标准一般包括 3 个要素，即标准分类、标准信息项（标准内容）和相关公共代码（例如国别代码、邮政编码）。数据标准通常可分为基础类数据标准和指标类数据标准。

1. 基础类数据标准

基础类数据标准是为了统一企业所有业务活动相关数据的一致性和准确性，解决业务间的数据一致性和数据整合，按照数据标准管理过程制定的

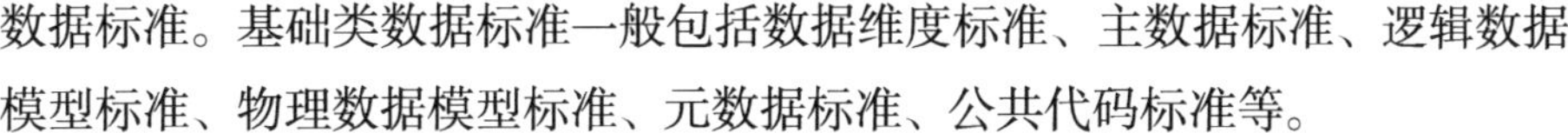

数据标准。基础类数据标准一般包括数据维度标准、主数据标准、逻辑数据模型标准、物理数据模型标准、元数据标准、公共代码标准等。

2. 指标类数据标准

指标类数据标准一般分为基础指标标准和计算指标（又称组合指标）标准。基础指标具有特定业务和经济含义，且仅能通过基础类数据加工获得，计算指标通常由两个以上的基础指标计算得出。并非所有基础类数据和指标类数据都应纳入数据标准的管辖范围，数据标准管辖的数据，通常只是需要在各业务条线、各信息系统之间实现共享和交换的数据，以及为满足监控机构、上级主管部门、各级政府部门的数据报送要求而需要的数据。

在基础类数据标准和指标类数据标准框架下，可以根据各自的业务主题进行细分。在细分时应尽可能做到涵盖企业的主要业务活动，且涵盖企业生产系统中产生的所有业务数据。

（三）数据标准管理

数据标准管理是指数据标准的制定和实施的一系列活动，关键活动如下。

一是理解数据标准化需求。

二是构建数据标准体系和规范。

三是规划制订数据标准化的实施路线和方案。

四是制定数据标准管理办法和实施流程要求。

五是建设数据标准管理工具，推动数据标准的执行落地。

六是评估数据标准化工作的开展情况。

数据标准管理的目标是通过统一的数据标准制定和发布，结合制度约束、系统控制等手段，实现大数据平台数据的完整性、有效性、一致性、规范性、开放性和共享性管理，为数据资产管理活动提供参考依据。

（四）建设数据标准的好处

通过数据标准的建设，可以有效消除数据跨系统的非一致性，从根源上解决数据定义和使用的不一致问题，为企业数据建设带来诸多好处。

一是数据标准的统一制定与管理，可保证数据定义和使用的一致性，促进企业级单一数据视图的形成，促进信息资源共享。

二是通过评估已有系统标准建设情况，可及时发现现有系统标准问题，支撑系统改造，减少数据转换，促进系统集成，提高数据质量。

三是数据标准可作为新建系统的参考依据，为企业系统建设的整体规划打好基础，减少系统建设工作量，保障新建系统完全符合标准。

二、数据标准的建设过程

数据标准建设大致分为五个步骤，即数据标准规划、数据标准编制、标准评审发布、标准执行落地及标准维护增强。

(一) 数据标准规划

从实际情况出发，结合业界经验，收集国家标准、现行标准、新系统需求标准及行业通行标准等，梳理出数据标准建设的整体范围，定义数据标准体系框架和分类，并制订数据标准的实施计划。值得注意的是，不是所有的数据都需要建立数据标准，企业实际数据模型中有上万个字段，有些模型还会经常变换更新，没有必要将这些信息全部纳入标准体系中，仅需对核心数据建立标准并落地，即可达到预期效果，同时也提高了工作效率。

在规划过程中需要注意以下几点。

(1) 共享性高、使用频率高的字段需要入标。

(2) 监管报送或发文涉及的业务信息需要入标。

(3) 结合数据使用情况，对于关键数据的字段尽量入标。

(4) 数据应用有使用需求的字段需要入标。

(二) 数据标准编制

数据标准管理办公室根据数据需求展开数据的编制工作、确定数据项，数据标准管理执行组根据所需数据项提供数据属性信息，例如数据项的名称、编码、类型、长度、业务含义、数据来源、质量规则、安全级别、值域范围等。数据标准管理办公室对这些数据项进行标准化定义形成初稿，并提交审核。

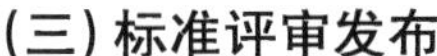

(三) 标准评审发布

数据标准管理委员会对数据标准初稿进行审核，判断数据标准是否符合企业的应用和管理需求，是否符合企业数据的战略要求。如果数据标准审查不通过，则由数据标准管理办公室进行修订，直到满足企业数据标准的发布要求为止。标准通过审查后，由数据标准管理办公室面向全公司进行数据标准的发布。在该过程中数据标准管理执行组需要配合进行数据标准发布对现有应用系统、数据模型的影响的评估，并做好相应的应对策略。

(四) 标准执行落地

把已定义的数据标准与业务系统、应用和服务进行映射，标明标准和现状的关系及可能影响到的应用。在该过程中，对于企业新建的系统应当直接应用定义好的数据标准，对于旧系统则建议建立相应的数据映射关系，进行数据转换，逐步进行数据标准的落地。

(五) 标准维护增强

数据标准后续可能会随着业务的发展变化、国标行标的变化及监管要求的变化需要不断更新和完善。在数据标准维护阶段需要对标准变更建立相应的管理流程，并做好标准版本管理。

值得注意的是，在建设数据标准时应以落地实施为目的，并以国家、行业标准为基础，结合现有 IT 系统的现状，以对现有生产系统的影响最小为原则进行编制，确保标准切实可用，并最终让数据标准回归到业务中，发挥价值。

第三节　主数据与元数据

一、主数据介绍

(一) 认识主数据

主数据是用来描述企业核心业务实体的数据，是具有高业务价值的、可以在企业内跨越各个业务部门被重复使用的数据，并且存在于多个异构的应用系统中。

由于主数据是具有共享性的基础数据，可以在企业内跨越各个业务部门被重复使用，所以通常长期存在且应用于多个系统。另外，主数据是企业基准数据，数据来源单一、准确、权威，具有较高的业务价值，因此是企业执行业务操作和决策分析的数据标准。

需要注意的是，主数据不是企业内所有的业务数据，只有有必要在各个系统间共享的数据才是主数据，比如大部分的交易数据、账单数据等都不是主数据，而描述核心业务实体的数据，像客户、供应商、账户、组织单位、员工、合作伙伴、位置信息等都是主数据。因此，主数据通常是企业内能够跨业务重复使用的高价值的数据，这些主数据在进行主数据管理之前经常存在于多个异构或同构的系统中。

主数据可以包括很多方面，除了常见的客户主数据之外，不同行业的客户还可能拥有其他各种类型的主数据。例如，对于电信行业客户而言，电信运营商提供的各种服务可以形成其产品主数据；对于航空业客户而言，航线、航班是其企业主数据的一种。对于某个企业的不同业务部门，其主数据也不同，例如市场销售部门关心客户信息，产品研发部门关心产品编号、产品分类等产品信息，人事部门关心员工机构、部门层次关系等信息。

在企业数据中涉及企业经营的人、财、物的数据最有可能纳入企业主数据管理的范畴，主要包括以下一些内容。

一是企业产品及其相关信息，例如企业相关产品、服务、版本、价格、标准操作等。

二是企业财务信息，例如业务、预算、利润、合同、财务科目等。

三是企业利益相关者，例如客户、供应商、合作伙伴、竞争对手等。

四是企业组织架构，例如员工、部门等。

由此可见，主数据就是企业被不同运营场合反复引用的关键的状态数据，它需要在企业范围内保持高度一致。主数据可以随着企业的经营活动而改变，例如客户的增加、组织架构的调整、产品下线等，但是主数据的变化频率应该是较低的。所以，企业运营过程中产生的过程数据，例如订购记录、消费记录等，一般不会被纳入主数据的范围。

（二）主数据的特征

主数据具有以下几个特征。

第一，超越部门。主数据是组织范围内共享的、跨部门的数据，不归属于某一特定的部门而归属于整个组织，是企业的核心数据资产。

第二，超越业务。主数据是跨越了业务界限，在多个业务领域中被广泛使用的数据，其核心属性也来自业务。主数据在各个业务流程中都是唯一识别的对象，它不会依赖于业务流程而存在，但它的价值是在业务交互中体现的。

第三，超越系统。主数据是多个系统之间的共享数据，是应用系统建设的基础，同时也是数据分析系统重要的分析对象。因此，主数据应该保持相对独立，服务于但要高于其他业务信息系统。

第四，超越技术。主数据是要解决不同异构系统之间的核心数据的共享问题，应当满足在不同业务系统架构下使用的情况，兼容多种系统架构，提供较多的数据接收及应用方式，不会局限于一种特定的技术。

（三）主数据管理概述

主数据通常需要在整个企业范围内保持一致性（consistent）、完整性（complete）、可控性（controlled），为了达成这一目标，需要进行主数据管理（Master Data Management，MDM）。集成、共享、数据质量、数据治理是主数据管理的四大要素。主数据管理要做的就是从企业的多个业务系统中整合最核心的、最需要共享的数据（主数据），集中进行数据的清洗和丰富，并且以服务的方式把统一的、完整的、准确的、具有权威性的主数据分发给企业范围内需要使用这些数据的操作型应用和分析型应用，具体包括各个业务系统、业务流程和决策支持系统等。

一方面，MDM 可以保障主数据的规范性和唯一性。按规则和流程规范管理主数据，比如规定主数据名称要使用营业执照上的名称，统一社会信用代码、国别地区等必填，按姓名、信用代码等条件校验避免重复输入，系统内编码唯一，主数据要经流程审核后方能生效等。另一方面，MDM 使得主数据能够集中管理。主数据全部在 MDM 中产生或者受控，保障来源唯一从而避免歧义。同时，MDM 能够把主数据分发给相关系统，也可以接收外部系统产生的主数据，经处理后再分发出去。

在开始进行主数据管理之前，主数据管理策略应围绕以下 6 个领域构建。

1. 建立组织体系

有效的组织机构是项目成功的有力保证，为了达到项目预期目标，在项目开始之前对于组织及其责任分工做出规划是非常必要的。主数据涉及的范围很广，涉及不同的业务部门和技术部门，是企业的全局大事，如何成立和成立什么样的组织应该依据企业本身的发展战略和目标来确定。在明确了组织机构的同时还要明确主数据管理岗位，例如主数据系统管理员、主数据填报员、主数据审核员、数据质量管理员、集成技术支持员等。主数据管理岗位可以兼职，也可以全职，根据企业的实际情况而定。在整个主数据管理中安排合适的人员，包括主数据所有者、数据管理员和参与治理的人员。

2. 主数据梳理和调研

在进行主数据管理前，应当首先对所在单位信息的采集、处理、传输和使用做全面规划。其核心是运用先进的信息工程和数据管理理论及方法，通过总体数据规划，奠定资源管理的基础，促进实现集成化的应用开发，构建信息资源网，让企业能够对现有数据资源有一个全面、系统的认识。特别是通过对职能域之间交叉信息的梳理，使人们更加清晰地了解企业信息的来龙去脉，有助于人们把握各类信息的源头，有效地消除“信息孤岛”和数据冗余，控制数据的唯一性和准确性，确保所获取信息的有效性。在这个过程中，需要在既定的数据范围内摸透企业主数据的管理情况、数据标准情况、数据质量情况、数据共享情况等。这种方法适用于包含咨询在内的主数据项目的建设。

3. 建立主数据标准体系

主数据标准体系主要包含主数据分类和编码标准化。没有标准化就没有信息化，主数据分类和编码标准是主数据标准中最基础的标准。数据分类就是根据信息内容的属性或特征，将信息按一定的原则和方法进行区分和归类，并建立起一定的分类系统和排列顺序，以便管理和使用信息。主数据编码就是在信息分类的基础上，将信息对象赋予有一定规律性的、易于计算机和人识别与处理的符号。主数据模型标准化就是根据前期的调研、梳理和评估定义出每个主数据的元模型，明确主数据的属性组成、字段类型、长度、是否唯一、是否必填及校验规则等。

4. 建立评估与管理体系

主数据管理需建立评估体系，主要步骤是根据前期的业务调研情况和数据普查情况确定参评数据范围，准备出参评数据，并依据打分模板进行打分，识别出企业主数据。目前对于数据管理能力的评估已经有了比较成熟的评价模型，典型的有 IBM 数据治理成熟度评估模型、SEI 数据能力成熟度模型、EDM 数据能力成熟度模型、DataFlux 数据治理成熟度模型等。

5. 建立制度与流程体系

制度和流程体系的建设是主数据成功实施的重要保障。制度章程是确保对主数据管理进行有效实施的认责制度。建立主数据管理制度和流程体系时需要明确主数据的归口部门和岗位，明确岗位职责，明确每个主数据的申请、审批、变更、共享的流程。同时做好数据运营工作，定期检查数据质量，进行数据的清洗和整合，实现企业数据质量的不断优化和提升。

6. 建立技术体系

主数据管理技术体系的建设应从应用层面和技术层面两个方面考虑。在应用层面，主数据管理平台须具备元数据（数据模型管理）、数据管理、数据清洗、数据质量、数据集成、权限控制、数据关联分析，以及数据的映射（mapping）/ 转换（transforming）/ 装载（loading）能力。在技术层面，重点考虑系统架构、接口规范、技术标准。在主数据管理工具中，IBM InfoSphere MDM 是当今市场上功能最强大的主数据管理（MDM）产品，用于处理完整范围的主数据管理需求和用例。为了给客户提供其 MDM 解决方案需求的最佳范围，IBM InfoSphere MDM 有 4 个版本，即 Collaborative Edition、Standard Edition、Advanced Edition 及 Enterprise Edition，其中，Enterprise Edition 版本包含了其他 3 个版本的所有功能。

（四）主数据管理平台的建设

主数据是企业最基础、最核心的数据，企业的一切业务基本上都是基于主数据来开展的，所以主数据管理成为企业数据治理中最核心的部分。

为了更好地管理主数据，企业经常需要建设主数据管理平台，该平台从功能上主要包括主数据模型、主数据编码、主数据管理、主数据清洗、主数据质量和主数据集成等。

主数据模型提供主数据的建模功能，管理主数据的逻辑模型和物理模型等。

主数据编码支持各种形式主数据的编码，提供数据编码申请、审批、集成等服务。编码功能是主数据产品的初级形态，也是主数据产品的核心能力。

主数据管理主要提供主数据的增 / 删 / 改 / 查功能。

主数据清洗主要包括主数据的采集、转换、清理、装载等功能。

主数据质量主要提供主数据从质量问题发现到质量问题处理的闭环管理功能。

主数据集成主要提供主数据采集和分发服务，完成与企业其他异构系统的对接。

二、元数据概述

（一）认识元数据

元数据是描述企业数据的相关数据（包括对数据的业务、结构、定义、存储、安全等各方面的描述），一般是指在 IT 系统建设过程中所产生的与数据定义、目标定义、转换规则等相关的关键数据，在数据治理中具有重要的地位。

元数据不仅仅表示数据的类型、名称、值等信息，它可以理解为一组用来描述数据的信息组 / 数据组，该信息组 / 数据组中的一切数据、信息都描述 / 反映了某个数据的某方面特征，则该信息组 / 数据组可称为一个元数据。例如，元数据可以为数据说明其元素或属性（名称、大小、数据类型等），或其结构（长度、字段、数据列），或其相关数据（位于何处、如何联系、拥有者）。在日常生活中，元数据无所不在。只要有一类事物，就可以定义一套元数据。

一般来讲，元数据主要用来描述数据属性的信息，例如记录数据仓库中模型的定义、各层级间的映射关系、监控数据仓库的数据状态及ETL的任务运行状态等。因此，元数据是对数据本身进行描述的数据，或者说它不是对象本身，它只描述对象的属性，就是一个对数据自身进行描绘的数据。例如，人们网购，想要买一件衣服，那么衣服就是数据，而所挑选衣服的色彩、尺寸、做工、样式等属性就是它的元数据。

又如，有一条学生信息记录，其中包括字段姓名（name）、年龄（age）、性别（gender）、班级（class）等，那么姓名、年龄、性别、班级就是元数据。通过它们的描述，一条关于学生信息的数据记录就产生了。

再如，在电影数据库IMDB上可以查到每部电影的信息。IMDB本身也定义了一套元数据，用来描述每部电影。下面是它的元数据，可以从多方面刻画一部电影：Cast and Crew（演职人员）、Company Credits（相关公司）、Basic Data（基本情况）、Plot and Quotes（情节和引语）、Fun Stuff（趣味信息）、Links to Other Sites（外部链接）、Box Office and Business（票房和商业开发）、Technical Info（技术信息）、Literature（书面内容）、Other Data（其他信息）。

(二) 电子文件元数据

电子文件的形成、捕获、登记、分类、存储和保管、利用、跟踪、处置、传输、归档移交及长期保存等都需要记录在元数据中，并应保持连续、一致，以确保电子文件的真实性、完整性与有效性。因此，电子文件元数据是描述电子文件数据属性的数据，包括文件的格式、编排结构、硬件和软件环境、文件处理软件、字处理软件和图形处理软件、字符集等数据。此外，电子文件元数据描述的数字对象为通用的电子文件核心元数据，主要为原生电子文件与数字化文件（文本、图像）元数据。

1. 电子文件元数据模型

电子文件元数据模型的建立是以文件连续体理论为基础的。文件作为交流、传递、存储、利用信息的工具，其生成、处理、运转必然与文件责任者处理某项事务相关。对该事务的办理，形成文件的业务活动，构成了文件的来源。这种业务活动构成了文件的背景。文件管理业务系统的各个流程需要通过元数据实现对文件或档案的管理。

电子文件元数据体系由一系列元素组成，元素之间的相互关系形成了元数据的结构。元数据的结构与所描述及管理的资源对象的特性相关，并与元数据规范的设计思想与相关抽象模型相关。在电子文件元数据模型中，元数据的用途之一是用来描述业务系统中的实体。关键的实体如下。

(1) 文件实体。文件本身，不管是单份文件还是文件集合体。

(2) 责任者实体。业务环境中的人或组织结构。

(3) 业务实体。业务办理。

通常，可以将元数据分为下列几类：关于文件自身的元数据、关于责任者的元数据、关于业务工作或过程的元数据、关于业务规章制度与政策及法规的元数据、关于文件管理过程的元数据。

2. 电子文件元数据的语法

电子文件元数据的语法（句法）是一个形式化描述的问题，即将元数据规范体系的所有语义、结构及描述的内容以人可读或计算机可读的形式化方式描述出来，从标准、开放、互操作角度，采用标记语言对元数据集进行描述，其中 XML 标记语言的应用较多。

元数据形式化描述包括两个方面的内容，一是有关元数据规范的定义与描述；二是有关元数据记录的描述。从系统应用的角度来说，前者如数据词典或数据库结构，后者则为数据记录。因内容与要求不同，两者可采用不同的描述方法。

从描述元数据规范来说，主要有 DTD、XML Schema 和 RDFS 三种方法。其中，DTD 是通过 SGML 应用程序来使用的，但存在描述能力不强、重用的代价相对较高等缺点；XMLSchema 是对 DTD 的扩展，采用了 XML 形式来定义描述 XML 文档的结构，因此可以很方便地利用 XML 解析器与相关工具进行处理，并且通过引入数据类型，大大提高了对数据的描述能力；RDFS 采用基于 RDF 的语法来进行 RDF 规范的描述，更多地用于描述属性及它们的意义与关系等。

由于 XML 具有过多的灵活性，在格式正确的前提下，对于元数据记录的描述有多种可能性，但灵活性对不同行业不同元数据规范之间的互操作具有负面作用。RDF 不仅具有清晰的描述结构，还具有较强的描述元数据结构与语义关系的能力，更适合展现元数据的内容，但存在体积大、增加系统负载等问题。用户在实际应用中要根据需要来选择。

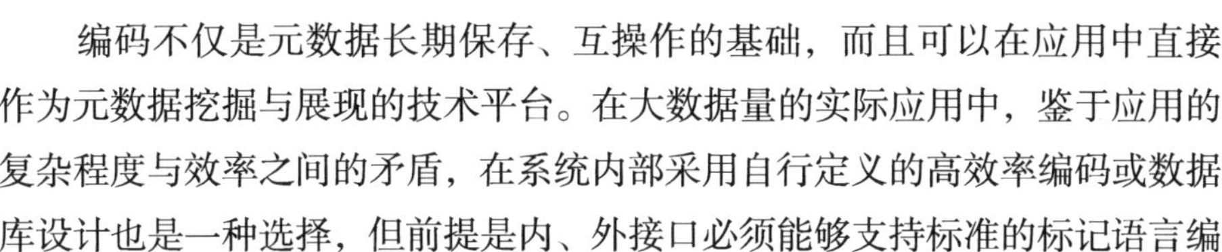

编码不仅是元数据长期保存、互操作的基础，而且可以在应用中直接作为元数据挖掘与展现的技术平台。在大数据量的实际应用中，鉴于应用的复杂程度与效率之间的矛盾，在系统内部采用自行定义的高效率编码或数据库设计也是一种选择，但前提是内、外接口必须能够支持标准的标记语言编码，以保证系统的互操作能力。

三、元数据管理

（一）元数据管理模型

1. 元数据管理概述

元数据管理是数据治理的基础和核心，是构建企业信息单一视图的重要组成部分，元数据管理可以保证在整个企业范围内跨业务竖井协调和重用主数据。元数据管理不会创建新的数据或新的数据纵向结构，而是提供一种方法使企业能够有效地管理分布在整个信息供应链中的各种主数据（由信息供应链各业务系统产生）。

从整个企业层面来说，各种工具软件和应用程序越来越复杂，相互依存度逐年加深，相应地追踪整个信息供应链各组件之间数据的流动、了解数据元素的含义和上下文的需求越来越强烈。在从应用议程向信息议程转变的过程中，元数据管理也逐渐从局部存储和管理转向共享。从总量上来看，整个企业的元数据越来越多，仅现有的数据模型中就包含了成千上万的表，并且有更多的模型等着上线，同时随着大数据时代的来临，企业需要处理的数据类型越来越多。因此，企业为了更高效地运转，需要明确元数据管理策略和元数据集成体系结构，依托成熟的方法论和工具实现元数据管理，并有步骤地提升其元数据管理成熟度。

元数据管理一直比较困难，一个很重要的原因就是缺乏统一的标准。在这种情况下，各公司的元数据管理解决方案各不相同。近些年来，随着元数据联盟（Meta Data Coalition，MDC）的开放信息模型（Open Information Model，OIM）和 OMG 组织的公共仓库模型（Common Warehouse Model，CWM）标准的逐渐完善以及 MDC 和 OMG 组织的合并，为数据仓库厂商提供了统一的标准，从而为元数据管理铺平了道路。

2. 元数据管理策略

为了实现大数据治理，构建智慧的分析洞察，企业需要实现贯穿整个企业的元数据集成，建立完整且一致的元数据管理策略，该策略不仅仅针对某个数据仓库项目、业务分析项目、某个大数据项目或某个应用单独制定一个管理策略，而是针对整个企业构建完整的管理策略。元数据管理策略也不是技术标准或某个软件工具可以取代的，无论软件工具的功能多么强大都不能完全替代一个完整一致的元数据管理策略，反而在定义元数据集成体系结构及选购元数据管理工具之前需要定义元数据管理策略。

元数据管理策略需要明确企业元数据管理的愿景、目标、需求、约束和策略等，依据企业自身当前及未来的需要确定要实现的元数据管理成熟度及实现目标成熟度的路线图完成基础本体、任务本体和应用本体的构建，确定元数据管理的安全策略、版本控制及元数据的订阅和推送等。企业需要对业务术语、技术术语中的敏感数据进行标记和分类，制定相应的数据隐私保护政策，确保企业在隐私保护方面符合当地隐私方面的法律、法规，如果企业有跨国数据交换、元数据交换的需求，也要遵循所涉及国家的法律、法规要求。企业需要保证每个元数据元素在信息供应链中的每个组件中语义上保持一致，也就是语义等效。语义等效（平均）可以强也可以弱，在一个元数据集成方案中，语义等效越强则整个方案的效率越高。语义等效的强弱程度直接影响了元数据的共享和重用。

本体（ontology）是元数据管理中的核心概念，是领域概念及概念之间关系的规范化描述，并且这种描述是规范的、明确的、形式化的、可共享的。本体有时也被翻译成本体论，在人工智能和计算机科学领域中的本体最早源于20世纪70年代中期，随着人工智能的发展，人们发现知识的获取是构建强大人工智能系统的关键，于是开始将新的本体创建为计算机模型，从而实现特定类型的自动化推理。到了20世纪80年代，人工智能领域开始使用本体表示模型化时间的一种理论及知识系统的一种组件，认为本体（人工智能）是一种应用哲学。目前被人们广泛接受的一个本体定义为“本体是共享概念模型的明确形式化规范说明”。本体提供了一个共享词汇表，可以用来对一个领域建模，具体包括存在的对象或概念的类型，以及它们的属性和关系。随着时间的推移和技术的发展，本体从最开始的人工智能领域逐渐扩展到图书馆学、情报学、软件工程、信息架构、生物医学和信息学等越来越多的学科。本体（人工智能和计算机科学）依赖某种类别体系来表达实体、概念、事件及其属性和关系。一个本体可以由类（class）、关系（relations）、函数（function）、公理（axioms）和实例（instances）5种元素组成。其中，类也称为概念。本体的核心是知识共享和重用，通过减少特定领域内概念或术语上的分歧，使不同的用户之间可以顺畅地沟通和交流并保持语义等效性，同时让不同的工具软件和应用系统之间实现互操作。

根据研究层次可以将本体划分为顶级本体（top-level ontology）、领域本体（domain ontology）、应用本体（application ontology）和任务本体（task ontology）几种类型。

（1）顶级本体。顶级本体也称为上层本体（upper ontology）或基础本体（foundation ontology），是指独立于具体的问题或领域，在所有领域都适用的共同对象或概念所构成的模型，主要用来描述高级别且通用的概念及概念之间的关系。顶级本体是指对某个特定的领域建模，实现对领域的定义，确定该领域内共同认可的词汇、词汇业务的含义和对应的信息资产等，提供对该领域知识的共同理解。

（2）领域本体。领域本体是专业性的本体，在这类本体中被表示的知识是针对特定学科领域的。这类本体描述的词表关系到某一学科领域，例如飞机制造、化学元素周期表等。它们提供了关于某个学科领域中概念的词表及概念之间的关系，或者该学科领域的重要理论。

（3）应用本体。应用本体描述依赖于特定领域和任务的概念及概念之间的关系，是用于特定应用或用途的本体，其范畴可以通过可测试的用例来指定。

（4）任务本体。任务本体是针对任务元素及其之间关系的规范说明或详细说明，用来解释任务存在的条件及可以被用在哪些领域或环境中，是一个通用术语的集合，用来描述关于任务的定义和概念等。

3. 元数据集成体系结构

在明确了元数据管理策略后需要确定实现该管理策略所需的技术体系结构，即元数据集成体系结构。元数据集成体系结构涉及多个概念，例如元模型、元—元模型、公共仓库元模型（CWM）等。

值得注意的是，统一、完整的元数据管理，特别是清晰的主题域划分、完善的元模型和元—元模型有利于更好地管理主数据。

(1) 元模型。模型（model）是对特定的系统、过程、事物或概念的准确而抽象的表示，是描述数据的数据。例如软件架构师可以用概要设计的形式建立一个应用系统的模型。从本质上来说，元数据是数据的形式化模型，是数据的抽象描述，该描述准确地描述了数据。元模型（meta model）也就是模型的模型（或者元—元数据），是用来描述元数据的模型。使用元模型的目的在于识别资源，评价资源，追踪资源在使用过程中的变化，简单、高效地管理大量网络化数据，实现信息资源的有效查找、发现、一体化组织和对所使用资源的有效管理。

人们可以将元模型想象成某种形式语言，这样模型就是一篇用该语言描述的文章，其中元模型中的元素就是该语言的词汇，元素之间的关系就是该语言的语法。

在具体应用中，如果要创建一个关系型表模型，基于该表元模型创建一个实例即可。

(2) 元—元模型。元—元模型就是元模型的模型，有时也被称为本体，是模型驱动的元数据集成体系结构的基础，其定义了描述元模型的语言，规定元模型必须依照一定的形式化规则来建立，以便所有的软件工具都能够对其进行理解。

元—元模型比元模型具有更高的抽象级别，一个元模型是一个元—元模型的实例，元模型比元—元模型更加精细，而元—元模型比元模型更加抽象。元数据（模型）是一个元模型的实例，遵守元模型的规定和约束。用户对象（或用户数据）是元数据（或者称为模型）的实例。

(3) 公共仓库元模型（CWM）。公共仓库元模型是被对象管理组织（Object Management Group，OMG）采纳的数据仓库和业务分析领域元数据交换开放式行业标准，在数据仓库和业务分析领域为元数据定义公共的元模型和基于 XML 的元数据交换（XMI）。CWM 作为一个标准的接口，可以使处于分布式、异构环境下的数据仓库元数据和商业智能元数据能方便地在不同的数据仓库工具、数据仓库平台和元数据仓库之间进行交换。CWM 提供一个框架为数据源、数据目标、转换、分析、流程和操作等创建和管理元数据，并提供元数据使用的世系信息。因此，CWM 实际上就是一个元数据交换的标准，是为各种数据仓库产品提出的一个标准。CWM 主要包含以下三个方面的规范。

① CWM 元模型。CWM 元模型是描述数据仓库系统的模型。为了降低复杂度并达到重用，CWM 元模型采用分层的方式组织它所包含的包。CWM 元模型主要包括 4 层，即基础包 Foundation、资源包 Resource、分析包 Analysis 和管理包 Management。

② CWM XML 和 CWM DTD。DTD 和 XML 是对应于 CWM 中所有包的 DTD 和 XML，它们都遵循 XMI 规范。定义 CWM DTD 和 CWM XML 的主要目的是基于 XML 进行元数据交换，因为 XML 在各个领域的应用越来越广泛，CWM 提供元模型到 XML 的转换，无疑大大增加了自己的通用性，各种分析工具和元数据库可以利用这些模板为自己的元模型生成 DTD 和 XML 文档，这样就可以和其他的工具进行元数据交换。

③ CWM IDL。CWM IDL 是共享元数据的应用程序访问接口（API）。CWM IDL 为上面所有的包定义了符合 MOF1.3 的 IDL 接口，这样就可以利用 CORBA 进行元数据交换。用户可以创建一些具有分析功能的软件包，例如数据挖掘组件等。提供 CWM 中规定的 IDL 接口，就可以被其他支持 CWM 的工具和数据仓库调用，这样大大增强了 CWM 的灵活性和适用性。

CWM1.1 是在 2003 年 3 月发布的，与之相关的 OMG 组织规范还有 MOF（元对象设施）、UML 和 XMI。这 3 个标准是 OMG 元数据库体系结构的核心，MOF 为构建模型和元模型提供了可扩展的框架，并提供了存取元数据的程序接口；UML 定义了表示模型和元模型的语法和语义；而利用 XMI 可以将元数据转换为标准的 XML 数据流或文件的格式，以便进行交换，这大大增强了 CWM 的通用性。

（二）元数据管理功能

元数据管理功能主要包含数据地图、元数据分析、辅助应用优化、辅助安全管理及基于元数据的开发管理。

1. 数据地图

数据地图是一种图形化的数据资产管理工具，数据地图以拓扑图的形式对数据系统中的各类数据实体、数据处理过程元数据进行分层次的图形化展现，并通过不同层次的图形展现粒度控制，满足开发、运维或者业务上不同应用场景的图形查询和辅助分析需要。数据地图提供的数据服务主要有以下几点。

(1) 快速进行搜索定位，找到企业的各种数据资产，形成有效的数据交汇。

(2) 提供各种数据资产快速展现的个性化形式，方便使用者获取所需要的关键信息。

(3) 在数据搜寻结果之上直接配备方便的分析工具。

(4) 建立数据资产分布及综合评估的入口，以便更好地了解数据资产的各方面信息。

数据地图包含数据的基本信息和统计信息两部分。其中，基本信息主要包含字段信息、存储信息和描述信息；统计信息主要包含数据表的大小、数据表的每天访问次数、数据表的更新时间等各种信息。

2. 元数据分析

(1) 血缘分析。血缘分析（也称血统分析）是指从某一实体出发，往回追溯其处理过程，直到数据系统的数据源接口。

一般来说，数据所有者是指数据归属于某个组织或者某个人；数据可以在不同的所有者之间流转、融合，形成所有者之间通过数据联系起来的一种关系，这种关系能够清楚地表明数据的提供者和需求者。值得注意的是，在血缘关系中，不同层级数据的血缘关系体现着不同的含义。所有者层次体现了数据的提供方和需求方，其他的层次则体现了数据的来龙去脉。通过不同层级的血缘关系，可以很清楚地了解数据的迁徙流转，为数据价值的评估、数据的管理提供依据。不过对于不同类型的数据，血缘关系的层次结构会有细微的差别。

对于不同类型的实体，在血缘关系中涉及的转换过程可能有不同类型。例如，对于底层仓库实体，涉及的是 ETL 处理过程；对于仓库汇总表，可能既涉及 ETL 处理过程，又涉及仓库汇总处理过程；而对于指标，除了上面的处理过程，还涉及指标生成的处理过程。血缘分析正是提供了这样一种功能，可以让使用者根据需要了解不同的处理过程，了解每个处理过程具体做什么，需要什么样的输入，又会产生什么样的输出。

对数据进行血缘分析对于用户来说具有重要的价值，当在数据分析中发现问题数据时，可以依赖血缘关系追根溯源，快速地定位到问题数据的来源和加工流程，减少分析的时间和难度。例如，某业务人员发现“客户资产表”中的数据存在质量问题，于是向 IT 部门提出异议，技术人员通过元数据血缘分析发现“客户资产表”受到上游基础数据层中多张不同的数据表影响，从而快速定位问题的源头，低成本地解决问题。

为实现血缘分析，对于任何指定的实体，首先获得该实体的所有前驱实体，然后对这些前驱实体递归地获得各自的前驱实体，结束条件是所有实体到达数据源接口或者实体没有相应的前驱实体。

通过血缘分析，能够追根溯源，并最终找到问题数据的来源。

(2) 影响分析。影响分析是指从某一实体出发，寻找依赖该实体的处理过程实体或其他实体。如果有需要可以采用递归方式寻找所有的依赖过程实体或其他实体。该功能支持当某些实体发生变化或者需要修改时评估实体影响范围。

(3) 实体关联分析。实体关联分析是从某一实体关联的其他实体和其参与的处理过程两个角度来查看具体数据的使用情况，形成一张实体和所参与处理过程的网络，从而进一步了解该实体的重要程度。本功能可以用来支撑需求变更影响评估的应用。

(4) 实体差异分析。实体差异分析是对元数据的不同实体进行检查，用图形和表格的形式展现它们之间的差异，包括名字、属性及数据血缘和对系统其他部分影响的差异等，在数据系统中存在许多类似的实体。这些实体(例如数据表) 可能只有名字或者是属性存在微小的差异，甚至有部分属性、名字都相同，但处于不同的应用中。由于各种原因，这些微小的差异直接影响了数据统计结果，数据系统需要清楚地了解这些差异。本功能有助于进一步统一统计口径，评估近似实体的差异。

(5) 指标一致性分析。指标一致性分析是指用图形化的方式来分析比较两个指标的数据流图是否一致，从而了解指标的计算过程是否一致。该功能是指标血缘分析的一种具体应用。指标一致性分析可以帮助用户清楚地了解将要比较的两个指标在经营分析数据流图中各阶段所涉及的数据对象和转换关系是否一致，帮助用户更好地了解指标的来龙去脉，清楚地理解分布在不同部门且名称相同的指标之间的差异，从而提高用户对指标值的信任。

3. 辅助应用优化

元数据对数据系统的数据、数据加工过程以及数据间的关系提供了准确的描述，利用血缘分析、影响分析和实体关联分析等元数据分析功能可以识别与系统应用相关的技术资源，结合应用生命周期管理过程，辅助进行数据系统应用的优化。

4. 辅助安全管理

企业数据平台所存储的数据和提供的各类分析应用涉及公司经营方面的各类敏感信息，因此在数据系统建设过程中必须采用全面的安全管理机制和措施来保障系统的数据安全。数据系统安全管理模块负责数据系统的数据敏感度、客户隐私信息和各环节审计日志记录管理，对数据系统的数据访问和功能使用进行有效监控。为实现数据系统对敏感数据和客户隐私信息的访问控制，进一步实现权限细化，安全管理模块应以元数据为依据，由元数据管理模块提供敏感数据定义和客户隐私信息定义，辅助安全管理模块完成相关安全管控操作。

5. 基于元数据的开发管理

数据系统项目开发的主要环节包括需求分析、设计、开发、测试和上线。开发管理应用可以提供相应的功能，对以上各环节的工作流程、相关资源、规则约束、输入 / 输出信息等提供管理和支持。

（三）元数据管理的实施

在明确了元数据管理策略和元数据集成体系结构之后，企业可以根据需要选择合适的业务元数据和技术元数据管理工具，并制定相应的元数据管理制度进行全面的元数据管理。

大数据扩大了数据的容量、提高了速度、增加了多样性，给元数据管理带来了新的挑战。在构建关系型数据仓库、动态数据仓库和关系型数据中心时进行元数据管理，有助于保证数据被正确地使用、重用并满足各种规定。通常，大数据分析是受用例驱动的，企业可以通过梳理大数据用例的方式逐步完善大数据的元数据管理。针对大数据的业务元数据，依旧可以通过构建基础本体、领域本体、任务本体和应用本体等方式来实现。通过构建基础本体，实现对高级别且通用的概念以及概念之间关系的描述；通过构建领域本体，实现对领域的定义，并确定该领域内共同认可的词汇、词汇业务含义和对应的信息资产等，提供对该领域知识的共同理解；通过构建任务本体，实现任务元素及其之间关系的规范说明或详细说明；通过构建应用本体，实现对特定应用的概念描述，其是依赖于特定领域和任务的。这样就通过构建各种本体，在整个企业范围内提供一个完整的共享词汇表，保证每个元数据元素在信息供应链中的每个组件中语义上保持一致，实现语义等效。

简单来说，企业可以尝试采取以下几个步骤进行大数据的元数据管理。

（1）考虑到企业可以获取数据的容量和多样性，应该创建一个体现关键大数据业务术语的业务定义词库（本体），该业务定义词库不仅包含结构化数据，还可以将半结构化和非结构化数据纳入其中。

（2）及时跟进和理解各种大数据技术中的元数据，提供对其连续、及时的支持，比如 MPP 数据库、流计算引擎、Apache Hadoop / 企业级 Hadoop、NoSQL 数据库以及各种数据治理工具（如审计 / 安全工具、信息生命周期管理工具等）。

（3）对业务术语中的敏感大数据进行标记和分类，并执行相应的大数据隐私政策。

（4）将业务元数据和技术元数据进行连接，可以通过操作元数据（例如流计算或 ETL 工具所生成的数据）监测大数据的流动；可以通过数据世系分析（血缘分析）在整个信息供应链中实现数据的正向追溯或逆向追溯，了解数据经历了哪些变化，查看字段在信息供应链中各组件间的转换是否正确等；可以通过影响分析了解某个字段的变更会对信息供应链中其他组件的字段造成哪些影响等。

（5）扩展企业现有的元数据管理角色，以适应大数据治理的需要，例如可以扩充数据治理管理者、元数据管理者、数据主管、数据架构师以及数据科学家的职责，加入大数据治理的相关内容。

元数据管理的实施通常用元数据管理的常用功能如下。

（1）元数据管理从数据源、ODM—DB（数据挖掘）、DW（数据仓库）、ETL（数据仓库工具）、OLAP（联机分析处理）、上层应用等模块中获取元数据信息。

（2）元数据管理系统作为数据质量管理系统的依据，指导数据质量管理系统评价数据质量，主要体现在数据的完整性、准确性和关联一致性等方面。

（3）元数据管理系统提供指标库数据供页面呈现。

（4）元数据管理为综合分析系统的即席查询功能提供了基础。即席查询功能利用元数据中存储的业务元数据和技术元数据生成后台数据查询所需的 SQL 语句，得到最终的查询结果。

（5）元数据管理系统通过 API 接口调用向外部暴露数据。

（6）安全模块获取元数据的指标敏感度描述，为安全管理模块提供数据支持。

（7）元数据为 DW 数据的有效期管理提供指导，为实现数据自动删除提供数据支持。此外，企业还可以考虑使用元数据平台来进行元数据管理。

（四）元数据治理工具 Apache Atlas

目前企业中常用的元数据治理工具是 Apache Atlas，下面将对该工具作简单的介绍。

1. Apache Atlas 简介

Atlas 最早由 Hortonworks 公司开发，用来管理 Hadoop 项目里面的元数据，进而设计为数据治理的框架。后来其开源出来给 Apache 社区进行孵化，得到 Aetna、Merck、Target、SAS、IBM 等公司的支持并发展演进。因其支持横向海量扩展，且具有良好的集成能力和开源的特点，国内大部分厂家选择使用 Atlas 或对其进行二次开发。

ApacheAtlas 是 Hadoop 社区为解决 Hadoop 生态系统的元数据治理问题而产生的开源项目，它为 Hadoop 集群提供了包括数据分类、集中策略引擎、数据血缘、安全和生命周期管理在内的元数据治理核心能力，支持对 Hive、Storm、Kafka、HBase、Sqoop 等进行元数据管理以及以图库的形式展示数据的血缘关系。

2. Apache Atlas 的原理

在内部，Atlas 通过使用图形模型管理元数据对象，以实现元数据对象之间的灵活性和丰富的关系。图形引擎是负责在类型系统的类型和实体之间进行转换的组件，以及基础图形模型。除了管理图形对象之外，图形引擎还为元数据对象创建适当的索引，以便有效地搜索它们。在存储方面，目前 Atlas 使用 Titan 图数据库来存储元数据对象（使用 Titan 来存储它管理的元数据）。Titan 使用两种存储，默认情况下元数据存储配置为 HBase，索引存储配置为 Solr。另外，也可以通过构建相应的配置文件使用 BerkeleyDB 进行元数据存储和 Index 使用 ElasticSearch 存储 Index。Atlas 还定义了一套 Apache Atlas Api（Apache Atlas Api 主要是对 Type、Entity、Attribute 这 3 个构件进行增 / 删 / 改 / 查操作），允许采用不同的图数据库引擎来实现 API，便于切换底层存储，所以 Atlas 读 / 写数据的过程可以看作将图数据库对象映射成 Java 类的过程。

（1）Type（类型）。Atlas 中的“类型”是一个定义，说明如何存储并访问特定类型的元数据对象。类型表示一个特征或一个特性集合，这些属性定义了元数据对象。

（2）Entity（实体）。Atlas 中的一个“实体”是类型“Type”的特定值或实例，因此表示特定的现实世界中的元数据对象。

（3）Attribute（属性）。Atlas 中的“属性”定义了与类型系统相关的概念，例如是否复合、是否索引、是否唯一等。

Apache Atlas 为 Hadoop 的元数据治理提供了以下特性。

（1）数据分类。Apache Atlas 为元数据导入或定义业务导向的分类注释，并自动捕获数据集和底层元素之间的关系。

（2）集中审计。Apache Atlas 能够捕获所有应用、过程以及与数据交互的安全访问信息。

（3）搜索与血缘。Apache Atlas 对数据集血缘关系的可视化浏览使用户可以下钻到操作、安全以及与数据起源相关的信息。

第七章　人工智能及其应用

第一节　人工智能的概念、内容和方法

一、人工智能概述

(一) 人工智能的概念

人工智能，简单地说就是人造智能（Artificial Intelligence，AI）。它被称为20世纪70年代以来的世界三大尖端技术之一。具体来讲，“人工智能”一词是指用计算机模拟或实现的智能。因此，人工智能又称机器智能。当然，这只是对人工智能的字面解释或一般解释。关于人工智能的科学定义，学术界目前还没有统一的认识和公认的阐述。以下几种是部分学者对人工智能概念的描述，可以看作他们各自对人工智能所下的定义。

(1) 人工智能是那些与人的思维相关的活动，诸如决策、问题求解和学习等的自动化。

(2) 人工智能是一种计算机能够思维，使机器具有智力的激动人心的新尝试。

(3) 人工智能是研究如何让计算机做现阶段只有人才能做得好的事情。

(4) 人工智能是那些使知觉、推理和行为成为可能的计算的研究。

(5) 广义地讲，人工智能是关于人造物的智能行为，而智能行为包括知觉、推理、学习、交流和在复杂环境中的行为。

(6) 斯图尔特·罗素（Stuart Russell）和彼得·诺维格（Peter Norvig）则把已有的一些人工智能定义分为4类：像人一样思考的系统、像人一样行动的系统、理性地思考的系统、理性地行动的系统。

由此可以看出，这些定义虽然都指出了人工智能的一些特征，但用它们却难以界定一台计算机是否具有智能。因为要界定机器是否具有智能，必

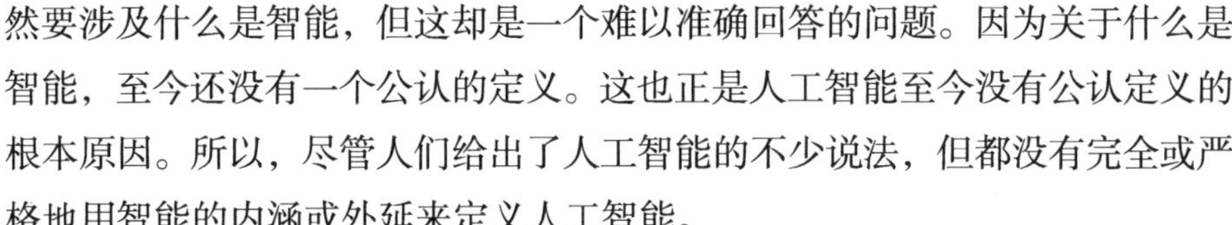

然要涉及什么是智能，但这却是一个难以准确回答的问题。因为关于什么是智能，至今还没有一个公认的定义。这也正是人工智能至今没有公认定义的根本原因。所以，尽管人们给出了人工智能的不少说法，但都没有完全或严格地用智能的内涵或外延来定义人工智能。

（二）图灵测试和中文屋子

关于如何界定机器智能，早在人工智能学科还未正式诞生之前的1950年，计算机科学创始人之一的英国数学家阿兰·图灵（Alan Turing）就提出了现称为“图灵测试”（Turing Test）的方法。简单来讲，图灵测试的做法是这样的：让一位测试者分别与一台计算机和一个人进行交谈（当时是用电传打字机），而测试者事先并不知道哪一个被测者是人，哪一个是计算机。如果交谈后测试者分不出哪一个被测者是人和哪一个是计算机的话，则可以认为这台被测的计算机具有智能。

对于图灵测试，美国哲学家约翰·西尔勒（John Searle）提出了异议。他用一个现在称为“中文屋子”的假设，试图说明即便是一台计算机通过了图灵测试，也不能说它就真的具有智能。“中文屋子”假设：有一台计算机阅读了一段故事并且能正确回答相关问题，这样这台计算机就通过了图灵测试。西尔勒设想将这段故事和问题改用中文描述（因为他本人不懂中文），然后将自己封闭在一个屋子里，代替计算机阅读这段故事并且回答相关问题。描述这段故事和问题的一连串中文符号只能通过一个很小的缝隙被送到屋子里。西尔勒则完全按照原先计算机程序的处理方式和过程（如符号匹配、查找、照抄等）对这些符号串进行操作，然后把得到的结果即问题答案通过小缝隙送出去。因为西尔勒根本不懂中文，不可能通过阅读理解来回答问题，但按照计算机程序的处理方法也得出了问题的正确答案。于是，西尔勒认为尽管计算机以这种符号处理方式能正确回答问题，也可通过图灵测试，但仍然不能说计算机就真正有了智能。

其实，图灵测试是一种基于功能、效果的机器智能鉴定方法。就是说，从功能、效果上看，如果一个计算机系统能够表现出像人类一样的智慧，就可以说该计算机系统具有了相应的智能。而西尔勒通过中文屋子假设强调的是，机器只有像人一样通过真正的心理级思考（甚至要有意识和情感）所表现出的某种智慧，才算是该机器真正具有了这种智能。在西尔勒看来，中文屋子并不是基于对文本的理解而回答问题的，尽管从整体和外观看来，可以说这个屋子是理解了中文故事和问题的，但其实内部并没有像人一样的“心理级”上的分析、理解过程。

在学术界，那种仅能通过图灵测试的人工智能，或者用功能模拟方法实现的人工智能，被（哲学家）称为弱人工智能（weak AI），而通过像人一样的思考（心理活动）过程所实现的人工智能被称为强人工智能（strong AI）。显然，强人工智能的实现难度要远大于弱人工智能。现阶段我们所学习、研究和开发的人工智能还仅限于弱人工智能。但应该指出，从效果上看，强人工智能并不总是高于弱人工智能，或者说，弱人工智能并非一定低于强人工智能。究竟孰高孰低要看具体的应用场景。此外，相比而言，强人工智能也许会带来更令人担忧的社会问题和伦理问题。

（三）脑智能和群智能

人的智能源于人脑。由于人脑是由大约 10^{12} 个神经元组成的一个复杂的、动态的巨型神经网络（neural network）系统，其奥秘至今还未完全揭开，因而导致了人们对智能的模糊认识。但从整体功能来看，人脑的智能表现还是可以辨识出来的，如学习、发现、创造等能力就是明显的智能表现。进一步分析可以发现，人脑的智能及其发生过程在其心理层面上都是可见的，即以某种心理活动和思维过程表现的。这就是说，基于宏观心理层次可以定义智能和研究智能。基于这一认识，我们把脑（主要指人脑）的这种宏观心理层次的智能表现称为脑智能（Brain Intelligence，BI）。

令人惊奇的是，人们发现，一些生物群落或者更一般的生命群体的群体行为或者社会行为，也表现出一定的智能。例如，蚂蚁群、蜜蜂群、鸟群、鱼群等。在这些群体中，个体的功能都很简单，但它们的群体行为却表现出相当高的智慧。例如，蚂蚁觅食时总会走最短路径。人们进一步发现，人体内免疫系统中淋巴细胞群也具有学习、寻优等能力。

用群的眼光来考察脑，可以发现，脑中的神经网络其实就是由神经细胞组成的细胞群体。当人们在进行思维时，大脑中的相关神经元只是在各司其职，至于它们在传递什么信息，甚至在做什么，神经元自己并不知道。

然而由众多神经元所组成的群体——神经网络却具有自组织、自学习、自适应等智能表现。现在人们把这种由群体行为所表现出的智能称为群智能（Swarm Intelligence，SI）。

可以看出，群智能是有别于脑智能的。事实上，它们是属于不同层次的智能——脑智能是一种个体智能（Individual Intelligence，II），而群智能是一种社会智能（social intelligence）或者说系统智能（system intelligence）。对于人脑来说，宏观心理（或者语言）层次上的脑智能与神经元的群体行为有着密切的关系。正是微观生理层次上低级的神经元的群体行为的“涌现”（emergence）而形成了宏观心理层次上高级的脑智能（但二者之间的具体关系如何却仍然是个谜，这个问题的解决可能需要借助于系统科学），所以，研究脑智能不能仅仅局限于心理层次，还要深入生理（神经网络）层次。

（四）符号智能和计算智能

智能可分为脑智能和群智能。于是，通过模拟、借鉴脑智能和群智能就可以研究和实现人工智能。事实上，现在所称的符号智能（Symbolic Intelligence，SI）和计算智能（Computational Intelligence，CI）正是这样做的。

1. 符号智能

符号智能就是符号人工智能，是模拟脑智能的人工智能，也就是所说的传统人工智能或经典人工智能。符号智能以符号形式的知识和信息为基础，主要通过逻辑推理，运用知识进行问题求解。符号智能的主要内容包括知识获取（knowledge acquisition）、知识表示（knowledge representation）、知识组织与管理和知识运用等技术[这些构成了所称的知识工程（Knowledge Engineering，KE）]，以及基于知识的智能系统等。

2. 计算智能

计算智能就是计算人工智能，是模拟群智能的人工智能。计算智能以数值数据为基础，主要通过数值计算，运用算法进行问题求解。计算智能的主要内容包括神经计算（Neural Computation，NC）、进化计算（亦称演化计算，Evolutionary Computation，EC）、遗传算法（Genetic Algorithm，GA）、进化规划（Evolutionary Planning，EP）、进化策略（Evolutionary Strategies，ES）、免疫计算（immune computation）、粒群算法（Particle Swarm Optimization，PSO）、蚁群算法（Ant Colony Algorithm，ACA）、自然计算（Nature-inspired Computation，NC）等。计算智能主要研究各类优化搜索算法，是当前人工智能学科中一个十分活跃的分支领域。

（五）统计智能和交互智能

除符号智能和计算智能外，人工智能还有两个重要组成部分，本书称之为统计智能（statistical intelligence）和交互智能（interactional intelligence）。

1. 统计智能

不直接考虑事物的内部结构原理，而是针对事物的外在表现，采集或收集相关的测量数据，然后用统计、概率和其他数学方法让计算机进行某种处理，往往也可发现原事物的性质、关系、模式或规律，亦即相关知识，然后运用所得知识来解决相关应用问题，这样，计算机也就具有了解决这类问题的智能。我们把这种利用样例数据并采用统计、概率和其他数学方法而实现的人工智能称为统计智能。统计机器学习、统计模式识别和统计语言模型等，就是统计智能的相关内容。事实上，统计智能已经占了人工智能相当大的份额。

2. 交互智能

人类或动物往往能在与环境的反复交互过程中获得经验和知识，进而能够适应环境或者学会某种技能。于是，人们就让智能体（智能机器人或更一般的 Agent）模仿人或动物，也在与环境的交互过程中通过某种方式（如试错）进行自主学习而逐渐获得相关经验、知识和技能，从而使机器具有了智能。我们把这种通过交互方式而实现的人工智能称为交互智能。例如，强化学习（Reinforcement Learning，RL）就是实现交互智能的一种重要方法。

二、人工智能的相关学科

现在，人工智能已构成信息技术领域的一个重要学科。由于该学科研究的是如何使机器（计算机）具有智能或者说如何利用计算机实现智能的理论、方法和技术，所以，当前的人工智能既属于计算机科学技术的一个前沿领域，也属于信息处理和自动化技术的一个前沿领域。由于其研究内容涉及“智能”，而从生命体的智能表现来看，“智能”的内涵和外延至少涉及感知、认知、决策、响应、学习、发现、发明、创造等，进而涉及脑与神经、心理、思维、推理、计算、联想以及语言、行为等。而要人工地实现“智能”，则还要有数学的支撑。由此可见，人工智能不局限于计算机、信息和自动化等学科，它还涉及智能科学、认知科学、心理科学、脑及神经科学、生命科学、语言学、逻辑学、行为科学、教育科学、系统科学、数理科学以及控制论、信息论、哲学甚至经济学等众多学科领域。所以，人工智能实际上是一门综合性的交叉学科和边缘学科。

三、人工智能的研究内容

综合考虑人工智能的内涵、外延、原理、方法、理论、技术、表现和应用等，本书将人工智能学科的研究内容归纳为搜索与求解、知识与推理、学习与发现、发明与创造、感知与响应、理解与交流、记忆与联想、竞争与协作、系统与建造、应用与工程等十个方面。这十个方面也就是人工智能的十个主题或者说十个分支领域，它们构成了人工智能学科的总体架构。

(一) 搜索与求解

这里的搜索，是指计算机或智能体为了达到某一目标而多次进行某种操作、运算、推理或计算的过程。人工智能的研究实践表明，许多问题（包括智力问题和实际工程问题）的求解都可以描述为或者归结为对某种图或空间的搜索问题（其实，搜索也是人在求解问题而不知现成解法的情况下所采用的一种普遍方法）。其实，许多智能活动（包括脑智能和群智能）的过程，甚至几乎所有智能活动的过程，都可以看作或者抽象为一个基于搜索的问题求解过程。因此，搜索技术就成为人工智能最基本的研究内容。

(二) 知识与推理

我们知道“知识就是力量”。在人工智能研究中，人们更进一步领略到了这句话的深刻内涵。事实上，只有具备了某一方面的知识，方可解决相关的问题。所以，知识是智能的基础，甚至可以说“知识就是智能”。那么，要实现人工智能，计算机就必须拥有存储知识和运用知识的能力。为此，就要研究面向机器的知识表示和相应的机器推理技术。知识表示形式要便于计算机接收、存储和处理，机器的推理方式与知识的表示形式又息息相关。由于推理是人脑的一个基本而重要的功能，因而在符号人工智能中几乎处处都与推理有关。这样，知识表示和机器推理就成为人工智能的重要研究内容。事实上，知识与推理也正是知识工程的核心内容。

（三）学习与发现

如前所述，经验积累、规律发现和知识学习诸能力都是智能的表现。那么，要实现人工智能就应该赋予计算机这些能力。简单来讲，就是要让计算机或者说机器具有自学习能力。试想，如果机器能自己总结经验、发现规律、获取知识，再运用知识解决问题，那么，其智能水平将会大幅提升，甚至会超过人类。因此，关于机器的自主学习和规律发现技术就是人工智能的重要研究内容。

事实上，机器学习（Machine Learning，ML）与知识发现（Knowledge Discovery，KD）现在已是人工智能的热门研究领域，而且取得了长足进步和丰硕成果。例如，基于神经网络的深度学习（Deep Learning，DL）技术的出现和发展已将机器学习乃至人工智能及其应用提高到一个新的水平。

（四）发明与创造

不言而喻，发明创造应该是最具智能的体现。或者可以说，发明创造能力是最高级的智能。所以，关于机器的发明创造能力也应该是人工智能研究的重要内容。这里的发明创造是广义的，它既包括我们通常所说的发明创造，如机器、仪器、设备等的发明和革新，也包括创新性软件、方案、规划、设计等的研制和技术、方法的创新以及文学、艺术的创作，还包括思想、理论、法规的建立和创新等。发明创造不仅需要知识和推理，还需要想象和灵感；它不仅需要逻辑思维，而且需要形象思维和顿悟思维。所以，这个领域应该说是人工智能中最富挑战性的一个研究领域。目前，人们在这一领域已经开展了一些工作，并取得了一些成果。例如，已展开了关于形象信息的认知理论、计算模型和应用技术的研究，也已开发出了计算机辅助创新软件，还尝试用计算机进行文艺创作等。但总的来讲，原创性的机器发明创造进展甚微，甚至还是空白。

（五）感知与响应

这里的感知是指机器感知，就是计算机直接“感觉”周围世界，即像人一样通过感觉器官直接从外界获取信息，如通过视觉器官获取图形、图像信息，通过听觉器官获取声音信息，等等。所以，机器感知包括计算机视觉、听觉等各种感觉能力。与人和动物一样，机器对感知的信息分析以后也要做出响应。响应可以是语言、行为或其他方式。显然，感知和响应是拟人化智能个体或智能系统（如智能机器人）所不可缺少的功能组成部分。所以，机器感知与响应也是人工智能的研究内容之一。

其实，机器感知也是人工智能最早的研究内容之一，而且已经发展成为一个称为模式识别（Pattern Recognition，PR）的分支领域。近年来，在深度学习技术的支持下，模式识别已取得了长足进步和发展，诸如图像识别和语音识别已经基本达到实用化水平。

（六）理解与交流

像人与人之间有语言信息交流一样，人机之间、智能体之间也需要有直接的语言信息交流。事实上，语言交流是拟人化智能个体或智能系统（如人—机接口、对话系统和智能机器人）所不可缺少的功能组成部分。机器信息交流涉及通信和自然语言处理（Natural Language Processing, NLP）等技术。自然语言处理包括自然语言理解和表达，而理解则是交流的关键。所以，机器的自然语言理解与交流技术也是人工智能的研究内容之一。

关于自然语言处理的研究，人们先后采用基于语言学、基于统计学和基于神经网络机器学习三种途径和方法。从目前的实际水平来看，基于神经网络的方法处于领先地位。

（七）记忆与联想

记忆是人脑的基本功能之一，人脑的思维与记忆密切相关。所以，记忆是智能的基本条件。不管是脑智能还是群智能，都以记忆为基础，在人脑中，伴随着记忆的就是联想，联想是人脑的奥秘之一。

分析人脑的思维过程可以发现，联想实际是思维过程中最基本、使用最频繁的一种功能。例如，当听到一段乐曲，人们头脑中可能会立即浮现出多年前的某一个场景，甚至一段往事，这就是联想。所以，计算机要模拟人脑的思维就必须具有联想功能。要实现联想无非就是建立事物之间的联系，在机器世界里面就是有关数据、信息或知识之间的联系。建立机器联系的方法很多，比如用指针、函数、链表等，通常的信息查询就是这样做的。但传统方法实现的联想，只能对于那些完整的、确定的（输入）信息联想起（输出）有关的信息。这种“联想”与人脑的联想功能相去甚远。人脑对那些残缺的、失真的、变形的输入信息，仍然可以快速准确地输出联想响应。例如，人们对多年不见的老朋友（面貌已经变化）仍能一眼认出。

从机器内部的实现方法来看，传统的信息查询是基于传统计算机的按地址存取方式进行的。而研究表明，人脑的联想功能是基于神经网络按内容记忆方式进行的。也就是说，只要是内容相关的事情，不管在哪里（与存储地址无关），都可因其相关的内容被想起。例如，苹果这一概念，一般有形状、大小、颜色等特征，按内容记忆方式就是由苹果形状想起颜色、大小等特征，而不需要关心其内部地址。

在机器联想功能的研究中，人们利用这种按内容记忆原理，采用一种称为“联想存储”的技术来实现联想功能。联想存储的特点如下：①可以存储许多相关（激励，响应）模式；②通过自组织过程可以完成这种存储；③以分布、稳健的方式（可能会有很高的冗余度）存储信息；④可以根据接收到的相关激励模式产生并输出适当的响应模式；④即使输入激励模式失真或不完全时，仍然可以产生正确的响应模式；⑤可在原存储中加入新的存储模式。

联想存储可分为矩阵联想存储、全息联想存储、Walsh 联想存储和网络联想存储等。

另外，人们也研究用人工神经网络（Artificial Neural Network，ANN）实现记忆与联想。例如，Hopfield 网络、循环神经网络、长短期记忆网络等就是这方面的一些成果。而语义网络则是基本信息之间语义关联的一种联想机制。

总之，记忆和联想也是人工智能的研究内容之一，这也是一个富有挑战性的技术领域。

（八）竞争与协作

与人和动物类似，智能体（如智能机器人）之间也有竞争与协作关系。例如，机器人足球赛中同队的机器人之间是协作关系，而异队之间则是竞争关系。所以，实现竞争与协作既需要个体智能也需要群体智能或者说系统智能。这样，竞争与协作也就成了人工智能不可或缺的研究内容。

关于竞争与协作的研究，除了利用博弈论、对策论等有关理论来指导外，人们还从动物群体（如蚁群、蜂群、鸟群、鱼群等）的群体行为中获得灵感和启发，然后设计相应的算法来实现智能体的竞争与协作。

（九）系统与建造

系统与建造是指智能系统的设计和实现技术，包括智能系统的分类、硬软件体系结构、设计方法、实现语言工具与环境等。由于人工智能一般要以某种系统的形式来表现和应用，因此，关于智能系统的设计和实现技术也是人工智能的研究内容之一。

显然，智能系统的建造技术与通常的计算机系统特别是计算机应用系统的建造技术密切相关。事实上，通常的计算机技术包括硬件技术、软件技术和网络技术等都可以为智能系统的建造提供支持；反过来，智能系统的建造又会进一步推动计算机技术和网络技术的发展。

（十）应用与工程

应用与工程指人工智能的应用和工程技术研究，这是人工智能与实际问题的接口。应用与工程主要研究人工智能的应用领域、应用形式、具体应用工程项目等，其研究内容涉及问题的分析、识别和表示，相应求解方法和技术的设计与选择等。

随着人工智能的飞速发展，人工智能技术已经越来越多地付诸实际应用。所以，关于人工智能的应用与工程可以说是方兴未艾。其实，人工智能和实际问题也是相辅相成的。一方面，人工智能技术的发展使许多困难问题得以解决；另一方面，实际问题又给人工智能的研究不断提出新的课题。所以，应用与工程也是人工智能的重要研究内容之一。

四、人工智能的研究途径与方法

基于脑智能的符号智能和基于群智能的计算智能是人工智能的两种研究途径与方法，但这样划分过于笼统和粗略。下面将人工智能的研究途径和方法做进一步细分。

(一) 心理模拟，符号推演

“心理模拟，符号推演”就是从人脑的宏观心理层面入手，以智能行为的心理模型为依据，将问题或知识表示成某种逻辑网络，采用符号推演的方法，模拟人脑的逻辑思维过程，实现人工智能。

采用这一途径与方法的原因是：①人脑可意识到的思维活动是在心理层面上进行的(如人的记忆、联想、推理、计算、思考等思维过程都是一些心理活动)，心理层面上的思维过程可以用语言符号显式表达，人的智能行为可以用逻辑来建模。②心理学、逻辑学、语言学等实际上也是建立在人脑的心理层面上的，从而这些学科的一些现成理论和方法就可供人工智能参考或直接使用。③当前的数字计算机可以方便地实现语言符号型知识的表示和处理。④可以直接运用人类已有显式知识(包括理论知识和经验知识)直接建立基于知识的智能系统。

基于心理模拟和符号推演的人工智能研究，被称为心理学派、逻辑学派和符号主义(symbolism)。早期的代表人物有纽厄尔(Allen Newell)、肖(J.C.Shaw)、西蒙(Herbert Simon)等，后来还有费根鲍姆(E.A.Feigenbaum)、尼尔逊(Nilsson)等。其代表性的理念是所谓的“物理符号系统假设”。即认为，人对客观世界的认知基元是符号，认知过程就是符号处理的过程；而计算机也可以处理符号，所以，就可以用计算机通过符号推演的方式来模拟人的逻辑思维过程，从而实现人工智能。

符号推演法是人工智能研究中最早使用的方法之一。人工智能的许多重要成果也都是用该方法取得的，如自动推理、定理证明、问题求解、机器博弈、专家系统等。由于这种方法模拟人脑的逻辑思维，利用显式的知识和推理来解决问题。因此，它擅长实现人脑的高级认知功能，如推理、决策等。

（二）生理模拟，神经计算

“生理模拟，神经计算”就是从人脑的生理层面，即微观结构和工作机理入手，以智能行为的生理模型为依据，采用数值计算的方法，模拟脑神经网络的工作过程，实现人工智能。具体来讲，就是用人工神经网络作为信息和知识的载体，用称为神经计算的数值计算方法来实现网络的学习、记忆、联想、识别和推理等功能。

我们知道，人脑的生理结构是由大约 10^{12} 个神经元（细胞）组成的神经网络，而且是一个动态的、开放的、高度复杂的巨系统，以至于人们至今对它的生理结构和工作机理还未完全弄清楚。因此，对人脑真正和完全的模拟一时还难以办到。所以，目前的结构模拟只是对人脑的局部或近似模拟，也就是从群智能的层面进行模拟，实现人工智能。

这种方法一般是通过神经网络的“自学习”获得知识，再利用知识解决问题。神经网络具有高度的并行分布性、很强的鲁棒性和容错性，它擅长模拟人脑的形象思维，便于实现人脑的低级感知功能，例如，图像、声音信息的识别和处理。

生理模拟、神经计算的方法早在 20 世纪 40 年代就已出现，但出于种种原因而发展缓慢，甚至一度出现低潮，直到 80 年代中期才重新崛起，现已成为人工智能研究中不可或缺的重要途径与方法。

采用生理模拟、神经计算方法的人工智能研究，被称为生理学派、连接（联结）主义（connectionism），其代表人物有 McCulloch、Pitts、F.Rosenblatt、T.Kohonen、J.Hopfield 等。

（三）行为模拟，控制进化

除了上述两种研究途径和方法外，还有一种基于“感知—行为”模型的研究途径和方法，我们称其为行为模拟法。这种方法是用模拟人和动物在与环境的交互、控制过程中的智能活动和行为特性，如反应、适应、学习、寻优等，来研究和实现人工智能。基于这一方法研究人工智能的早期典型代表是 MIT 的 R.Brooks 教授，他研制的六足行走机器人（亦称为人造昆虫或机器虫），曾引起人工智能界的轰动。这个机器虫可以看作新一代的“控制论动物”，它具有一定的适应能力，是一个运用行为模拟即控制进化方法研究人工智能的代表作。事实上，Brooks 教授的工作代表了被称为“现场（situated）AI”的研究方向。现场 AI 强调智能系统与环境的交互，认为智能取决于感知和行动，智能行为可以不需要知识，提出“没有表示的智能”“没有推理的智能”的观点，主张智能行为的“感知—行为”模式，认为人的智能、机器智能可以逐步进化，但只能在现实世界与周围环境的交互中体现出来。智能只能放在环境中才是真正的智能，智能的高低主要表现在对环境的适应性上。

基于行为模拟方法的人工智能研究，被称为行为主义（behaviorism）、进化主义、控制论学派。行为主义曾强烈地批评传统的人工智能（主要指符号主义，也涉及连接主义）对真实世界的客观事物和复杂境遇，做了虚假的、过分简化的抽象。沿着这一途径，人们研制具有自学习、自适应、自组织特性的智能控制系统和智能机器人，进一步展开了人工生命（artificial life）的研究。

（四）群体模拟，仿生计算

“群体模拟，仿生计算”就是模拟生物群落的群体智能行为，从而实现人工智能。例如，模拟生物种群有性繁殖和自然选择现象而出现的遗传算法，进而发展为进化计算；模拟人体免疫细胞群而出现的免疫计算、免疫克隆计算及人工免疫系统；模拟蚂蚁群体觅食活动过程的蚁群算法；模拟鸟群飞翔的粒群算法和模拟鱼群活动的鱼群算法等。这些算法在解决组合优化等问题中表现出卓越的性能。这些对群体智慧的模拟是通过一些诸如遗传、变异、选择、交叉、克隆等所谓的算子或操作来实现的，我们统称其为仿生计算。

仿生计算的特点是，其成果可以直接付诸应用来解决工程问题和实际问题。目前这一研究途径方兴未艾，展现出光明的前景。

（五）博采广鉴，自然计算

其实，人工智能的这些研究途径和方法的出现并非偶然。如前所述，至今人们对智能的科学原理还未完全弄清楚。所以，在这种情况下研究和实现人工智能的一个自然的思路就是模拟自然智能。起初，人们知道自然智能源于人脑，因此，模拟人脑智能就是研究人工智能的一个首要途径和方法。后来，人们发现一些生命群体的群体行为也表现出某些惊人的智慧，于是，模拟这些群体智能就成了研究人工智能的又一个重要途径和方法。现在，人们则进一步从生命、生态、系统、社会、数学、物理、化学，甚至经济等众多学科和领域寻找启发和灵感，展开人工智能的研究。

例如，人们从热力学和统计物理学所描述的高温固体材料冷却时其原子的排列结构与能量的关系中得到启发，提出了“模拟退火算法”。该算法已是解决优化搜索问题的有效算法之一。又如，人们从量子物理学中的自旋和统计机理中得到启发，而提出了量子聚类算法。1994 年阿德曼（Addman）使用现代分子生物技术，提出了解决哈密顿路径问题的 DNA 分子计算方法，并在试管里求出了此问题的解。

这些方法一般被称为自然计算。自然计算就是模仿或借鉴自然界中的某种机理而设计计算模型，这类计算模型通常是一类具有自适应、自组织、自学习、自寻优能力的算法。如神经计算、进化计算、免疫计算、生态计算、量子计算、分子计算、DNA 计算和复杂自适应系统等都属于自然计算。自然计算实际是传统计算的扩展，它是自然科学和计算科学相交叉而产生的研究领域。自然计算能够解决传统计算方法难以解决的各种复杂问题，在大规模复杂系统的最优化设计、优化控制、网络安全、创造性设计等领域具有很好的应用前景。

（六）着眼数据，统计建模

“着眼数据，统计建模”就是着眼于事物或问题的外部表现和关系，搜集、采集、整理相关信息并做成样本数据，然后基于样本数据用统计学、概率论和其他数学理论和方法建立数学模型，并采用适当的算法和策略进行计算，以期从事物外在表现的样本数据中推测事物的内在模式或规律，并用于解决相关实际问题。这种方法实际也是科学研究中的一种常用方法。一般来说，用这种方法所获得的知识，虽然有些并不完全精确，有些则具有不确定性，但这些知识是对客观规律的一种定量描述，因而仍然能有效地解决实际问题。所以，它也是人工智能的一个不可或缺的研究途径与方法。

以上给出了当前人们研究人工智能的 6 种途径和方法。它们各有所长，也有各自的局限性。所以，这些研究途径和方法并不能互相取代，而是并存和互补的关系。

第二节 人工智能的应用

人工智能的应用十分广泛，下面仅给出其中一些重要的应用领域和研究课题。

一、难题求解

这里的难题，主要指那些没有算法解，或虽有算法解但在现有机器上无法实施或无法完成的困难问题。例如，智力性问题中的梵塔问题、*n* 皇后问题、旅行商问题、博弈问题等；又如，现实世界中复杂的路径规划、车辆调度、电力调度、资源分配、任务分配、系统配置、地质分析、数据解释、天气预报、市场预测、股市分析、疾病诊断、故障诊断、军事指挥、机器人行动规划等，都是这样的难题。在这些难题中，有些是组合数学理论中所称的 NP（Non-deterministic Polynomial，非确定型多项式）问题或 NP 完全（Non-deterministic Polynomial Complete，NPC）问题。NP 问题是指那些既不能证明其算法复杂度超出多项式界，但又不能找到有效算法的一类问题，而 NP 完全问题又是 NP 问题中最困难的一种问题。例如，有人证明过排课表问题就是一个 NP 完全问题。

研究工程难题的求解是人工智能的重要课题，而研究智力难题的求解则具有双重意义：一方面，可以找到解决这些难题的途径；另一方面，由解决这些难题而发展起来的一些技术和方法可用于人工智能的其他领域。这也正是人工智能研究初期研究内容基本上都集中于游戏世界的智力性问题的重要原因。例如，博弈问题就可为搜索策略、机器学习等研究提供很好的实际背景。

二、自动规划、调度与配置

在上述的难题求解中，规划、调度与配置问题是实用性、工程性最强的一类问题。规划一般指设计制定一个行动序列，例如机器人行动规划、交通路线规划。调度就是一种任务分派或者安排，例如车辆调度、电力调度、资源分配、任务分配。调度的数学本质是给出两个集合间的一个映射。配置则是设计合理的部件组合结构，即空间布局，例如资源配置、系统配置、设备或设施配置。

从问题求解角度看，规划、调度、配置三者又有一定的内在联系，有时甚至可以互相转化。事实上，它们都属于人工智能的经典问题之一的约束满足问题（Constraint Satisfaction Problems，CSP）。这类问题的解决体现了计算机的创造性，所以，规划、调度、配置问题求解也是人工智能的一个重要研究领域。

自动规划的研究始于20世纪60年代，最早的自动规划系统可以说就是Simon的通用问题求解系统GPS和Green方法。1969年斯坦福研究所设计了著名的机器人动作规划系统STRIPS，成为人工智能界的经典自动规划技术。之后，人们又开发了许多非经典规划技术，如排序（或分层）规划技术、动态世界规划、专用目的规划器等。再后来，人们又将机器学习和专家系统技术引入自动规划。在自动配置方面，1982年卡内基—梅隆大学为DEC公司开发的计算机自动配置系统XCOM（亦称R1）堪称典型。

另外，迅速发展的约束程序设计（Constraint Programming，CP）特别是约束逻辑程序设计（Constraint Logic Programmin，CLP）也将为规划、调度和配置问题提供强大的技术支持。

三、机器博弈

机器博弈是人工智能最早的研究领域之一，而且经久不衰。

早在人工智能学科建立的1956年，塞缪尔就成功研制了一个跳棋程序。1959年，装有这个程序的计算机击败了塞缪尔本人，1962年又击败了美国一个州的冠军。

1997年IBM的“深蓝”计算机以2胜3平1负的战绩击败了蝉联12年之久的世界国际象棋冠军加里·卡斯帕罗夫，轰动了全世界。2001年，德国的“更弗里茨”国际象棋软件更是击败了当时世界排名前10位棋手中的9位，计算机的搜索速度达到创纪录的600万步／秒。

2016年至2017年DeepMind研制的围棋程序AlphaGo更是横扫人类各路围棋高手。2017年12月DeepMind又推出了一款名为Alpha Zero的通用棋类程序，除了围棋外，该程序还会国际象棋等多种棋类。现在可以说，在棋类比赛上计算机或者说人工智能已经彻底战胜了人类。

机器人足球赛是机器博弈的另一个战场。近年来，国际大赛不断，盛况空前。现在这一赛事已覆盖全世界的众多大专院校，激发了大学生的极大兴趣和热情。

事实表明，机器博弈现在已经不再仅仅是人工智能专家研究的课题，而且已经进入了人们的文化生活。机器博弈是对机器智能水平的测试和检验，它的研究将有力推动人工智能技术的发展。

四、机器翻译与机器写作

机器翻译就是用计算机进行两种语言之间的自动翻译，其研究由来已久。早在电子计算机问世不久，就有人提出了机器翻译的设想，并开始了这方面的研究，但由于曾经过分依赖于基于规则的自然语言理解，所以一度进展缓慢。20世纪80年代，统计方法被引入机器翻译，使机器翻译有了巨大的进步和发展。近年来，神经网络机器学习的再度兴起，又给机器翻译带来了新的繁荣。据报道，在新闻稿的英—汉互译方面，机器翻译已达到甚至超过人类专家水平。总之，在基于规则、基于统计和基于联结三大自然语言处理方法和学派的轮番攻关下，机器翻译质量不断提高，现已逐步进入实用化阶段。然而，在一些专业性较强的翻译领域，还需要三大学派继续联合攻关。

另外，现在机器人写新闻稿（用计算机自动生成新闻稿）已经不是新闻了。而最近又有报道：一篇题为PaperRobot: Incremental Draft Generation of Scientific Ideas的论文已被ACL 2019（自然语言处理领域顶级会议）录用，文中介绍了一个最新开发的PaperRobot，它能实现从idea、摘要、结论到“未来研究”的自动生成，甚至还能写出下一篇论文的题目，此事在推特上引起大量关注。PaperRobot的工作流程包括以下内容。

一是对目标领域的大量人类撰写的论文进行深入的理解，并构建全面的背景知识图谱。

二是通过结合图注意力（graph attention）和上下文本注意力（contextual text attention)，从背景知识库 KG 中预测链接，从而产生新想法。

三是基于 Memory–Attention 网络，逐步写出一篇新论文的一些关键要素：首先从输入标题和预测的相关实体，生成一篇摘要；再从摘要生成结论和未来工作；最后从未来工作生成下一篇论文的标题。

研究者还对这个论文生成器进行了图灵测试：将 PaperRobot 生成的生物医学领域论文摘要、结论和未来工作部分，同人类所写的同领域论文，让一名生物医学领域的专家进行比较。结果专家认为摘要、结论和未来工作部分分别有 30%、24%和 12%，PaperRobot 生成的比人类写得更好。

该论文作者来自伦斯勒理工学院、DiDi 实验室、伊利诺伊大学香槟分校、北卡罗来纳大学教堂山分校和华盛顿大学。其中，第一作者 Qingyun Wang（王清昀）是伦斯勒理工学院的大四本科生。

五、机器定理证明

机器定理证明是人工智能的一个重要的研究课题，也是最早的研究领域之一。定理证明是最典型的逻辑推理问题之一，它在发展人工智能方法上起过重大作用。如关于谓词演算中推理过程机械化的研究，帮助我们更清楚地了解到某些机械化推理技术的组成情况。很多非数学领域的任务如医疗诊断、信息检索、规划制定和难题求解，都可以转化成一个定理证明问题，所以机器定理证明的研究具有普遍意义。

机器定理证明的方法主要有以下四类。

一是自然演绎法。其基本思想是依据推理规则，从前提和公理中可以推出许多定理，如果待证的定理恰在其中，则定理得证。

二是判定法。对一类问题找出统一的计算机上可实现的算法解。在这方面一个著名的成果，就是我国数学家吴文俊教授 1977 年提出的初等几何定理证明方法。

三是定理证明器。它研究一切可判定问题的证明方法。

四是计算机辅助证明。它是以计算机为辅助工具，利用机器的高速度和大容量，帮助人完成手工证明中难以完成的大量计算、推理和穷举。证明过程中所得到的大量中间结果，又可以帮助人形成新的思路，修改原来的判断和证明过程，这样逐步前进直至定理得证。这种证明方法的一个重要成果就是，1976年6月美国的阿普尔（K.Appel）等人证明了124年未能解决的四色定理，引起了全世界的轰动。一般来讲，适于计算机辅助证明的是这样一类问题：它需要检索的信息量极大，且证明过程须根据中间结果反复由人修改。

六、自动程序设计

自动程序设计就是让计算机设计程序。具体来讲，就是只要给出关于某程序要求的非常高级的描述，计算机就会自动生成一个能完成这个要求目标的具体程序。所以，这相当于给机器配置了一个“超级编译系统”，它能够对高级描述进行处理，通过规划过程，生成所需的程序。但这只是自动程序设计的主要内容，它实际是程序的自动综合。自动程序设计还包括程序自动验证，即自动证明所设计程序的正确性。因此，自动程序设计也是人工智能和软件工程相结合的研究课题。

七、智能控制

智能控制就是把人工智能技术引入控制领域，建立智能控制系统。智能控制具有两个显著的特点：第一，智能控制是同时具有知识表示的非数学广义世界模型和传统数学模型混合表示的控制过程，也往往是含有复杂性、不完全性、不确切性或不确定性以及不存在已知算法的过程，并以知识进行推理，来引导求解过程；第二，智能控制的核心在高层控制，即组织级控制，其任务在于对实际环境或过程进行组织，即决策与规划，以实现广义问题求解。

智能控制系统的智能可归纳为以下几个方面。

一是先验智能。有关控制对象及干扰的先验知识，可以从一开始就考虑在控制系统的设计中。

二是反应性智能。在实时监控、辨识及诊断的基础上，对系统及环境变化的正确反应能力。

三是优化智能。包括对系统性能的先验性优化及反应性优化。

四是组织与协调智能。表现为对并行耦合任务或子系统之间的有效管理与协调。

八、智能管理

智能管理就是把人工智能技术引入管理领域，建立智能管理系统。智能管理是现代管理科学技术发展的必然趋势。智能管理是人工智能与管理科学、系统工程、计算机技术及通信技术等多学科、多技术互相结合、互相渗透而产生的一门新技术、新学科。它研究如何提高计算机管理系统的智能水平，以及智能管理系统的设计理论、方法与实现技术。

智能管理系统是在管理信息系统、办公自动化系统、决策支持系统的功能集成和技术集成的基础上，应用人工智能的专家系统、知识工程、模式识别、神经网络等方法和技术，进行智能化、集成化、协调化，设计和实现的新一代计算机管理系统。

九、智能决策

智能决策就是把人工智能技术引入决策过程，建立智能决策支持系统。智能决策支持系统是在20世纪80年代初提出来的。它是决策支持系统与人工智能，特别是专家系统相结合的产物。智能决策既充分发挥了传统决策支持系统中数值分析的优势，也充分发挥了专家系统中知识及知识处理的特长，既可以进行定量分析，又可以进行定性分析，能有效地解决半结构化和非结构化的问题，从而扩大了决策支持系统的范围，提高了决策支持系统的能力。

智能决策支持系统是在传统决策支持系统的基础上发展起来的，由传统决策支持系统加上相应的智能部件就构成了智能决策支持系统。智能部件可以有多种模式，例如专家系统模式、知识库系统模式等。专家系统模式是把专家系统作为智能部件，这是比较流行的一种模式。该模式适于以知识处理为主的问题，但它与决策支持系统的接口比较困难。知识库系统模式是以知识库作为智能部件。在这种情况下，决策支持系统就是由模型库、方法库、数据库、知识库组成的“四库系统”；这种模式接口比较容易实现，其整体性能也较好。

一般来说，智能部件中可以包含如下知识：①建立决策模型和评价模型的知识；②如何形成候选方案的知识；③建立评价标准的知识；④如何修正候选方案，从而得到更好候选方案的知识；⑤完善数据库，改进对它的操作及维护的知识。

十、智能通信

智能通信就是把人工智能技术引入通信领域，建立智能通信系统。智能通信就是在通信系统的各个层次和环节上实现智能化。例如在通信网的构建、网管与网控、转接、信息传输与转换等环节，都可实现智能化。这样，网络就可运行在最佳状态，使网络活化，使其具有自适应、自组织、自学习及自修复等功能。

十一、智能预测

智能预测就是将人工智能技术引入预测领域，建立智能预测模型或系统。例如，使用机器学习方法，从大量观测数据中获取天气变化的规律，建立相应的气象预测模型，对未来的天气做出预测；又如，从大量商业数据中由机器学习获取市场变化的规律，建立相应的经济预测模型，对未来的市场经济做出预测。对于那些不确定性或者难以建立精确数学模型的系统，智能预测则可大显身手。

十二、智能仿真

智能仿真就是将人工智能技术引入仿真领域，建立智能仿真系统。仿真是对动态模型的实验，即行为产生器在规定的实验条件下驱动模型，从而产生模型行为。具体地说，仿真是在3种类型知识——描述性知识、目的性知识及处理知识的基础上产生另一种形式的知识——结论性知识。因此，可以将仿真看作一个特殊的知识变换器，从这个意义上讲，人工智能与仿真有着密切的关系。

一方面，利用人工智能技术能对整个仿真过程（包括建模、实验运行及结果分析）进行指导，能改善仿真模型的描述能力，在仿真模型中引进知识表示将为研究面向目标的建模语言打下基础，提高仿真工具面向用户、面向问题的能力。另一方面，仿真与人工智能相结合可使仿真更有效地用于决策，更好地用于分析、设计及评价知识库系统，从而推动人工智能技术的发展。正是基于这些方面，将人工智能特别是专家系统与仿真相结合，就成为

仿真领域中一个十分重要的研究方向。

十三、智能设计与制造

将人工智能技术引入设计和制造领域以实现智能设计与制造，早在从20世纪八九十年代就已开始。

在设计方面，首先人工智能被用于计算机辅助设计（CAD），建立智能CAD系统，实现自动数据采集、智能交互、智能图形学以及设计自动化。从具体技术来看，智能CAD技术大致可分为规则生成法、约束满足法、搜索法、知识工程方法和形象思维方法等。

智能制造就是在数控技术、柔性制造技术和计算机集成制造技术的基础上，引入智能技术。智能制造系统由智能加工中心、材料传送检测和实验装置等智能设备组成，它具有一定的自组织、自学习和自适应能力，能在不可预测的环境下，基于不确定、不精确、不完全的信息，完成拟人的制造任务，形成高度自动化生产。

十四、智能车辆与智能交通

智能车辆就是将人工智能技术用于车辆驾驶实现无人驾驶车辆。随着计算机视觉、机器感知、智能控制、智能机器人等技术的飞速发展，智能车辆应运而生，并发展迅猛。国内外的许多公司竞相推出了各自的无人驾驶车，现在已进入上路测试阶段。

智能交通就是在公共交通的各个环节引入人工智能技术，建造智能交通系统，实现路况实时监测、车辆实时调度、实时路径规划等。这就需要计算机视觉、模式识别、自动调度与规划、自然语言人机接口等智能技术的支持，当然还需要卫星导航、电子地图等设施和技术的配合。其实，现在的交通系统已经部分地实现了智能化。

十五、智能诊断与治疗

将人工智能技术引入疾病诊断与治疗由来已久，早在20世纪七八十年代，人们已将专家系统技术用于疾病诊断与治疗。现在，则进一步将深度学习、强化学习、模式识别及机器人等技术引入疾病的诊断和治疗，并取得了一些成果。由于人体的复杂性以及安全性问题，从现阶段来看，人工智能还只能作为人类医生的助手，或者与人类医生合作来提高疾病诊断和治疗水平。

十六、智能生物信息处理

进入21世纪后，生命科学的研究已深入基因和蛋白质层次，由此而产生的数据量和复杂度激增，以至于由常规计算技术主导的生物信息处理已难以胜任。于是，人工智能技术便被引入生命科学的研究之中，即用人工智能技术研究、解决生物信息处理中的困难问题。譬如，对海量基因测序数据的处理，对蛋白质折叠结构的研究等。事实上，这一领域发展十分迅速。据报道，谷歌的一个名为AlphaFold研究项目已取得了一项重大成果：根据基因序列成功地预测了蛋白质的三维结构。众所周知，蛋白质是构筑生命体的基本分子材料，而蛋白质是以某种折叠形式而构造的，不同的折叠结构决定了不同的功能和生物活性，所以，能预测蛋白质的折叠结构，将有助于对生物体特别是人类的生理、病理、药理的研究，对疾病诊断与治疗有重大意义。可见，人工智能在生物信息处理乃至生命科学领域也可大显身手。

十七、智能教育

智能教育就是在教育的各个环节引入人工智能技术，实现教育智能化。

个人计算机问世不久，人们就开始研究计算机辅助教学（Computer Aided Instruction，CAI）；之后，随着人工智能技术的发展，CAI升级为智能CAI（ICAI）。ICAI的特点是能对学生因材施教地进行指导，ICAI具备下列智能特征：①自动生成各种问题与练习；②根据学生的水平和学习情况自动选择与调整教学内容与进度；③在理解教学内容的基础上自动解决问题生成解答；④具有自然语言的生成和理解能力；⑤对教学内容有解释咨询能力；⑥能诊断学生错误，分析原因并采取纠正措施；⑦能评价学生的学习行为；⑧能不断地在教学中改善教学策略。

为了实现上述ICAI系统，一般把整个系统分为专门知识、教导策略和学生模型等三个基本模块和一个自然语言的智能接口。

近年来，随着人工智能技术、互联网技术、通信与计算技术的飞速发展，在ICAI的基础上，智能教育被提上了教育界的议事日程。智能教育将

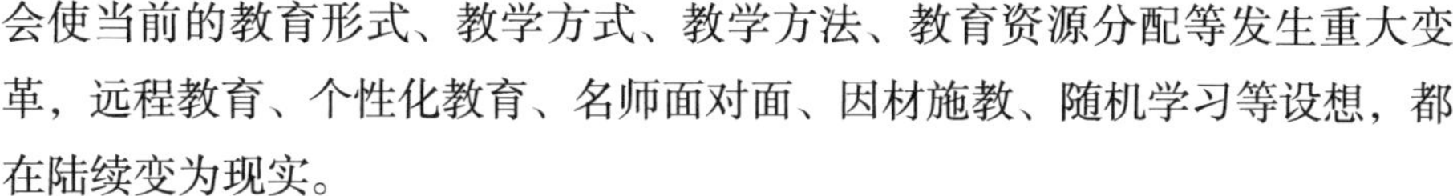

会使当前的教育形式、教学方式、教学方法、教育资源分配等发生重大变革，远程教育、个性化教育、名师面对面、因材施教、随机学习等设想，都在陆续变为现实。

十八、智能人—机接口

智能人—机接口就是智能化的人—机交互界面。这种人机交互界面使机器更加灵性化、拟人化、个性化。现在这方面已经取得了一些进展，如网上已经出现了多个有一定智能水平的人机对话系统。随着智能通信和智能化网络的发展，智能接口已是人—机交互的迫切需要和人—机接口技术发展的必然趋势。智能人—机接口涉及机器感知，特别是图形图像识别与理解、语音识别、自然语言处理、不确切性信息处理、机器翻译等诸多AI技术，另外，还涉及多媒体、虚拟现实等技术。

十九、模式识别

识别是人和生物的基本智能信息处理能力之一。事实上，人们几乎无时无刻不在对周围世界进行识别。所谓模式识别，则指的是用计算机进行物体识别。这里的物体一般指文字、符号、图形、图像、语音、声音及传感器信息等形式的实体对象（但不包括概念、思想、意识等抽象或虚拟对象，后者的识别属于心理、认知及哲学等学科的研究范畴）。模式识别是人和生物的感知能力在计算机上的模拟和扩展，其应用十分广泛。诸如信息、遥感、医学、影像、安全、军事等领域都是模式识别的用武之地。经过多年的研究，模式识别已有了长足进步和发展。例如，图像识别、人脸识别、语音识别、手写体文字识别等技术已经投入实际使用，而基于模式识别还出现了生物认证、数字水印等新技术。

二十、智能机器人

智能机器人也是当前人工智能领域一个十分重要的应用领域和热门的研究方向。由于它直接面向应用，社会效益高，所以，其发展非常迅速。事实上，在媒体上已频频出现有关机器人的报道，诸如工业机器人、太空机器人、水下机器人、家用机器人、军用机器人、服务机器人、医疗机器人、运动机器人、助理机器人、机器人足球赛、机器人象棋赛等，几乎应有尽有。

智能机器人的研制几乎需要所有的人工智能技术，而且涉及其他许多科学技术门类和领域。所以，智能机器人是人工智能技术的综合应用，其能力和水平已经成为人工智能技术水平甚至人类科学技术综合水平的一个代表和体现。

二十一、数据挖掘与知识发现

随着计算机、数据库、互联网等信息技术的飞速发展，人类社会已进入大数据（Big Data）时代。例如，企业中出现了以数据仓库为存储单位的海量数据，互联网上的 Web 页面更以惊人的速度不断增长。面对这些浩如烟海的数据，人们已经无法用人工方法或传统方法从中获取有用的信息和知识。而事实上这些数据中不仅承载着大量的信息，也蕴藏着丰富的知识。于是，如何从这些数据中归纳、提取出高一级的更本质、有用的规律性信息和知识，成了人工智能的一个重要研究课题。也正是在这样的背景下，数据挖掘（Data Mining，DM）与数据库中的知识发现（Knowledge Discovery in Databases，KDD）技术便应运而生。

其实，数据挖掘和数据库中的知识发现的本质含义是一样的，只是前者主要流行于统计、数据分析、数据库和信息系统等领域，后者则主要流行于人工智能和机器学习等领域。所以，现在有关文献中一般都把二者同时列出。

数据挖掘现已成为人工智能应用的一个热门领域和研究方向，其涉及范围非常广泛，如企业数据、商业数据、科学实验数据、管理决策数据等，尤其是 Web 数据的挖掘。所以，KDD 已几乎等同于 KD，或者说也可以简称为 KD。

二十二、计算机辅助创新

计算机辅助创新（Computer Aided Innovation，CAI）是以“发明问题解决理论（TRIZ）”为基础，结合本体论（Ontology）、现代设计方法学、计算机技术而成的一种用于技术创新的新技术手段。计算机辅助创新现已成为新产品开发中的一项关键性基础技术，其可以看作机器发明创造的初级形式。

在计算机辅助创新方面，根里奇·阿奇舒勒（Genrich S.Altshuler）等人（苏联）在分析了全世界近250万件高水平的发明专利，并综合多学科领域的原理和法则后，建立了一种被称为TRIZ（TRIZ由俄语拼写的单词首字母组成，用英语也可缩写为TIPS，其全称为Theory of Inventive Problem Solving）的发明创造理论和方法。TRIZ是由解决技术问题和实现创新开发的各种方法、算法组成的综合理论体系，其基本原理是：企业和科学技术领域中的问题和解决方案是重复出现的；企业和科学技术领域的发展变化也是重复出现的；高水平的创新活动经常会应用到专业领域以外的科学知识。因此，技术系统的进化遵循客观的法则群，人们可以应用这些进化法则预测产品的未来发展趋势，把握新产品的开发方向。在解决技术问题时，如果不明确应该使用哪些科学原理法则，则很难找到问题的解决对策。TRIZ就是提供解决问题的科学原理并指明解决问题的探索方向的有效工具。同时，产品创新需要和自然科学与工程技术领域的基本原理以及人类已有的科研成果建立千丝万缕的联系，而各学科领域知识之间又具有相互关联的特性。显然，对这些关联特性的有效利用会大大加快创新进程。

基于TRIZ，人们已经开发出了不少计算机辅助创新软件，例如：

发明机器（Invention Machine）公司开发的TechOptimizer就是一个计算机辅助创新软件系统。TechOptimizer软件是基于知识的创新工具，它以TRIZ为基础，结合现代设计方法学、计算机辅助技术及多学科领域的知识，以分析解决产品及其制造过程中遇到的矛盾为出发点，从而可解决新产品开发过程中遇到的技术难题而实现创新，并可为工程技术领域新产品、新技术的创新提供科学的理论指导，并指明探索方向。

IWINT，Inc.（亿维讯）公司的计算机辅助创新设计平台Pro / Innovator，它基于TRIZ将发明创造方法学、现代设计方法学与计算机软件技术融为一体。能够帮助设计者在概念设计阶段有效地利用多学科领域的知识，打破思维定式，拓宽思路，准确发现现有技术中存在的问题，找到创新性的解决方案，保证产品开发设计方向正确的同时实现创新。Pro/Innovator已成为全球研究机构、知名大学、企业解决工程技术难题、实现创新的有效工具。这种基于知识的创新工具能帮助技术人员在不同工程领域产品的方案设计阶段，根据市场需求，正确地发现并迅速解决产品开发中的关键问题，高质量、高效率地提出可行的创新设计方案，并将设计引向正确方向，为广大企业提高自主创新能力和实现系统化创新提供行之有效的方法和方便实用的创新工具。

基于知识发现的计算机辅助创新智能系统（CAIISKD），这是国内学者研制的一个以创新工程与价值工程为理论基础，以知识发现为技术手段，以专家求解问题的认知过程为主线，以人机交互贯穿的多层递阶、综合集成的计算机辅助创新智能系统。

二十三、计算机文艺创作

在文艺创作方面，人们也尝试开发和运用人工智能技术。事实上，现在计算机创作的诗词、小说、乐曲、绘画时有报道。

据报道，微软的小冰已经出版诗集了，还有人已经用计算机创作出《哈利·波特》的续集。在技术上也有了很大进展。以前的计算机诗词一般是用一种称为词语沙拉（Word Salad）的技术，以及后来的基于模板和模式、基于统计等方法生成的。用这些方法生成的诗词，要么是诗句之间缺乏语义连贯性，要么缺乏灵活性，而且都有别于诗词领域的专业知识，需要专家设计大量的人工规则，对生成诗词的格律和质量进行约束。近年来，基于神经网络的机器学习被引入机器写诗，例如基于 RNN（循环网络）语言模型的方法，将诗歌的整体内容作为训练语料送给 RNN 语言模型进行训练。训练完成后，先给定一些初始内容，然后就可以按照语言模型输出的概率分布进行采样得到下一个词，不断重复这个过程就产生完整的诗歌。另外，也可用 LSTM(长短期记忆) 网络实现一个写诗机器人。网上现在已推出了好几款写诗软件，用户只需输入几个随意想到的名词、形容词，计算机就能在数秒钟内完成一首现代诗。在计算机诗词领域，清华大学有一支劲旅，该团队推出了一款名为“九歌”的计算机自动作诗系统。

需要指出的是，以上我们仅给出了人工智能应用的部分领域和课题。事实上，除了上面所列举的例子外，还有智能材料、智能建筑、智能家居、智能服装、智能服务、智能传媒、智能检测、智能农业等，不一而足。当今的人工智能研究与实际应用的结合越来越紧密，受应用的驱动越来越明显。现在，人工智能技术已同整个计算机科学技术、网络技术、信息技术紧密结合在一起，其应用也与传统的计算机应用越来越融合，有的则直接面向应用。归纳起来，AI 的应用形成了以下几条主线。

一是从基于图搜索的问题求解到基于各种智能算法的问题求解。

二是从图像识别、语音识别到景物分析、视频理解，再到自然语言人机对话。

三是从专家（知识）系统到 Agent 系统和智能机器人系统。

四是从机器学习到大数据挖掘与知识发现。

五是从单机环境下的智能程序到以 Internet 和 www 为平台的分布式智能系统。

六是从智能技术的单一应用到各种各样的智能产品、智能机器 / 仪器 / 设施和智能工程。

第三节　人工智能学科发展概况

一、孕育与诞生

现在公认，人工智能学科正式诞生于 1956 年。那年夏季，由美国达特莫斯（Dartmouth）大学的麦卡锡（J.McCarthy）、哈佛大学的明斯基（M.Minsky）、IBM 公司信息研究中心的罗切斯特（N.Rochester）、贝尔实验室的香农（C.E.Shannon）共同发起，并邀请 IBM 公司的莫尔（T.More）和塞缪尔（A.M.Samuel）、麻省理工学院的塞尔夫里奇（O.Selfridge）和索罗门夫（R.Solomonff）以及兰德公司和卡内基工科大学的纽厄尔（A.Newell）、西蒙（H.A.Simon）等，共十位来自数学、心理学、神经生理学、信息论和计算机等方面的学者和工程师，在达特莫斯大学召开了一次历时两个月的研究会，讨论关于机器智能的有关问题。会上经麦卡锡提议，正式采用了“人工智能”这一术语。从此，一门新兴的学科便正式诞生了。

人工智能学科虽然正式诞生于 1956 年，但之前已经被孕育十余年了。事实上，早在 20 世纪 40 年代，就有学者开始用数学方法研究人脑神经元的信息处理机制了。1950 年，电子计算机刚问世不久，英国科学家图灵就发表了题为《计算机与智能》的论文，并提出了著名的“图灵测试”。

可见，人工智能实际上是数理科学、计算机科学、逻辑学、心理学、脑科学、神经生理学和信息科学等诸多学科发展的必然趋势和必然结果。

二、符号主义先声夺人

在1956年之后的十多年间，人工智能的研究取得了许多令人瞩目的成就。从符号主义的研究途径来看，主要有以下几个方面的工作。

1956年，美国的纽厄尔、肖和西蒙合作编制了一个名为逻辑理论机（Logic Theory Machine，LT）的计算机程序系统。该程序模拟了人用数理逻辑证明定理时的思维规律。利用LT纽厄尔等人证明了怀特海（Alfred North Whitehead）和罗素（Bertrand Russell）的名著——《数学原理》第2章中的38条定理（1963年在另一台机器上证明了全部52条定理）。而美籍华人、数理逻辑学家王浩于1958年在IBM—704计算机上用3～5分钟证明了《数学原理》中有关命题演算的全部定理（220条），并且证明了谓词演算中150条定理的85%。

1956年，塞缪尔成功研制了具有自学习、自组织、自适应能力的跳棋程序。这个程序能从棋谱中学习，也能从下棋实践中提高棋艺，1959年它击败了塞缪尔本人，1962年又击败了美国一个州的冠军。

1959年，籍勒洛特（H.Gelernter）发表了证明平面几何问题的程序，塞尔夫里奇推出了一个模式识别程序；1965年罗伯特（Roberts）编制出了可以分辨积木构造的程序。

1960年，纽厄尔、肖和西蒙等人通过心理学试验总结出了人们求解问题的思维规律，编制了通用问题求解程序（General Problem Solving，GPS）。该程序可以求解11种不同类型的问题。

1960年，麦卡锡研制成功了面向人工智能程序设计的表处理语言LISP。该语言以其独特的符号处理功能，很快在人工智能界风靡起来。它武装了几代人工智能学者，至今仍然是人工智能研究的一个有力工具。

1965年，鲁宾逊（Robinson）提出了消解原理，为定理的机器证明作出了突破性的贡献。

在这一时期，虽然人工智能的研究取得了不少成就，但就所涉及的问题来看，大都是一些可以确切定义并具有良好结构的问题；就研究的内容来看，主要集中于问题求解中的搜索策略或算法，而轻视了与问题有关的领域知识。当时人们普遍认为，只要能找到几个推理定律，就可解决人工智能的所有问题。所以，这一时期人工智能的研究主要是以推理为中心，有人将这一时期称为人工智能的推理期。

推理期的人工智能基本上还是停留在实验室，没有面向真实世界的复杂问题。之后，在认真考察了现实世界中的各种复杂问题后，人们发现要实现人工智能，除了推理搜索方法外，还需要知识，于是人工智能的研究又开始转向知识。

1965年，美国斯坦福大学的费根鲍姆（E.A.Feigenbaum）教授和他的团队所研制的基于领域知识和专家知识的名为DENDRAL的程序系统，标志着人工智能研究的一个新时期的开始。该系统能根据质谱仪的数据并利用有关知识，推断出有机化合物的分子结构。该系统当时的能力已接近于甚至超过有关化学专家的水平，后来在英、美等国得到了实际应用。由于DENDRAL系统的特点主要是依靠其所拥有的专家知识解决问题，因此，后来人们就称它为专家系统（Expert System，ES）。继DENDRAL之后，还有一些著名的专家系统，如医学专家系统MYCIN、地质勘探专家系统PROSPECTOR、计算机配置专家系统等也相继问世。这些专家系统进一步完善了专家系统的理论和技术基础，同时也扩大了专家系统的应用范围。

由于专家系统走出了实验室，能解决现实世界中的实际问题，被誉为“应用人工智能”，所以，专家系统很快成为人工智能研究中的热门课题，并受到企业界和政府部门的关注和支持。

在这一时期，还发生了一些重大学术事件，如1969年国际人工智能联合会议（International Joint Conferences on Artificial Intelligence，IJCAI）宣告成立；1970年国际性的人工智能专业杂志*Artificial Intelligence*创刊；1972年法国马赛大学的科麦瑞尔（A.Colmerauer）在Horn子句的基础上提出了逻辑程序设计语言PROLOG；1977年，在第五届国际人工智能会议上，费根鲍姆进一步提出了知识工程的概念。这样，人工智能的研究便从以推理为中心转向以知识为中心，进入了被人们称为的知识期。

从此以后，专家系统与知识工程便成为人工智能的一个最重要的分支领域。同时，知识是智能的基础和源泉的思想也逐渐渗透到人工智能的其他分支领域，如自然语言理解、景物分析、文字识别和机器翻译等。于是，运用知识（特别是专家知识）进行问题求解，便成为一种新的潮流。

20世纪80年代后，专家系统与知识工程在理论、技术和应用方面都有了长足的进步和发展。专家系统的建造进入应用高级开发工具时期。专家系统结构和规模也在不断扩大，出现了多专家系统、大型专家系统、微专家系统和分布式专家系统等。同时，知识表示、不精确推理、机器学习等方面也都取得了重要进展。各个应用领域的专家系统更如雨后春笋般在世界各地不断涌现。进一步，还出现了不限于专家知识的基于知识的系统（knowledge-based system）和知识库系统（knowledge base system）。专家系统、知识工程的技术应用于各种计算机应用系统，出现了智能管理信息系统、智能决策支持系统、智能控制系统、智能CAD系统、智能CAI系统、智能数据库系统、智能多媒体系统等。

另外，20世纪八九十年代，以LISP机和PROLOG机为代表的智能计算机成为各国竞相研发的重大课题，虽然取得了不少成果，但最终未达到预期目标。

三、连接主义不畏坎坷

在连接主义阵营，早在20世纪40年代就有一些学者开始了神经元及其数学模型的研究。例如，1943年心理学家MeCulloch和数学家Pitts提出了形式神经元的数学模型——MP模型，1944年Hebb提出了改变神经元连接强度的Hebb规则。MP模型和Hebb规则至今仍在各种神经网络中起重要作用。

20世纪50年代末到60年代初，开始了人工智能意义下的神经网络系统的研究。一些研究者结合生物学和心理学研究的成果，开发出一批神经网络，开始时用电子线路实现，后来较多的是用更灵活的计算机模拟。如1957年罗圣勃莱特（F.Rosenblatt）开发的称为感知器（Perceptron）的单层神经网络、1962年维特罗（B.Windrow）提出的自适应线性元件（Adaline）等。这些神经网络已可用于解决诸如天气预报、电子线路分析、人工视觉等许多问题。当时，人们似乎感到智能的关键仅仅是如何构造足够大的神经网络的方法问题，但类似的网络求解问题的失败和成功同时并存，造成无法解释的困扰。人工神经网络研究开始了一个失败原因的分析阶段。作为人工智能创始人之一的著名学者明斯基应用数学理论对以感知器为代表的简单网络做了深入的分析，于1969年与白伯脱（Papert）共同发表了颇有影响的*Perceptrons*一书。书中证明了那时使用的单层人工神经网络无法实现一个简单的异或门（XOR）所完成的功能。因而明斯基本人也对神经网络的前景持悲观态度。

由于明斯基的理论证明和个人的威望，这本书的影响很大，使许多学者放弃了在该领域中继续努力，政府机构也改变基金资助的投向。另外，在此期间，基于逻辑与符号推理途径的研究不断取得进展和成功，也掩盖了发展新途径的必要性和迫切性。因此，神经网络的研究进入低谷。

然而，仍有少数杰出科学家，如寇耐（T.Kohonen）、葛劳斯伯格（S. Grossberg）、安特生（J.Andenson）等，在极端艰难的环境下仍然坚韧不拔地继续努力。

经过这些科学家的艰苦探索，神经网络的理论和技术在经过近20年的暗淡时期后终于有了新的突破和惊人的成果。1985年，美国霍布金斯大学的赛诺斯（T.Sejnowsk）开发了名为NETtalk英语读音学习用的神经网络处理器，输入为最多由7个字母组成的英语单词，输出为其发音，由于该处理器自己可以学习许多发音规则，因此从一无所知起步，经过3个月的学习所达到的水平已可同经过20年研制成功的语音合成系统相媲美。同年，美国物理学家霍普菲尔特（J.Hopfield）用神经网络迅速求得了巡回推销员路线问题（旅行商问题）的准优解，显示它在求解“难解问题”上的非凡能力。实际上，早在1962年，霍普菲尔特就提出了著名的HNN模型。在这个模型中，他引入了“能量函数”的概念，给出了网络稳定性判据，从而开拓了神经网络用于联想记忆和优化计算的新途径。此外，还有不少成功的例子。这些重大突破和成功，轰动了世界，人们又开始对冷落了近20年的神经网络刮目相看。另外，在这一时期，在符号主义途径上，人工智能虽然在专家系统、知识工程等方面取得很大的进展，但在模拟人的视觉、听觉和学习、适应能力方面却遇到了很大的困难。这又使人们不得不回过头来对人工智能的研究途径做新的反思，不得不寻找新的出路。正是在这样的背景下，神经网络研究的热潮再度出现。

1987 年 6 月，第一届国际神经网络会议（ICNN）在美国圣地亚哥召开。会议预定 800 人，但实际到会达 2000 多人。会上气氛之热烈，群情之激昂，据报道是国际学术会议前所未有的。例如，会上有人竟喊出了“AI is dead, Long live neural networks”的口号。会议决定成立国际神经网络学会，并出版会刊 *Neural Networks*。

从此之后，神经网络东山再起，其研究活动的总量急剧增长，新的研究机构、实验室等与日俱增，各国政府也在组织与实施有关的科研攻关项目。然而，之后的几年却并未出现人们预期的结果。另外，1995 年后，计算智能方面的研究工作，特别是统计学习方面的重大突破——支持向量机，也冲淡和分散了人们对神经网络的热情和注意力。于是，关于神经网络的研究热潮又再次降温。

但所幸的是，与上次“倒春寒”的情形一样，在这样的形势下，有学者依然锲而不舍，扎扎实实地进行着自己的研究工作。其中的典型代表当推加拿大多伦多大学的 Geoffrey Hinton 教授和他的团队。他们不随波逐流，不见异思迁，而是在屡遭挫败的情况下，仍然“固执己见”，坚持不懈，终于发现和提出了基于深度神经网络的“深度学习”技术并获得成功。深度学习可以说是 AI 史上最重大的一次技术突破，虽然这一重大突破直到 2012 年后才真正被学术界承认，但它引起的轰动是“核弹”级的。深度学习再一次掀起了神经网络的研究热潮，也掀起了机器学习乃至人工智能的研究热潮。

2018 年，ACM 将图灵奖颁发给了杰弗里・辛顿（Geoffrey Hinton）、杨立昆（Yann LeCun）和约书亚・本吉奥（Yoshua Bengio）这三位深度学习的开创者，可谓实至名归。

四、计算智能异军突起

继模拟人脑微观结构的神经计算之后，1962 年福格尔（Fogel）受物竞天择的生物进化过程的启发，提出了进化程序设计（Evolutionary Programming，EP），亦称进化规划的概念和方法，开了从脑和神经系统以外的生命世界中寻找智慧机理之先河。1964 年雷切伯格（Rechenberg）、施韦费尔（Schwefel）和比纳特（Bienert）提出了又一个被称为进化策略的搜索算法。1967 年，Bagley 和 Rosengerg 提出了遗传算法的初步想法。1975 年，霍兰德（Holland）的出色工作奠定了遗传算法的理论基础，使这个模拟生物有性繁殖、遗传变异和优胜劣汰的优化搜索算法付诸了实际应用。至此，现在被称为进化计算的研究方向基本形成。1980 年，荷兰教授实现了第一个基于遗传算法的机器学习系统——分类器系统（classifier system）。1989 年，戈德堡（Goldberg）总结了遗传算法的主要成果，全面论述了遗传算法的基本原理及其应用，奠定了现代遗传算法的科学基础。1992 年，克扎（Koza）将遗传算法应用于计算机程序设计，提出了遗传程序设计（Genetic Programming，GP）的新概念和新方法。

1965 年美国学者扎德（L.A.Zadeh）推广传统集合的定义，提出了模糊集合（fuzzy set）的概念。基于模糊集合，人们又发展了模糊逻辑、模糊推理、模糊控制等，形成了处理不确切性信息和知识的一些理论和方法。

1994 年，关于神经网络、进化程序设计和模糊集合的三个 IEEE 国际会议联合举行了首届计算智能大会 “The First IEEE World Congress on Computational Intelligence。这标志着一个有别于符号智能的人工智能新领域——计算智能正式形成。

另外，在 20 世纪 90 年代前后，又涌现出了一批计算智能的新理论和新算法。

20 世纪 90 年代初，意大利学者多里戈（M.Dorigo）、马尼佐（V.Maniezzo）和科洛龙（A.Colorni）等人研究蚂蚁寻找路径的群体行为，提出了蚁群算法。

1986 年，Farmer 首次将人体免疫机理和人工智能结合起来。1990 年伯西尼（Bersini）首次使用免疫算法（immune algorithm）来解决实际问题。20 世纪末，福雷斯特（Forrest）等将免疫系统中抗体识别抗原的机理与遗传算法相结合，提出了免疫遗传算法，并将其用于计算机安全。同期，德卡斯特罗（de Castro）和加斯帕尔（Gaspar）分别从克隆选择原理出发建立了克隆选择算法和模式跟踪算法；达斯古普塔（Dasgupta）设计了阴性选择算法，并用于入侵检测问题；亨特（Hunt）等人又将免疫算法用于机器学习领域。

源于对鸟群捕食的行为研究，埃伯哈特（Eberhart）和肯尼迪（Kennedy）于 1995 年开发了粒群算法。

1991 年波兰数学家帕夫拉克（Pawlak）提出了粗糙集（Rough Set）理论。

这些新理论和新算法的出现，进一步扩充了计算智能的内涵和外延。

另外，在扎德的倡导下，把模糊逻辑、神经计算、概率推理、遗传算法、混沌系统和信任网络等合了起来，它又被称为软计算（soft computing）。

进入21世纪后，计算智能不论从理论上还是应用上都取得了长足的发展。特别是进化计算、免疫算法、蚁群算法、粒群算法等又构成了一个称为智能计算或智能算法的新领域，且出现了蓬勃发展的局面。其应用遍及网络安全、机器学习、数据挖掘和知识发现、模式识别、自动规划、自动配置、自动控制、故障诊断、加工调度、聚类分类和计量化学等众多领域，大大推进了人工智能技术的研究和发展，也大大扩展和加快了人工智能技术的实际应用。

五、统计智能默默奉献

虽然统计模式识别、统计学习、统计语言模型等技术几乎占了人工智能的半壁江山，但在一般的人工智能发展史的叙事中却未见关于“统计智能”的专门评说。为什么会有这种现象呢？原来，习惯上（至少在一些人的观念里）“人工智能”一词仅指符号智能，而“机器学习”也仅指连接学习和统计学习，因而往往就把机器学习、模式识别、计算智能等与人工智能并列而论。于是，用统计方法做模式识别、机器学习、自然语言处理（包括机器翻译）等的学者也就不觉得自己的工作与人工智能有何关联。然而，顾名思义，人工智能应该涵盖所有非自然智能，自然也应该包括用任何数学方法实现的智能。其实，大概从2012年深度学习成名之后，特别是2016年AlphaGo出现之后，学术界已经不成文地将“人工智能”正式扩展为涵盖符号智能、计算智能、个体智能、群体智能以及各类机器学习、模式识别、自然语言处理、数据挖掘与知识发现等的“大人工智能”或者说广义的人工智能了。现在家喻户晓的“人工智能”也就是这种“大人工智能”。其实，尽管统计学家们也许并未意识到或者并不认为用算法解决诸如分类、聚类、回归等问题是在实现人工智能，但他们的工作却实实在在地使机器具有了智能。例如，通过某一算法发现了分类判别函数或者实现了回归估计，这难道不是机器智能的表现吗？还须指出的是，神经网络与统计学习实际上有一定的交集，它们都基于样本数据进行学习，统计学习以神经网络作为学习模型，而好多神经网络学习算法则有统计学基础（例如多层感知器就是另一类非参数估计）。既然如此，那么，基于神经网络的机器学习能作为连接主义而归入人工智能，而统计学习为什么就不能是人工智能的一个分支呢?

正由于概念和观念上的不一致，导致了一直在默默地为人工智能做贡献的相关统计方法没有得到相应的“名分”，而长期被作为“编外成员”，这显然是不合情理的现象和局面。既然现在的人工智能是广义人工智能，就应该将统计学习、统计模式识别、统计自然语言处理等正式归入人工智能范畴，将基于统计方法而实现的人工智能称为统计智能，并填补了统计智能在人工智能发展史上的空白。这也是本书安排这一小节的初衷。

当然，由于这方面的资料缺乏（专门的史料还未见到），加之受作者的视野和水平所限，所以，本书于此也只是大体按时间顺序粗线条地罗列一些重大事件，算是抛砖引玉。

20 世纪 20 年代，统计学进入推断统计学阶段。在上一个描述统计学阶段，统计规律（分布函数）已得到充分研究，而这一阶段则要找到一种可靠的统计推断方法，即给定一个来自某一函数依赖关系的经验数据集，推断这一函数依赖关系。

在随后的研究中，有两个著名的事件。

一是罗纳德・费希尔（R.A.Fisher）提出了参数统计学统一框架下的统计推理主要模型;

二是坎泰利（Cantelli）和柯尔莫哥洛夫（Kolmogorov）开始了统计推理的一般分析。

这两个事件决定了统计推理的两种主要研究方法。

一是特殊（参数化）推理方法，其目的是建立一类简单的统计推理方法，用于解决实际问题;

二是通用方法，其目的是为任何统计推理问题找到一种（归纳）方法。

英国学者罗纳德・费希尔把统计推理问题简化为估计一个产生随机信号且属于一个已知函数族密度函数的问题。按照 Fisher 观点，统计学的主要目标就是从一个给定的（简单）模型族中估计观测到的事件的模型。

1930 年至 1960 年为参数推理方法的黄金时期，它占据了统计推理的统治地位。在这期间，势函数、线性分类、最近邻方法已被提出，但由于没有实现这些算法的快速计算机或大型存储器，因而不能完全展示它们的潜力。

在这一时期，罗纳德·费希尔还提出了方差（variance）的概念和方差分析方法、罗纳德·费希尔准则函数、最大似然方法、随机化方法、重复性和统计控制的理论，以及各种相关系数的抽样分布。这一阶段贡献最大、最为著名的学者当推罗纳德·费希尔，甚至有人将这一时期称为统计学的罗纳德·费希尔时代。

1960年后，计算机进入统计学研究，当人们试图利用计算机分析包含很多因子的复杂模型，或者想得到更精确的解时，参数推理方法的缺点和问题暴露了出来，于是，许多统计学家重新考虑整个统计工作的主要目标，提出了“数据分析”的新方向，拟实现基于数据的归纳推理，而不是利用纯统计技术来完成归纳推理。这一阶段的突出成果有参数统计学的鲁棒方法，广义线性模型等。20世纪80年代，弗里德曼（J.Friedman）开始用正则化经验风险最小化方法取代最大似然方法。

尽管人们做了很大努力，也取得了不少成果，但经典的参数体系的局限性仍然存在。于是，研究工作又回到统计推理的一般问题上。

20世纪60年代后期，为了克服模式识别问题中的“维数灾难”，学者们提出了一种不同的方法，即VC理论。从而，开创了一个新的被称为“预测统计学”的体系。

20世纪70年代，统计方法被引入自然语言处理，出现了统计语言学，有力地推动了自然语言处理的进展。其中的关键人物是弗莱德里克·贾里尼克 (Frederek Jelinek) 和他领导的IBM华生实验室。他们采用基于统计的方法，将语音识别率从70%提升到90%，语音识别的规模从几百个单词上升到几万个单词。

1988年IBM的Peter Brown等人提出了基于统计的机器翻译方法。但由于当时没有足够的统计数据，也没有强大的计算能力，所以没有进行下去。

基于统计方法的自然语言处理是在大量的语言资料 (语料库) 的基础上用统计和概率的理论和方法研究自然语言处理。基于统计的流派被称为“经验主义”学派，始于20世纪70年代后期。到了20世纪90年代，“经验主义”学派超越了基于规则的“理性主义”学派，成为NLP领域的后起之秀。

六、现状与趋势

首先指出，由于人工智能技术的飞速发展及受作者水平及视野所限，因此，很难在这样一个小节的篇幅里，对人工智能的现状和发展趋势做出全面、准确的评估。但概括地讲，我们认为，当前人工智能的现状和发展呈现出如下几个特点。

(一) 多种途径齐头并进，多种方法协作互补

近年来，迅速发展的认知计算（cognitive computing）和量子计算将对人工智能的研究和发展有重要意义。

(二) 新思想、新技术不断涌现，新领域、新方向不断开拓

这里要特别提及的是，继深度学习算法获得成功后，人工智能芯片现在又成为一个新的研发热点，呈现百花齐放的热闹局面。此外，关于“通用人工智能”的研究也逐渐热了起来。

(三) 理论研究更加深入，应用研究愈加广泛

人们从脑科学、认知科学、生命科学和系统科学中探究智能的原理和奥秘，同时不断开发和拓展现有人工智能技术的应用领域。

(四) 企业公司进军 AI，协作竞争你追我赶

现在，国内外的许多大型企业和公司（有 IT 界的也有非 IT 界的）都纷纷加入 AI 的研发行列，例如美国的 IBM、微软、Google、Facebook、Amazon、非营利组织 OpenAI，中国的百度、腾讯、阿里等，而且大有“喧宾夺主”、后来居上的气势。另外，新创的专业 AI 公司更如雨后春笋，不计其数。

(五) 研究队伍日益壮大，AI 教育蔚然成风

现在大专院校和科研院所中与智能相关的学科、专业和研究方向越来越多；国内的许多大学已经成立了人工智能学院或开设了人工智能专业，理

工科几乎所有专业都已经或将要开设人工智能通识课，甚至还准备在高中试验开设人工智能课。另外，社会上和网络上各种讲座、培训班、书讯等更是令人目不暇接。

(六) 各类活动空前活跃，社会影响与日俱增

社会上与人工智能有关的组织、团体、刊物、网站、网文急剧增多，相关活动、会议、赛事日益频繁；人工智能的产品、系统、工程几乎应有尽有；有关人工智能的新闻报道频频出现。可以说，“人工智能”已经家喻户晓。

以上特点展现了人工智能学科的繁荣景象和光明前景。虽然在通向其最终目标的道路上，还会有许多困难、问题和挑战，但前进和发展是大势所趋，一个智能化新时代正在向我们快步走来。

第八章　机器学习与知识发现

第一节　机器学习

一、机器学习概述

（一）机器学习的概念

顾名思义，机器学习（ML）就是让计算机模拟人的学习行为，或者说让计算机也具有学习的能力。但什么是学习呢？

心理学中对学习的解释是：学习是指（人或动物）依靠经验的获得而使行为持久变化的过程。人工智能和机器学习领域的几位著名学者也对学习提出了各自的说法。例如，西蒙（Simon）认为：如果一个系统能够通过执行某种过程而改进它的性能，这就是学习；明斯基（Minsky）认为：学习是在人们头脑中（心理内部）进行有用的变化；Tom M.Mitchell 在《机器学习》一书中对学习的定义是：对于某类任务 T 和性能度 P，如果一个计算机程序在 T 上以 P 衡量的性能随着经验 E 而自我完善，那么，我们称这个计算机程序从经验 E 中学习。

基于以上对于学习的解释，在当前关于机器学习的许多文献中也大都认为：学习是系统积累经验以改善其自身性能的过程。也可以说，机器学习是计算机从学习对象中发现知识的过程。

（二）机器学习的原理

从以上对于学习的解释可以看出：

（1）学习与经验有关；

（2）学习可以改善系统性能；

（3）学习是一个有反馈的信息处理与控制过程。因为经验是在系统与环境的交互过程中产生的，而经验中应该包含系统输入、响应和效果等信息，所以经验积累和性能的完善正是通过重复这一过程而实现的。

因此，我们将机器学习原理理解如下。

这里的输入信息是指系统在完成某任务时，接收到的环境信息；响应信息是指对输入信息做出的回应；执行是指根据响应信息实施相应的动作或行为。机器学习的流程就是：①对于输入信息，系统根据目标和经验做出决策予以响应，即执行相应动作；②对目标的实现或任务的完成情况进行评估；③将本次的输入、响应和评价作为经验予以存储记录。可以看出，第一次决策时系统中还无任何经验，但从第二次决策开始，经验便开始积累。这样，随着经验的丰富，系统的性能自然就会不断改善和提高。

机器学习的学习方式类似于人类在环境中的学习，它是通过交互、记忆、修正等方式学习的。例如，西蒙的跳棋程序就采用这种学习方法，它实际上也是人类和动物的一种基本学习方式。然而，这种依靠经验来提高性能的记忆学习存在严重不足：其一，由于经验积累过程缓慢，所以系统性能的改善也很缓慢；其二，由于经验毕竟不是规律，故仅凭经验对系统性能的改善是有限的，有时甚至是靠不住的。

所以，学习方式需要延伸和发展。可想而知，如果能在积累的经验中进一步发现规律，然后利用所发现的规律即知识来指导系统行为，那么，系统的性能将会得到更大的改善和提高。

（三）机器学习的分类

机器学习有“数据”“发现”“知识”三个要素，它们分别是机器学习的对象、方法和目标。那么，谈论一种机器学习，就要考察这三个要素，而分别基于这三个要素，就可以对机器学习进行分类。例如，由于数据可有语言符号型与数值型之分，所以基于数据，机器学习可分为符号学习和数值学习；而基于知识的形式，机器学习又可分为规则学习和函数学习等；若基于发现的逻辑方法，则机器学习可分为归纳学习、演绎学习和类比学习等。这样的分类也就是分别从“从哪儿学？”“怎样学？”“学什么？”这三个着眼点对机器学习进行了分类。可想而知，这样得到的类型数目应该是不少的。另外，人们还从机器学习的总体策略、学习的风格、模拟人脑学习的层次、所用的数学模型、算法特点、实现途径等不同侧面对机器学习进行分类，这就使得机器学习的类别更加繁多，而且现在新的机器学习名称在不断涌现。所以，要对机器学习进行全面分类是困难的。下面我们从不同的视角，仅对一些常见的、典型的机器学习方法进行归类。

考察我们人脑的学习机理可以发现，其实，人脑的学习可分为心理级的学习和生理级的学习。心理级的学习就是基于显式思维过程（可以用语言表达的心理活动过程）的一种学习。这种学习输入的是语言符号型数据信息；所用的方法是逻辑推理，包括归纳、演绎和类比；学得的知识也是语言型的，如概念或规则。例如，我们的理论知识学习就是这样的学习。生理级的学习是基于隐式思维过程（不可以用语言表达的神经信息处理过程）的一种学习。这种学习输入的是数量型数据信息；所用的方法是神经计算；所得的知识也是数量型的，而且只能存储于神经网络之中而无法准确地用语言显式地表达出来。例如我们的技能训练就是这样的一种学习。

另外，对于数量型的数据，绕过人脑的心理和生理学习机理，而采用纯数学的方法（如代数、几何、统计、概率等）也可以推导计算出相应的知识，如函数、集合等。这就是说，采用纯数学方法也可以实现机器学习。事实上，在模式识别、数据挖掘等领域往往采用的就是这种学习方法。

基于以上分析，我们给出如下机器学习分类。

1. 基于学习途径的分类

（1）符号学习。模拟人脑的宏观心理级学习过程，以认知心理学原理为基础，以符号数据为输入，以符号运算为方法，用推理过程在图或状态空间中搜索，学习的目标为概念或规则等。符号学习的典型方法有记忆学习、示例学习、演绎学习、类比学习、规则学习、解释学习等。

（2）神经网络学习（或连接学习）。模拟人脑的微观生理级学习过程，以脑和神经科学原理为基础，以人工神经网络为拓扑结构模型，以数值数据为输入，以数值运算为方法，用迭代过程在权向量空间中搜索，学习的目标为函数或类别。连接学习的典型方法有权值修正学习、拓扑结构学习。

这里要特别提及的是，近年来，在神经网络学习中生长出的一种称为“深度学习”的学习方法，其发展迅猛，现已成为神经网络学习乃至机器学习的一个重要方法。

(3) 统计学习。运用统计、概率及其他数学理论和方法对样本数据进行处理，从中发现相关模式和规律的一种机器学习方法。

(4) 交互学习。智能体通过与环境的交互而获得相关知识和技能的一种机器学习方法。交互学习的典型方法就是强化学习。强化学习以环境反馈(奖／惩信号) 作为输入，以统计和动态规划技术为指导，学习目标为最优行动策略。

2. 基于学习方法的分类

(1) 归纳学习。基于归纳推理 (由特殊到一般) 的学习，又可分为以下几种。

第一，符号归纳学习，如目标为概念的示例学习，目标为规则的决策树学习。

第二，函数归纳学习，如目标为函数的统计学习和神经网络学习。

第三，类别归纳学习，如无监督学习。

(2) 演绎学习。基于演绎推理 (从一般到特殊) 的学习。

(3) 类比学习。基于类比推理的学习。如案例 (范例) 学习 (case-based learning)、基于实例的学习、迁移学习。

(4) 分析学习。利用先验知识和演绎推理来扩大样例信息的一种学习方法。典型的分析学习有解释学习。

3. 基于样本数据特点的分类

(1) 有监督学习 (supervised learning，亦称有导师学习)。有监督学习的样本数据为一些由向量 (x_1, x_2…, x_n) 和一个对应值 y 组成的序对 { 如 [(1.5，2.6，3.8)，4.5)][(3.0，6.5，8.6)，9.7) …}。这里的 x_1x_2…，x_n 和 y 可以是离散值也可以是连续的实数值。当 y 取离散值 (如 1，2…) 时一般表示类别标记 (也称为指示函数值)；当 y 取连续值时则表示函数值。这个对应值 y 就是所谓的“导师信号”，“监督”之义也由此而生。监督学习就是用当前由 (x_1，x_2，…，x_n) 所求得的函数值 y' 与原对应值 y 做比较，然后根据误差决定是否对所选用函数模型的参数进行修正。监督学习以概率函数、代数函数或者人工神经网络为基本函数模型，采用迭代计算的方法来拟合相应的数据集，学习结果为函数 (隐藏于样本数据中的规律)。监督学习被用于分类问题和回归问题，以对未知进行预测。

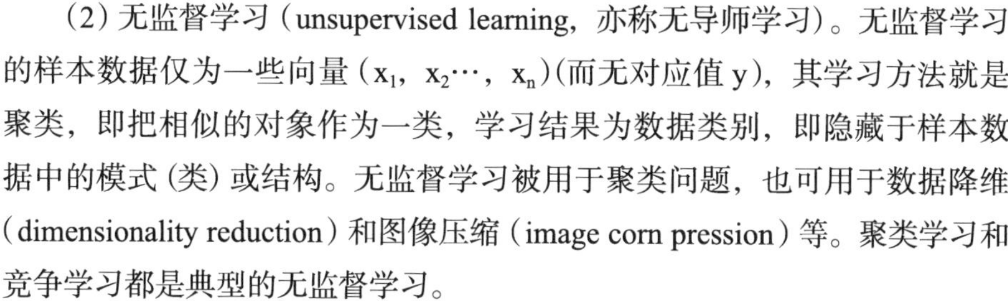

（2）无监督学习（unsupervised learning，亦称无导师学习）。无监督学习的样本数据仅为一些向量（x_1，x_2…，x_n）(而无对应值 y)，其学习方法就是聚类，即把相似的对象作为一类，学习结果为数据类别，即隐藏于样本数据中的模式（类）或结构。无监督学习被用于聚类问题，也可用于数据降维（dimensionality reduction）和图像压缩（image corn pression）等。聚类学习和竞争学习都是典型的无监督学习。

4. 基于数据形式的分类

（1）结构化学习。以结构化数据为输入，以数值计算或符号推演为方法。典型的结构化学习有神经网络学习、统计学习、决策树学习和规则学习。

（2）非结构化学习。以非结构化数据为输入，典型的非结构化学习有类比学习、案例学习、解释学习，以及用于文本挖掘、图像挖掘和 Web 挖掘等的学习。

5. 基于学习目标的分类

（1）概念学习。学习的目标和结果为概念，或者说是为了获得概念的一种学习。典型的概念学习有示例学习。

（2）规则学习。学习的目标和结果为规则，或者说是为了获得规则的一种学习。典型的规则学习有决策树学习、关联规则发现。

（3）函数学习。学习的目标和结果为函数，或者说是为了获得函数的一种学习。典型的函数学习有神经网络学习和统计学习中的监督学习。

（4）类别学习。学习的目标和结果为对象类，或者说是为了获得类别的一种学习。典型的类别学习有无监督学习。

（5）贝叶斯网络学习。学习的目标和结果为贝叶斯网络，或者说是为了获得贝叶斯网络的一种学习。其又可分为结构学习和参数学习。

当然，以上仅是机器学习的一些分类而并非全面分类。事实上，除了以上分类外，还有许多其他分类方法和提法。例如，深度学习、迁移学习、半监督学习、集成学习、对偶学习、稀疏学习、懒惰学习、概率学习、PAC（Probably Approximately Correct）学习、在线学习、分析学习、发现学习、分布式学习等。有些机器学习还需要背景知识作指导，这就又有了基于知识的机器学习类型，如解释学习就是一种基于知识的机器学习。

二、符号学习

符号学习属于符号智能。如前所述，符号学习是一种模拟人脑的宏观心理级学习过程，以认知心理学原理为基础，以符号数据为输入，以符号运算亦即逻辑推理为方法，学习的目标为语言表述的概念或规则等。符号学习的典型方法有记忆学习、示例学习、演绎学习、类比学习、决策树学习等。

(一) 记忆学习

记忆学习也称死记硬背学习或机械学习。这种学习方法不要求系统具有复杂问题求解能力，也就是学习系统没有推理技能，其学习方法就是直接记录问题有关的信息，然后检索并利用这些存储的信息来解决问题。例如，对于某个数据 x，经过某种计算过程得到的结果是 y，那么系统就把（x，y）作为联想对象存储起来，以后再要对 x 作同样的计算时，就可以通过查询(而不是计算) 直接得到 y。又如，对于某个事实 A，经过某种推理而得到结论 B，那么可以把序对（A，B）作为一条规则记录下来，以后就可以由 A 直接得到 B。

使用记忆学习方法的一个成功例子是 Samuel 的跳棋程序 (1959 年开发),这个程序是靠记住每一个经过评估的棋局势态来提高弈棋的水平。程序采用极小一极大分析的搜索策略来估计可能的未来棋盘局势，学习环节只存储这些棋盘势态估值及相应的索引，以备以后弈棋使用。例如，某一个势态 A 轮到程序走步，这时程序考虑向前搜索三步，根据假设的端节点静态值，用极小一极大分析法可求得 A 的倒推值 A_v，这时系统记住了该棋局及其倒推值（A，A_v）。现在假定以后弈棋中，棋局 E 的搜索树端节点中出现了 A，这时就可以检索已存的 A_v 来使用，而不必再去计算其静态估值。这不仅提高了搜索效率，更重要的是 A 的倒推值比 A 的静态值更准确。用了所记忆的 A 的倒推值，对棋局 E 来说，相当于局部搜索深度加大到 6，因而 E 的结果得到了改善。根据文献报道，Samuel 程序由于有记忆学习机制，最后竟能战胜跳棋冠军。

机械学习基于记忆和检索进行学习，学习方法简单，但学习系统需要具备以下几种能力。

一是能实现有组织的存储信息。为了使利用一个已存储的信息比重新计算该值更快，必须有一种快速存取的方法。如在 Samuel 的程序中，通过对棋子位置的布局上加几个重要特征（如棋盘上棋子的数目）作为索引以方便检索。

二是能进行信息综合。通常存储对象的数目可能很大，为了使其数目限制在便于管理的范围内，需要有某种综合技术。在 Samuel 的程序中，被存储的对象数目就是博弈中可能出现的各种棋局棋子位置数目，该程序用简单的综合形式来减少这个数目，例如只存储一方棋子位置，既可以使存储的棋子位置数目减少一半，又可以利用对称关系进行综合。

三是能控制检索方向。当存储对象越来越多时，其中可能有多个对象与给定的状态有关，这样就要求程序能从有关的存储对象中进行选择，以便把注意力集中到有希望的方向上来。Samuel 的程序采用优先考虑相同评分下具有较少走步的方法就能到达那个对象的方向。

（二）示例学习

示例学习也称实例学习，它是一种归纳学习。示例学习是从若干实例（包括正例和反例）中归纳出一般概念或规则的学习方法。例如学习程序要学习“狗”的概念，可以先给程序提供各种动物，并告知程序哪些动物是狗，哪些不是狗，系统学习后就能概括出狗的概念模型或类型定义，利用这个类型定义就可以作为动物世界中识别狗的分类的准则。这种构造类型定义的任务称为概念学习，当然这个任务所使用的技术必须依赖于描述类型（概念）的方法。

示例学习不仅可以学习概念，也可以获得规则。这样的示例学习一般是用所谓的示例空间和规则空间实现学习的。示例空间存放着系统提供的示例和训练事件，规则空间存放着由示例归纳出的规则。反过来，这些规则又需要进一步用示例空间的示例来检验，同时也需要运用示例空间中的示例所提供的启发式信息来引导对规则空间的搜索。所以，示例学习可以看作示例空间和规则空间相互作用的过程。

（三）演绎学习

演绎学习是基于演绎推理的一种学习。演绎推理是一种保真变换，即若前提为真则推出的结论也为真。在演绎学习中，学习系统由给定的知识进行演绎的保真推理，并存储有用的结论。例如，当系统能证明 A → B 且 B → C，则可得到规则 A → C，那么以后再要求证 C，就不必再通过规则 A → B 和 B → C 去证明，而直接应用规则 A → C 即可。演绎学习包括知识改造、知识编译、产生宏操作、保持等价的操作和其他保真变换。

(四) 类比学习

类比学习是一种基于类比推理的学习方法。具体来讲，就是寻找和利用事物之间可类比的关系，从已有的知识推导出未知的知识。例如，学生在做练习时，往往在例题和习题之间进行对比，企图发现相似之处，然后利用这种相似关系解决习题中的问题。

类比学习的过程包括以下几个主要步骤。

一是回忆与联想，即当遇到新情况或新问题时，先通过回忆与联想，找出与之相似的已经解决了的有关问题，以获得有关知识。

二是建立对应关系，即建立相似问题知识和求解问题之间的对应关系，以获得求解问题的知识。

三是验证与归纳，即检验所获知识的有效性，如发现有错，就重复上述步骤进行修正，直到获得正确的知识。对于正确的知识，经过推广、归纳等过程取得一般性知识。

例如，假设对象的知识是用框架集来表示，则类比学习可描述为把原框架中若干个槽的值传递到目标框架中的一些槽中，这种传递分两步进行:(1) 利用原框架产生若干个候选的槽，这些槽值准备传递到目标框架中；(2) 利用目标框架中现有的信息来筛选第一步提出来的某些相似性。

案例 (范例) 学习就是一种典型的类比学习。案例学习利用问题之间的某种相似关系，将已有成功案例的参数、模型或者方法等用于解决类似的问题，这方面已有不少成功的案例。

近年来在神经网络学习中兴起的迁移学习 (transfer learning) 也是一种类比学习。迁移学习利用问题之间的某种相似关系，将已经训练好的网络模型参数用于新的网络模型，以加快新模型的训练。

总之，类比学习使机器具有“举一反三”“触类旁通”的能力，以期收到

事半功倍的效果。

(五) 决策树学习

决策树学习是一种重要的归纳学习。其原理是用构造树形数据结构的方法从一批事实数据集中归纳总结出若干条分类、决策规则。

1. 什么是决策树

决策树（decision tree）也称判定树，它是由对象的若干属性、属性值和有关决策组成的一棵树。其中的结点为属性（一般为语言变量），分枝为相应的属性值（一般为语言值）。从同一结点出发的各个分枝之间是逻辑“或”关系；根结点为对象的某一个属性；从根结点到每一个叶子结点的所有结点和边，按顺序串联成一条分枝路径，位于同一条分枝路径上的各个“属性—值”对之间是逻辑“与”关系，叶子结点为这个与关系的对应结果，即决策。

一棵决策树实际上表示了一组产生式规则；反过来，一组特定的产生式规则也可以表示一棵决策树。这就是说，决策树也是一种知识表示形式。由产生式规则的表达能力可知，决策树也可以描述分类、决策、预测、诊断、评判、控制、概念判定等性质的知识。

2. 怎样学习决策树

决策树学习要有一个实例集。实例集中的实例都含有若干“属性—值”对和一个相应的决策、结果或结论。一个实例集中的实例要求应该是相容的，即相同的前提不能有不同的结论（当然，不同的前提可以有相同的结论）。对实例集的另一个要求是，其中各实例的结论既不能完全相同也不能完全不相同，否则该实例集无学习意义。

决策树学习的基本方法和步骤如下。

首先，选取一个属性，按这个属性的不同取值对实例集进行分类，并以该属性作为根结点，以这个属性的诸取值作为根结点的分枝，开始画树。

其次，考察所得的每一个子类，看其中的实例的结论是否完全相同。如果完全相同，则以这个相同的结论作为相应分枝路径末端的叶子结点，否则，选取一个非父结点的属性，按这个属性的不同取值对该子集进行分类，并以该属性作为结点，以这个属性的诸取值作为结点的分枝，继续画树。如此继续，直到所分的子集全都满足：实例结论完全相同，而得到所有的叶子结点为止。这样，一棵决策树就生成了。

决策树的构造是基于实例集的分类进行的，或者说，决策树的构造过程也就是对实例集的分类过程；最终得到的从根结点到叶子结点的一条路径对应实例集的一个子类，同时也就描述了该子类的判别规则。

所以，由一个实例集得到的一棵决策树就覆盖了实例集中的所有实例。如果实例集中的实例本身就是规则，则决策树学习相当于规则约简。更重要的是，决策树还能对实例集之外的相关对象进行分类决策。

我们介绍了决策树学习的基本过程，但根结点和其他子结点的属性都是随意选取的。显而易见，不同的属性选择会得到不同的决策树，而不同的决策树意味着不同的学习效率和学习效果。自然，我们希望得到最简约的决策树，于是就出现了一个问题：怎样选取属性才能使得决策树最简呢？对于这个问题，已有不少解决方案。由于篇幅有限，这里不再介绍。

第二节　数据挖掘与知识发现

随着计算机和网络技术的迅速发展，20 世纪 80 年代后，出现了以数据库和数据仓库为存储单位的海量数据，而且这种数据仍然在以惊人的速度不断增长。如何对这些海量数据进行有效处理，特别是如何从这些数据中归纳、提取出高一级的更本质、更有用的规律性信息，就成了一个重要课题。事实上，这些海量数据不仅承载着大量的信息，也蕴藏着丰富的知识。正是在这样的背景下，数据挖掘与知识发现技术应运而生。

数据挖掘（也称数据开采、数据采掘等），简称 DM，意思是从数据中提取或挖掘知识。知识发现可分为广义的知识发现（KD）和数据库中的知识发现（KDD），这里的知识发现主要指的是 KDD。

数据挖掘和知识发现的目的就是从数据集中抽取和精化一般规律或模式。其涉及的数据形态包括数值、文字、符号、图形、图像、声音，甚至视频和 Web 网页等。数据组织方式可以是有结构的、半结构的或非结构的。知识发现的结果可以表示成各种形式，包括概念、规则、法则、定律、公式和方程等。其实，数据挖掘与知识发现是机器学习的一种大规模应用，而且是一种最实际的应用。当然，反过来，数据挖掘与知识发现又大大推动了机器学习的进展。

现在，数据挖掘与知识发现已成为人工智能和信息科学技术的一个热门领域，其应用范围非常广泛（如企业数据、商业数据、科学实验数据、管理决策数据等），其研究内容已相当丰富（如 Web 挖掘和大数据挖掘），已构成了人工智能技术与应用的一个重要分支领域。这里仅对数据挖掘与知识发现技术做简单介绍。

一、数据挖掘的一般过程

数据挖掘过程可粗略地划分为三步：数据准备、数据开采以及结果的解释与评价。

（一）数据准备

数据准备又可分为三个子步骤：数据选取、数据预处理和数据变换。数据选取就是确定目标数据，即操作对象，它是根据用户的需要从原始数据库中抽取的一组数据。数据预处理一般包括消除噪声、推导计算缺值数据、消除重复记录、完成数据类型转换等。当数据开采的对象是数据仓库时，一般来说，数据预处理已经在生成数据仓库时完成了。数据变换的主要目的是消减数据维数，即从初始特征中找出真正有用的特征以减少数据开采时要考虑的特征或变量个数。

（二）数据开采

数据开采阶段首先要确定数据开采的任务或目的是什么，如数据总结、分类、聚类、关联规则或序列模式等。确定了开采任务后，就要决定使用什么样的开采算法。同样的任务可以用不同的算法来实现，选择实现算法有两个考虑因素：一是不同的数据有不同的特点，因此需要用与之相关的算法来开采；二是用户或实际运行系统的要求，有的用户可能希望获取描述型的、容易理解的知识，而有的用户或系统的目的是获取预测准确度尽可能高的预测型知识。

(三) 结果的解释与评价

数据挖掘阶段发现的知识模式中可能存在冗余或无关的模式，所以还要经过用户或机器的评价。若发现所得模式不满足用户要求，则需要退回到发现阶段之前，如重新选取数据，采用新的数据变换方法，设定新的数据挖掘参数值，甚至换一种采掘算法。

除了以上三项基本工作外，数据挖掘还涉及知识的表示形式问题。由于数据挖掘的最终结果是面向人的，因此可能要对发现的模式进行可视化，或者把结果转换为用户易懂的另一种表示，如把分类决策树转换为 If—Then 规则集。

二、数据挖掘的对象

(一) 数据库

数据库是当然的数据挖掘对象。人们研究比较多的是关系数据库的挖掘。其主要研究课题有超大数据量、动态数据、噪声、数据不完整性、冗余信息和数据稀疏等。

(二) 数据仓库

随着信息技术的迅猛发展，到 20 世纪 80 年代，许多企业的数据库中已积累了大量的数据。于是，便产生了进一步使用这些数据的需求，就是想通过对这些数据的分析和推理，为决策提供依据。但对于这种需求，传统的数据库系统却难以实现。这是因为：①传统数据库一般只存储短期数据，而决策需要大量历史数据；②决策信息涉及许多部门的数据，而不同系统的数据难以集成。在这种情况下，便出现了数据仓库（data warehouse）技术。

但人们对数据仓库有很多不同的理解。伊顿（Inmon）将数据仓库明确定义为：数据仓库是面向主题的、集成的、内容相对稳定的、不同时间的数据集合，用以支持经营管理中的决策制定过程。

具体来讲，数据仓库收集不同数据源中的数据，将这些分散的数据集中到一个更大的库中，最终用户从数据仓库中进行查询和数据分析。数据仓库中的数据应是良好定义的、一致的、不变的，数据量也应足够支持数据分析、查询、报表生成和与长期积累的历史数据的对比。

数据仓库是一个决策支持环境，通过数据的组织给决策者提供分布的、跨平台的数据，使用过程中可忽略许多技术细节。总之，数据仓库有四个基本特征：①数据仓库的数据是面向主题的；②数据仓库的数据是集成的；③数据仓库的数据是稳定的；④数据仓库的数据是随时间的变化而不断变化的。

数据仓库是面向决策分析的，数据仓库从事务型数据抽取并集成得到分析型数据后，需要各种决策分析工具对这些数据进行分析和挖掘，才能得到有用的决策信息。而数据挖掘技术具备从大量数据中发现有用信息的能力，于是数据挖掘自然成为数据仓库中进行数据深层分析的一种必不可少的手段。

数据挖掘往往依赖于经过良好组织和预处理的数据源，数据的质量直接影响数据挖掘的效果，因此数据的前期准备是数据挖掘过程中一个非常重要的阶段。而数据仓库具有从各种数据源中抽取数据，并对数据进行清洗、聚集和转移等各种处理的能力，恰好为数据挖掘提供了良好的前期数据准备工作的环境。

因此，数据仓库和数据挖掘技术的结合便成为必然的趋势。数据挖掘为数据仓库提供深层次数据分析的手段，数据仓库为数据挖掘提供经过良好预处理的数据源。许多数据挖掘工具都采用了基于数据仓库的技术。例如，中国科学院计算所智能信息处理开放实验室开发的知识发现平台 DBMiner 就是一个典型的例子。

（三）Web 信息

随着 Web 的迅速发展，分布在 Internet 上的 Web 网页已构成了一个巨大的信息空间。在这个信息空间中也蕴藏着丰富的知识。因此，Web 信息也就理所当然地成为一个数据挖掘对象。基于 Web 的数据挖掘称为 Web 挖掘。

Web 挖掘主要分为内容挖掘、结构挖掘和用法挖掘。

内容挖掘是指从 Web 文档的内容中提取知识。Web 内容挖掘又可分为对文本文档（包括 TEXT、HTML 等格式）和多媒体文档（包括 Image、Audio、Video 等类型）的挖掘。如对这些文档信息进行聚类、分类、关联分析等。

结构挖掘包括文档之间的超链结构、文档内部的结构、文档 URL 中的目录路径结构等，从这些结构信息中发现规律，提取知识。

用法挖掘就是对用户访问 Web 时在服务器留下的访问记录进行挖掘，以发现用户上网的浏览模式、访问兴趣、检索频率等信息。在用户浏览模式分析中主要包括针对用户群的一般的访问模式追踪和针对单个用户的个性化使用记录追踪；挖掘的对象是服务器上包括的 Server Log Data 等日志。

(四) 图像和视频数据

图像和视频数据中也存在有用的信息需要挖掘。例如，地球资源卫星每天都要拍摄大量的图像或录像，对同一个地区而言，这些图像存在着明显的规律性，白天和黑夜的图像不一样，当可能发生洪水时与正常情况下的图像又不一样。通过分析这些图像的变化，我们可以推测天气的变化，可以对自然灾害进行预报。

三、数据挖掘的任务

所谓数据挖掘的任务，就是数据挖掘所要得到的具体结果。它至少包括以下几种。

(一) 数据总结

数据总结的目的是对数据进行浓缩，给出它的紧凑描述。传统的也是最简单的数据总结方法是计算出数据库的各个字段上的求和值、平均值、方差值等统计值，或者用直方图、饼状图等图形方式表示。数据挖掘主要从数据泛化的角度来讨论数据总结。数据泛化是一种把数据库中的有关数据从低层次抽象到高层次的过程。

(二) 概念描述

有两种典型的概念描述：特征描述和判别描述。特征描述是从与学习任务相关的一组数据中提取出关于这些数据的特征式，这些特征式表达了该数据集的总体特征；而判别描述则描述了两个或多个类之间的差异。

(三) 分类

分类是数据挖掘中一项非常重要的任务，在商业上应用最多。这种类

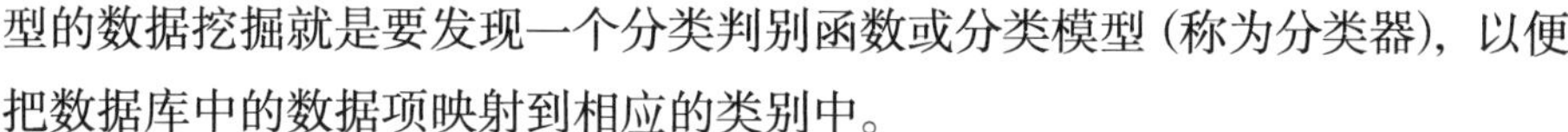

型的数据挖掘就是要发现一个分类判别函数或分类模型（称为分类器），以便把数据库中的数据项映射到相应的类别中。

(四) 聚类

聚类是将一个数据集划分为不同的类。它的目的是使得属于同一类的个体之间的差异尽可能小，而不同类的个体间的差异尽可能大。聚类方法包括统计方法、机器学习方法、神经网络方法和面向数据库的方法等。

(五) 相关性分析

相关性分析的目的是发现特征之间或数据之间的相互依赖关系。数据相关性代表一类重要的可发现的知识。一个依赖关系存在于两个元素之间。如果从一个元素 A 的值可以推出另一个元素 B 的值，则称 B 依赖于 A。这里所谓的元素可以是字段，也可以是字段间的关系。

(六) 偏差分析

偏差分析包括分类中的反常实例、例外模式、观测结果对期望值的偏离以及量值随时间的变化等，其基本思想是寻找观察结果与参照量之间的有意义的差别。通过发现异常，可以引起人们对特殊情况的注意。

(七) 建模

建模就是通过数据挖掘，构造出能描述一种活动、状态、关系或现象的数学模型。

四、数据挖掘的方法

数据挖掘主要有以下几种方法。

(一) 统计方法

事物的规律性一般从其数量上会表现出来。而统计方法就是从事物的外在数量上的表现去推断事物可能的规律性。因此，统计方法就是知识发现的一个重要方法。常见的统计方法有回归分析、判别分析、聚类分析以及探索分析等。

(二) 机器学习方法

DM 和 KDD 是机器学习的具体应用，理所当然地要用到机器学习方法，包括符号学习、连接学习和统计学习等。

(三) 粗糙集

粗糙集 (rough set) 理论由波兰学者帕拉克 (Pawlak) 在 1982 年提出，它是一种新的数学工具，用于处理含糊性和不确定性。粗糙集在数据挖掘中也可发挥重要作用。什么是粗糙集呢？由于篇幅所限，这里不给出其精确的数学定义，简单地说，一个粗糙集是由其下近似集和上近似集来定义的。下近似集中的每一个成员都是相应粗糙集的确定成员；若不是上近似集中的成员肯定不是该粗糙集的成员。粗糙集的上近似集是下近似集和边界区的合并。边界区的成员可能是该粗糙集的成员，但不是确定的成员。粗糙集是一种处理数据不确定性的数学工具，通常与规则归纳、分类和聚类方法结合起来使用。

(四) 智能计算方法

智能计算方法包括进化计算、免疫计算、量子计算等。这些方法是在数据挖掘的刺激和推动下迅速发展起来的智能技术，它们也可有效地用于数据挖掘和知识发现。

(五) 可视化

可视化 (visualization) 就是把数据、信息和知识转化为图形的表现形式的过程。可视化可使抽象的数据信息形象化。于是，人们便可以直观地对大量数据进行考察、分析，发现其中蕴藏的特征、关系、模式和趋势等。因此，信息可视化也是知识发现的一种有效手段。

结束语

随着大数据技术与人工智能的相结合，我们的信息利用需求得到了充分的满足，也反过来促进了人工智能科技的兴起和发展，孕育出新的人工智能产业。

在社会持续向前发展的同时，人工智能与大数据的结合日益成熟和完善，也丰富了该技术领域的发展目标和发展方向，进一步扩大了该技术的应用范围。其中，大数据技术的应用有效提高了我们的数据处理能力水平，从而间接为人工智能的有序运行创造了有利的环境。此外，大数据技术的应用能够增强社会企业对数据的收集能力，这为企业的持续稳定发展带来了积极的影响。简而言之，大数据技术与人工智能技术的关系非常密切，相互促进，相互影响，缺一不可。就当前而言，先进的科学技术在国内各行各业都得到了广泛的应用，有效提高了企业和行业的科技水平，其中产生的大量数据也为人工智能与大数据技术的融合提供了源源不断的资源，为这两项技术的持续创新和不断发展奠定了扎实的基础。相信在不久的将来，人工智能必然会获得广阔的发展空间。

就大数据技术而言，其应用范围随着社会的发展和时间的推移变得越来越广泛，特别是对海量数据的快速收集和整理，让我们了解到该技术潜在的商业价值和社会作用。大数据技术的发展对云计算技术水平的高低有着较强的依赖性。其中，云计算技术水平其实指的就是数据处理的能力。时至今日，云计算技术在各行各业基本得到普遍的推广和应用，在不久的将来会把研究重心放在数据的存储上。究其原因，主要是数据量和数据种类的增加会给数据的收集和使用造成一定的麻烦。云计算技术和云存储技术的开发与应用，是今后数据发展的主要目的和方向，也是推动网络时代进步和发展的有效路径。

在人工智能持续发展的当下，大数据的推广和应用能够让人工智能的利用变得如鱼得水，可以有效提高人工智能的判断能力与分析能力，实现数据的精准和高效管控。人工智能的发展需要更多的时间，在时间足够的情况下人工智能可以在各个行业和领域中得到普及和推广。也就是说，人工智能技术与大数据的相互融合和集中运用，有助于提升企业和行业的技术水平，是实现企业和行业稳定发展的有效手段和措施。一言以蔽之，人工智能和大数据技术的融合势在必行。

如今，人工智能与大数据的结合日益成熟和完善，为今后的信息技术发展指明了正确的方向和目标，有助于建构综合性的发展模式。随着人工智能和大数据的相互融合，人工智能技术的发展迎来了新的格局，大数据技术的应用范围更加广泛，二者的结合能够起到一加一大于二的效果和作用。人工智能得益于大数据技术的支持，可以增强实际的技术应用效果，可以提高整体的科学水平。在今后的发展与实践中，我们应该对二者的融合展开深入的探究，促使这两项技术在科研和实践中发挥预期的作用和功能。

参考文献

[1] 郝锐朋，周军，白兴，等 . 基于 FreeSWITCH 的智能语音外呼系统的设计与优化 [J]. 微电子学与计算机，2024(1)1-9.

[2] 丁维龙，田涵，徐进东，等 . 大数据使能的柔性工作流及其应用 [J]. 计算机集成制造系统，2024(1)：1-15.

[3] 齐雅文 . 人工智能生成内容持续加速行业变革 [N]. 中国新闻出版广电报，2024-01-30(008).

[4] 陈殿兵，朱鑫灿 . 风险与规制：人工智能伦理准则框架构建的国际经验 [J]. 比较教育学报，2024(1)：72-83.

[5] 孙坦，张智雄，周力虹，等 . 人工智能驱动的第五科研范式 (AI4S) 变革与观察 [J]. 农业图书情报学报，2024(1)：1-29.

[6] 张燕 . 多模态异构大数据混合属性特征匹配筛选算法 [J]. 现代电子技术，2024，47(3)：119-122.

[7] 王文泽 . 人工智能条件下的剩余价值来源是什么 ?[J]. 政治经济学评论，2024，15(1)：134-151.

[8] 陈玉汝 .5G 网络大数据智能分析技术探究 [J]. 科技创新与应用，2024，14(5)：193-196.

[9] 郭书谏，李晓阳 . 基于大数据的语言治理研究：内涵、方法与应用 [J]. 云南师范大学学报 (哲学社会科学版)，2024，56(1)：46-53.

[10] 张益兵 . 基于机器学习与大数据技术的入侵检测方法研究 [J]. 电子设计工程，2024，32(2)：120-124.

[11] 徐双，刘文斌，李佳龙，等 . 大数据背景下的数据安全治理研究进展 [J]. 太原理工大学学报，2024，55(1)：127-141.

[12] 唐虎强，李宁，闫淮岩，等 . 面向工业大数据的数据质量评价系统设计与实现 [J]. 信息系统工程，2024(1)：8-11.

[13] 陈子健 . 基于聚类分析优化算法的数据快速挖掘与智能筛选 [J]. 粘接，2024，51(1)：189-192.

[14] 张怿珺 . 论人工智能算法的不可专利性 [J]. 重庆科技学院学报 (社会科学版)，2024(1)：54-64.

[15] 姚叶 . 论“文本与数据挖掘”的合理使用规则建构 [J]. 科技与法律 (中英文)，2024(1)：32-42.

[16] 杨延超 . 大模型时代我国人工智能法学理论体系的构建 [J]. 江汉学术，2024，43(1)：45-57.

[17] 程红 . 智慧体育中的大数据应用 [J]. 文体用品与科技，2024 (1)：190-192.

[18] 李峥妍 . 大数据时代下网络爬虫行为的刑法规制 [J]. 市场周刊，2024，37(1)：153-158.

[19] 张卫东，孟晨阳 . 人工智能时代的知识学习与教育变革 [J]. 山东财经大学学报，2024(1)：15-26.

[20] 姚春鸽 . 加强数据治理释放数据价值 [N]. 人民邮电，2023-12-26 (006) .

[21] 胡慧霞 . 关于计算机大数据技术对生活的影响研究 [J]. 智慧中国，2023(12)：64-65.

[22] 贺娇娇，严武军，刘守业 . 基于数据挖掘的教学信息分析技术研究 [J]. 太原师范学院学报 (自然科学版)，2023，22(4)：31-36.

[23] 刘磊 . 信息化推动大数据技术专业的成果导向应用 [J]. 数字技术与应用，2023，41(12)：55-57.

[24] 樊田梅，张琪 . 大数据技术在计算机网络入侵检测中的应用 [J]. 数字技术与应用，2023，41(12)：216-218.

[25] 姜宇，黄芳 . 大数据时代下计算机软件技术的运用 [J]. 数字技术与应用，2023，41(12)：34-36.

[26] 魏晓艳 . 基于区块链技术的工业大数据时变通信时延控制系统设计 [J]. 计算机测量与控制，2023，31(12)：123-129.

[28] 闫子熙，郭靖威，王雨婷 . 多模态数据治理研究 [J]. 广播电视信息，2023，30(12)：17-19.

[29] 毛俊响，王欣怡 . 我国数据治理法治化：挑战、定位与逻辑 [J]. 法律适用，2023(12)：140-151.
[30] 欧阳康，胡志康 . 大数据时代的社会治理智能化探析 [J]. 天津社会科学，2023(6)：20-26.
[31] 吴信东，应泽宇，盛绍静，等 . 数据中台框架与实践 [J]. 大数据，2023，9(6)：137-159.
[32] 张万里 . 大数据应用中数据安全治理技术研究 [J]. 信息系统工程，2023(11)：125-128.
[33] 程伟，马成，凌捷 . 大数据技术在数据安全治理中的应用 [J]. 大数据，2023，9(6)：3-14.
[34] 张文魁 . 数据治理的底层逻辑与基础构架 [J]. 新视野，2023(6)：63-71.
[35] 姚霖，陈林昊，范冬萍 . 数据伦理治理系统的价值协同机制 [J]. 系统科学学报，2024(4)：69-74.
[36] 邱元阳 . 大数据治理 [J]. 中国信息技术教育，2023(21)：11.
[37] 唐立 . 如何提升大数据驱动的公共安全治理适应性 [J]. 张江科技评论，2023(5)：69-71.
[38] 熊鸿儒，马源 ."大数据杀熟"问题实质、治理挑战及对策 [J]. 新经济导刊，2023(Z1)：70-76.
[39] 张琪 . 大数据视域下基层应急治理范式变革路径 [J]. 中国管理信息化，2023，26(20)：186-188.
[40] 殷韬 . 视图数据治理的应用探析 [J]. 中国安防，2023(10)：7-11.
[41] 郑禾丹 . 大数据环境下组合服务动态重构方法研究 [D]. 烟台大学，硕士学位论文，2023.